# 周易與儒道墨

張立文 著 東大圖書公司 印行

國立中央圖書館出版品預行編目資料

周易與儒道墨／張立文著--初版--臺
北市：東大出版：三民總經銷，民80
面；　公分--（滄海叢刊）
ISBN 957-19-0886-X（精裝）
ISBN 957-19-0887-8（平裝）

1. 哲學-中國-先秦（公元前2696-221）

121　　80003737



著　者　張立文
發行人　劉仲文
出版者　東大圖書股份有限公司
總經銷　三民書局股份有限公司
印刷所　東大圖書股份有限公司
地址／臺北市重慶南路一段
六十一號二樓
郵撥／〇一〇七一七五——〇號
初　版　中華民國八十年十一月
編　號　E 12078
基本定價　肆元陸角柒分
行政院新聞局登記證局版臺業字第〇一九七號



ISBN 957-19-0887-8（平裝）

# 自序

當人們仰望星空，便會產生許許多多稀奇古怪的幻想。記得兒時在南方夏天夜晚納涼時，大人們指點星空，有說不完奇妙的故事。這些故事雖是人們自我根據自己的想像，傅會給星空的，其中却蘊含着許多深刻的哲理。筆者並非據此說《周易》思想的產生、形成與此有關，但《易傳・繫辭下傳》却說：「古者包犧氏之王天下也，仰則觀象於天，俯則觀法於地，觀鳥獸之文，與地之宜，近取諸身，遠取諸物，於是始作八卦，以通神明之德，以類萬物之情。」似乎還真有點關係。

大陸當前出現了「《周易》熱」，有關《周易》的書也成為熱門書、暢銷書。但這熱也看是什麼樣《周易》的書。就當前而言，大致分一下，一是屬於《周易》學術研究的書，人們把此類書稱為「學院派」；二是屬於《周易》應用的書，美其名曰《周易》與未來學、預測學等等，實是算卦、占卜。人們把此類書稱為「應用派」。所謂《周易》的熱門書、暢銷書便是此類書，此類書作者，年紀輕輕，便可摘取周易大師的「桂冠」。而屬於前一類真正有學術價值的書，照樣出版不了，出版了也要賠錢。學術成了賠錢貨，算卦、占卜成了賺錢貨，難怪出版社搶着出後一類書。前一類書卽使是約了稿的，也拖着，拖它五年，還更多年，搞得作者心灰意懶，自己提出撤稿了事。

筆者倒不是被這股《周易》熱捲進來的，一九六〇年筆者大學畢業後，從事中國哲學史的教學，並給大學本科三年級學生講授中國哲學史原著選讀，於是有《周易》的注釋，於一九六二年撰成了《周易思想研究》初稿。由於後來不斷的政治運動，這部書稿也就沒有修改出版。十年文革以後，《周易思想研究》於一九八〇年由湖北人民出版社出版，當時《周易》還沒有熱起來。其後招收碩士學位研究生，便有《周易》原著講授課，因此，又有《周易帛書注釋》一書的撰成，交出版社五年了。

筆者之所以對《周易》孜孜不倦，是因為以她為中國文化思想之「根」，「根」之不懂不明，何以明中國文化思想？《周易》經部成書於先秦儒家、道家、墨家等諸家思想體系形成之前。因此，儒家以《周易》為六經之首，道家以《周易》為三玄之一，其他各家也可以把她作為自己的經典。所以有《周易與中國文化之根》之作，探討了《周易》與儒家、道家、墨家文化思想的關係。

儒、道、墨三家無論在先秦，還是對後來的中國文化思想的影響，都很重要。儒、墨兩家，在先秦便是顯學，《韓非子．顯學篇》曰：「世之顯學，儒墨也。儒之所至，孔丘也。墨之所至，墨翟也。」後來司馬談概括為陰陽、儒、墨、名、法、道德六家，班固增縱橫、雜、農、小說四家為十家，但說：「諸子十家，其可觀者，九家而已，」則去小說家。《劉子・九流》說：「道者玄化為本，儒者德敎為宗。九流之中，二化為最。夫道以無為化世，儒以六藝濟俗。」以儒、道為九家中思想影響最大的二家。就此而言，儒、道、墨三家，都為大家。

由《易經》所開啓的儒、道、墨三家，其思想各具特色，《呂氏春秋，不二篇》概括說：「老聃貴柔，孔子貴仁，墨翟貴廉。」司馬談《論六家要旨》云：儒家「序君臣父子之禮，列夫婦長幼之別，不可易也」；墨家「其彊本節用，不可廢也」；道家「其術以虛無為本，以因循為用」。兩說含義相近。

儒家貴仁，注重人與人之間倫理道德關係；道家貴柔，注重人與自然之間的自然無為，天地與我並生，萬物與我為一；墨家貴廉，注重人與社會、集團間的兼愛，治國的彊本節用。三家各有側重方面，而又相濟互補，構成了中國古代燦爛的文化思想，而影響整個中國幾千年來的文化思想的路向。

從總體來說，儒、道、墨三家是從各個方面和角度發揮與擴展了《周易》所探討的人與世界的關係。三家都是以人為出發點來探討這個關係，把人與自然（道家）、人與社會（墨家）、人與人（儒家）之間的關係，卽人與世界的關係，看作一體化的整體系統。因此，自然、社會、人我之間的關係，三家都有所涉及而側重不同。三家都把人與世界的和諧、協調，作為他們所要解決的、追求的終極目標，以使人達到一種完美的理想境界，這又是三家之同。正是基於此，本書探討了《周易》與儒、道、墨三家思想的聯繫。

本書所收的文章，雖有的作於六十年代，時間跨度較大，所要探討的問題也不相同，但這次成集，仍可看出其首尾理路的一貫，不同問題的互補，而構成本書的整體性。

本書所附錄的三篇文章，都作於六十年代初，雖很難明確說屬於儒、道、墨那一家，但《周易反殷建國思想》和《子產天人關係論》、《子產辨析》都反映了在《周易》與儒、道、墨三家思想形成之中一段時間內，思想界所關注的問題，以及承前啓後的聯繫。

本書所收的文章，有的是第一次發表，之所以收在這裏，是服從於本書總體的需要。本書得以出版，實陳慧劍先生、劉振强先生之助也，謹表謝忱。

張立文

一九九一、九、一〇

# 周易與儒道墨

## 目次

附錄

# 《周易》與中國文化之根

從文化發生學角度來談中國文化的尋根問題，不能不首先想到《周易》。《周易》通行本和帛書本均含《易經》和《易傳》。《易經》是中國古代卜官在長期積累起來的十分豐富的卜筮記錄基礎上編纂而成的一部占筮書；它是被宗教巫術大氅包裹著的人類孩提時代的百科全書；它相當廣泛地展現了中國古代社會經濟、政治、文化結構❶以及生活方式、倫理道德、風俗習慣、心理結構等等。對數千年來中國文化乃至整個世界文化都產生了深遠影響。

## 一、《周易》與儒家思想體系的形成

中國儒、道、墨、法、名、陰陽等各家思想體系大體形成於春秋戰國時期，上距殷末周初的

❶ 參見拙著：《周易思想研究》，湖北人民出版社一九八○年版。

《周易》約七、八百年。《周易》對儒家思想的影響，不是什麼波及面問題，而是有著直接地聯繫和承接的關係，對於其他各家思想也有類似的情況。

中國古代，《易》凡有三。《周禮·春官·太卜》記載：「太卜……掌三易之法，一曰《連山》，二曰《歸藏》，三曰《周易》。其經卦皆八，其別卦皆六十有四。」《周禮》另一篇《簭人》亦載：「簭人掌三易，……一曰《連山》，二曰《歸藏》，三曰《周易》。」儘管《連山》、《歸藏》久佚，已不能窺其全豹，但據後來各書追記，兩書曾在歷史上存在過，是毋需懷疑的。三《易》卦爻辭是大致相似，抑還大異？六十四卦排列次序相異，抑還相似？都不能明確、肯定地予以解釋。既然古代均謂之《易》，便有相類相同之處，這也是可以相信的。

三《易》究竟作於何時，其作者是誰？歷代見仁見智，其說紛紜。較早記載三《易》的《周禮》亦沒有作出有力的說明。據鄭玄注引杜子春云：「《連山》，宓戲（伏羲）；《歸藏》，黃帝。」孔穎達《周易正義》卷首引鄭玄《易贊》和《易論》說：「夏曰《連山》，殷曰《歸藏》，周曰《周易》。」孔穎達說：「案《世譜》羣書，神農一曰連山氏，一曰列山氏。黃帝一曰《歸藏》。」這就是說，三《易》是夏、商、周三代所作，黃帝作《歸藏》，各書記載基本相同，《連山》一說伏羲，一說神農、然據《周易·繫辭傳》記載：「古者伏犧氏之王天下也，仰則觀象於天，俯則觀法於地，觀鳥獸之文，與地之宜，近取諸身，遠取諸物，於是始作八卦。」肯定八卦爲伏羲所作。司馬遷在《史記·日者列傳》中說：「自伏羲作八卦，周文王演三百八十四爻，而天下治。」後來揚雄、王充都沿襲這個說法。據此，以《連山》爲神農所作，《周易》爲伏羲始作爲妥。

神農作《連山》，相傳神農爲中國古代帝王，始制耒耜，教民務農，故號神農氏，史稱炎帝❷，起於烈山，又稱烈山氏。他在位時，嘗百草以療疾病，立市廛以通貨財。爲中華民族的發展作出了貢獻。烈山氏的「烈」字與《世譜》列山氏的「列」字可通假，《詩・大叔于田》：「火烈具舉」，《文選注》(三)作「火列具舉」。烈卽列。「列」，《集韻》、《韻會》：力蘖切，音裂屬屑韻。「連」，《唐韻》：力延切；《正韻》：「靈年切」。列、連音近而通。據傳《連山》以《艮》䷳爲首卦，《艮》爲山，兩艮相重，山山相聯，故名《連山》，《艮・象傳》曰「兼山」，義同。

《歸藏》爲黃帝易，相傳以《坤》爲首卦，《說卦傳》說：「坤以藏之」。朱彝尊《經義考》卷三引淳于俊說：「《歸藏》者，萬物所歸藏也」。《坤》爲地，地是藏納萬物的地方，所以用「歸藏」來稱它。據《北堂書抄・藝文部》引漢人桓譚《新論》說：「《歷山》藏於蘭臺❸，《歸藏》藏於太卜。」兩書漢時猶有，後人說是僞書，亦只是推測之辭。《太平御覽・學部》引《新論》說：「《連山》八萬言，《歸藏》四千三百言」。今本《易經》和馬王堆帛書

---

❷ 參見《國語・晉語》。

❸ 蘭臺，漢時宮中藏書之處，以御史中丞掌管，後置蘭臺令，使典校圖籍，治理文書。

《易經》均四千九百多字，與《歸藏》相差不多。

《周易》爲伏羲易，以《乾》爲首卦，《乾》爲天。它與《連山》、《歸藏》的差別在於首卦，也有相同之處。清人所輯《連山》、《歸藏》與《周易》之異辭，雖爲僞書，不足憑信，亦可參考。《周禮》把三書稱爲三易，可見三書同屬華夏文化系統。

中國文化源遠流長，遠古的伏羲、炎帝、黃帝造作了不同的《易》，便是華夏文化的源頭之一。現在中華民族的後裔仍稱爲炎黃子孫，便蘊含著文化上的認同。到了春秋戰國之時，諸侯異政，百家爭鳴，中國文化思想出現了空前燦爛的時代。

儒家重中國宗法制的祖先崇拜，源自父系社會的習俗，是生殖崇拜的延續。祖是「且」而後加示，「示」有祭祀的意思，在《易》中反映了這種思想。先民們「遠取諸物」，「近取諸身」，「以類萬物之情」。從人類的「男女構精」，而推衍出「萬物化生」，因此有對男女生殖器的崇拜。《易》的陽爻「⚊」和陰爻「⚋」，遺留了這種崇拜的痕跡。現存《周易》以乾爲首，「乾道成男」，似男性生殖器崇拜的孑遺。《周易》爲伏羲始作，文王所演，崇尚中國歷史上的君主和賢人，講求堯、舜、禹、湯、文、武、周公、孔、孟的「道統」，即所謂「祖述堯舜，憲章文武」，借《周易》而發揚儒家貴剛尊陽的傳統文化思想。

《周易》是儒家思想的淵源，「易」，《伯家父𣪘》作[illegible]，象日月。《說文》引《秘書》❹

---

❹《秘書》，段玉裁《說文解字注》：「秘書謂緯書」。

說：「日月爲易，象陰陽也。」段玉裁注曰：「按《參同契》曰：「日月爲易，剛柔相當。」易亦有變易的意思。「周」，《左傳》僖公廿三年：「以與君相周旋。」杜預注：「周旋相追逐也。」《廣雅・釋言》：「周，旋也。」「周易」，即日月周旋相追逐的意思。日月周旋相追逐，體現「乾」的剛健或自強不息的精神心態。天爲剛、爲陽、爲動，《周易》言天性喜動，先秦儒家一般以天爲主動，以天道爲準。後儒如周敦頤主靜，乃吸收道家思想而流出。他的學生二程，便以爲講「主靜」易流入佛道，而提出「主敬」說，以明與佛道之別。

儒家創始人孔子，對《周易》傾注了巨大的熱情和興趣，《漢書・儒林傳》記載：「孔子晚而好《易》，讀之，韋編三絕而爲之傳。」讀之之餘，而爲之立傳，司馬遷在《史記・孔子世家》中說：「孔子晚而喜《易》，序《彖》、《繫》、《象》、《說卦》、《文言》。」這是漢代流行的看法，北宋歐陽修作《易童子問》否定《易傳》（《十翼》）爲孔子所作，但亦不敢懷疑《彖》、《象》非孔子之言。完全否定孔子與《周易》的關係，或者完全肯定《易傳》爲孔子所作，都未免有偏執。毋庸置疑，孔子在創立儒家學派過程中，受到《周易》的啓示，吸收《周易》的養料。儘管孔子後學在爲《周易》作傳時，吸收過道家、陰陽家的思想，但以儒家爲宗[5]，發揮《周易》尊天崇陽思想，《繫辭上傳》說：「天尊地卑，乾坤定矣。」以這種模式來規

❺ 參見拙著：《周易帛書淺說》，載《周易帛書校注》。

範天地、乾坤，便是儒家思想的根本出發點，並以這種思想來範圍天地。「大哉乾元，萬物資始，乃統天。」❻「至哉坤元，萬物資生，乃順承天。」❼萬物的資始資生，便是「統天」或「承天」。在這裏天與物乃至與人，並非異在的存在，蘊含著它們之間的「統」和「承」的關係，即彼此的和諧，而意味不到它們之間的衝突或鬪爭。即使是作爲象徵陰的地，以及其屬性柔，亦納入到「順承天」的軌道，而沒有發展出尊地（坤）崇陰的思想。在這裏可以明顯地體驗到是以儒家思想包容道家、陰陽家思想的。

《周易》對自身六十四卦排列次序、性質、特點，沒有作出說明或解釋。《易傳》從各個側面對《周易》作了透視，並作出了不同的說明。比如《彖傳》釋六十四卦的卦名及卦辭，以及爻辭。先釋卦名，次釋卦體，以內外體的關係見義，再釋卦辭；《象傳》分大象，小象，大象釋卦名、卦義，以卦象爲據。小象釋爻辭，以爻象爲據。如果說《彖傳》釋卦體是先內後外，是講天道（形上）的，那麼，《象傳》恰相反，先外後內，是講人事（日用）的；《繫辭傳》是對《易經》的通論，以論述《易經》之義蘊與功用爲主，亦談及《周易》筮法和八卦起源等。所謂繫辭，是指繫其論述之辭於《易經》卦辭、爻辭之下的意思；《文言傳》是對於乾坤兩卦的解釋，《左傳》襄公二十五年：「言以足志，文以足言，……言之無文，行而不遠。」文言是說用文字

---

❻《乾．彖傳》。

❼《坤．彖傳》。

以記其解釋乾坤兩卦之言的意思；《說卦傳》是講八經卦所象的事物，從所象徵事物中，含有八經卦性質或屬性的意義；《序卦》乃釋六十四卦之次序，大體根據各卦的名義，說明六十四卦所象事物發展、轉化的道理；《雜卦傳》講解六十四卦卦義，但不依照《序卦》的次序，錯雜而論。《雜卦》和《序卦》恰好構成了從雜而序，即從無序到有序的過程。

日月運行，陰陽交錯，而有天道；萬物生育，剛柔迭用，而有地道；男女交往，仁義道德，而有人道。天、地、人三道，即三才，便是《序卦》所排列的宇宙次序。《易傳》的貢獻，便是用春秋戰國時所達到的理論思維的高度去解釋《易經》，使《易經》從宗教巫術中擺脫出來，而賦予哲學的意義。儒家的宇宙模式、社會結構、倫理範式和道德意識，是《周易》陰陽轉化、內外對應，上下交錯等基本觀念及其關係的引伸。孔子在《論語》中僅發揮了《易經》背後所隱含的天神觀念，把天看作是人所祈禱、祭祀、畏懼的對象，人們可以尊敬它，但不必親近的一種異在力量。嚴格說來，《論語》並沒有構築成一個宇宙模式，眞正構成儒家宇宙模式雛型的是吸收了道家、陰陽家思想的《易傳》哲學。

《易傳》把《周易》的「⚊、⚋」卦畫確定爲陰陽，由陰爻（⚋）和陽爻（⚊）這兩個基本要素，通釋八卦、六十四卦，解開了《周易》符號之謎。這個謎，在古代來說，猶如一個哥德巴哈猜想。隨著⚊、⚋符號之謎的解開，人們便可以從這兩個符號組合成的各種卦畫中追求其間的聯繫、變化、發展，發現了許多奧秘，以至後來的法國萊布尼茲還可以從這裏發現二進制算術。

《易傳》根據每一卦中陽爻、陰爻的性質、作用、功能，以及其間的聯繫、變化，從而確定八卦以至六十四卦各卦的性質、功能和地位以及其間種種複雜的變化關係。所有的卦，都是陰陽這兩個基本符號的排列組合；同時，所有的卦也具備了這兩個基本符號所蘊含的陰陽屬性。這樣，《周易》基本上是由⚊⚋組合的符號系統，這個符號系統反映大量信息。所以，《莊子·天下篇》概括為「《易》以道陰陽」。

「一陰一陽之謂道」，這是《易傳》對《易經》總體精神的描述和體驗，分體而言，便是天道、地道和人道，三才都分而為二，體現了陰陽對待的性質：「立天之道曰陰與陽，立地之道曰柔與剛，立人之道曰仁與義。」❽陰陽是貫通天、地、人三道的中介，由而構成了自然、社會一體化的思維模式；同時，陰陽在解釋《周易》卦畫中，與《周易》的原有架構結合起來，而推演出《易傳》的宇宙模式。這個宇宙模式與社會模式的核心範疇便是象徵陰陽的天地。「有天地，然後有萬物；有萬物，然後有男女；有男女，然後有夫婦；有夫婦，然後有父子；有父子，然後有君臣；有君臣，然後有上下；有上下，然後禮義有所錯。」❾這便是天地——萬物——男女——夫婦——父子——君臣——上下——禮義，從自然到社會的一體化模式。如果說，老子宇宙模式是從道，經生「一」、「二」、「三」，然後有萬物的話，那麼，《易傳》是發揮陰陽（天地乾坤）的交

❽《說卦傳》。

❾《序卦傳》。

通、互補、互濟的關係，而生成萬物，其中既無象道那樣的範疇，亦沒有經過「一」、「三」這樣的中間環節。直接描述了由於天地的交感作用，而化生、養育萬物。「天地養萬物」⑩，「天地感而萬物化生，……觀其所感，而天地萬物之情可見矣」⑪，「天地相遇，品物咸章也」⑫，「天地絪縕，萬物化醇」⑬。交感、相遇、絪縕都是指天地的交互關係，「天地交而萬物通」⑭，反之，萬物便不通、不興，「天地不交而萬物不通」⑮，「天地不交而萬物不興」⑯。在這裏，天地不是神秘主義的異在，而是生成萬物的實體。所謂天地的交感，其內容的實質是陰陽交感。「咸，感也。柔上而剛下，二氣感應以相與」⑰，陰陽不僅是實體性的氣，而且是事物剛健或柔順的屬性。這是對陰陽範疇內涵的擴展，也使陰陽範疇具有更廣泛的解釋功能。這是從天地——萬物說的。

---

⑩《頤卦・彖傳》。
⑪《咸卦・彖傳》。
⑫《姤卦・彖傳》。
⑬《繫辭下傳》。
⑭《泰卦・彖傳》。
⑮《否卦・彖傳》。
⑯《歸妹卦・彖傳》。
⑰《咸卦・彖傳》。

從天地——男女——夫婦來說，天地卽代表乾坤、陰陽，天地猶如男女、夫婦。天地交感，比如「男女構精，萬物化生」。「乾，天也，故稱乎父。坤，地也，故稱乎母。震一索而得男，故謂之長男。巽一索而得女，故謂之長女。坎再索而得男，故謂之中男。離再索而得女，故謂之中女。艮三索而得男，故謂之少男。兌三索而得女，故謂之少女。」⑱乾坤象徵天地、父母，兩相交合，而生出六個男女。乾三畫都是陽爻，具有至剛至健屬性，坤是三陰爻，具有至柔至順的屬性。男爲陽，女爲陰。三男爲震☳、坎☵、艮☶，都是二陰爻，一陽爻，實爲陰多陽少，陽中有陰。但從數的奇偶來說，☳、☵、☶都是五畫，爲奇數，奇數爲陽，故男性。震第一爻爲陽，爲長男，坎第二爻爲陽，爲中男，艮第三爻爲陽，爲少男。三女爲巽☴、離☲、兌☱，都是二陽爻，一陰爻，陽多陰少，陰中有陽。但☴、☲、☱都是四畫，爲偶數，偶數爲陰，故女性。巽第一爻爲陰，爲長女，離第二爻爲陰，爲中女，兌第三爻爲陰，爲少女。三男象徵雷、水、山，三女象徵風、火、澤，陰陽亦有交錯的現象，如坎(☵)爲水，水被老子作爲陰柔的象徵；離(☲)爲火，火一般作爲陽剛的象徵，這便是陰陽錯位，陽中有陰，陰中有陽，互相包涵。

從天地到萬物的產生，再到男女、夫婦產生子女，便有父子，隨之便產生人際之間的關係以至規範：「女正位乎內，男正位乎外，男女正，天地之大義也。家人有嚴君焉，父母之謂也。父

---

⑱《說卦傳》。

父、子子、兄兄、弟弟、夫夫、婦婦，而家道正，正家而天下定矣。」⑲這是以儒家倫理思想來發揮《易經》的《家人》卦。一家之中女內男外，這是男女所應當處的地位，反之便不是「正位」，不符合天地陽陰的大義。父是一家之主，極其尊嚴，猶如「嚴君」。每一個人都要依照一定的規範、準則去做，這便是父、子、兄、弟、夫、婦都要像一個父、子、兄、弟、夫、婦的樣子。假如每家都能做到這樣，便可推而國家、天下，正家而正天下，天下就安定了。這與《論語・顏淵》篇講「君君、臣臣、父父、子子」義同。

儒家在政治上發揮《周易》德治思想，在人際之間主張以忠、孝、節、義、仁、、謙爲內容的道德規範。孔子在《論語・子路》引《周易・恒卦・九三》爻辭：「不恒其德，或承之羞」。「德」，孔穎達《文言傳》疏說：「德爲德行」，所謂德行即善行，沒有一定操守的德行，總要招致羞恥。孔子講：「主忠信，徙義，崇德」⑳《乾文言》亦借引孔子的話：「子曰：君子進德修業，忠信，所以進德也，修辭立其誠，所以居業也。」臣對君要忠，這是臣民的道德規範；待人以信，這是朋友之間的操守。人與人之間應遵守仁的原則，「小人不恥不仁，不畏不義。」㉑以小人不知廉恥不仁，那麼君子就是知恥知仁。仁也包含「愛」的意思，孔子講「仁者，愛人」，

⑲《家人卦・彖傳》。
⑳《論語・顏淵第十二》。
㉑《繫辭下傳》。

《易傳》講：「樂天知命，故不憂。安土敦乎仁，故能愛。」㉒把「愛人」作爲仁的內容，不僅是對人的自我人格的覺醒，而且是人我關係的理性自覺。

儒家依據《周易》尊天崇陽和其架構，而構築了宇宙自然和社會道德一體化的體系，開啓了儒家天人合一思想，而影響中國文化和思維方法。因而，雖然孔子罕言亂力怪神等天道或自然現象方面，而注重人道或社會人事，但《易傳》在構築天地萬物如何產生以及其運動變化規律等模式以後，儒家荀子才比較自覺地探討了自然哲學，「列星隨旋，日月遞炤，四時代御，陰陽大化，風雨搏施，萬物各得其和以生，各得其養以成，不見其事而見其功，夫是之謂神。皆知其所以成，莫知其無形，夫是之謂神。」㉓從孔子經《易傳》這個中間環節到荀子，從模糊抽象而逐漸清晰，發展成較系統的宇宙模式和社會模式一體化的哲學體系。

## 二、《歸藏》與道家文化思想

據傳《歸藏》以坤爲首卦，「坤道成女」，似女性生殖器崇拜的孑遺。《歸藏》相傳爲黃帝《易》，萬物都歸藏於地。地和女相對於天和男來說，屬於陰性；相對於天和男的剛健來說，屬

---

㉒《繫辭上傳》。
㉓《荀子·天論》。

於柔順；相對於天和男的自強不息，則自然無爲。後來道家貴柔尊陰，崇尚自然無爲，發揚《歸藏》陰柔的文化思想，尊崇與儒家「祖述堯舜，憲章文武」不同的黃老道統。

老子便是從女性生殖崇拜而推及天地萬物的產生。「谷神不死，是謂玄牝。玄牝之門，是謂天地根。」[24]牝是指女性生殖器，玄牝是一般的女性生殖器，天地萬物都是從這個玄牝中生出來。吳澄說：「谷以喻虛」，女性生殖器是中空的，所以稱爲谷。玄，幽遠的意思，朱熹注玄爲妙。生育天地的玄牝，是幽遠玄妙的。老子所說的中空的玄牝，雖屬經驗，而非經驗，乃是從女性生殖器昇華爲抽象的一般，它是天地萬物的生育者，又是天地萬物存在的普遍依據。這個中空的無，也就是道。「道沖，而用之又弗盈也。淵兮！似萬物之宗」[25]。傅奕本「沖」作「盅」，《說文》：「盅，器虛也。」盅訓虛與盈相對，作沖，是盅的假借。老子正是以中空的玄牝去想像、規定道的形狀和性質。在這裏，值得注意的是：「道沖」和「玄牝」撇去外在的形狀和稱謂，其本質特性就是空虛或無，這是它們的共性；道是萬物的宗主，是萬物賴以存在的普遍的根據，「大道氾兮，其可左右，萬物恃之以生而不辭」[26]，是一切現象的根源和最後的歸依；老子

[24] 《老子》帛書甲、乙本谷神作「浴神」。《釋文》：「谷，河上作浴。云：浴，養也。」河上本與帛書同，河上本注：「谷，養也。」浴、谷義同聲同而通。

[25] 《老子》帛書、河上本第四章。

[26] 《老子》第三十四章。

把器物的無有關係和玄牝的生育功能，擴展爲宇宙天地萬物的生成，從而建立了以道爲萬物存在普遍根據的本體論，它是經驗的，又是理性的，尤重理性，可謂經驗理性，這是老子建立哲學體系的思維方法。從《老子》書中，可窺見與《歸藏》的契合。

《歸藏》卦爻辭佚而不詳，然《周禮》以三《易》經卦皆八，別卦六十四，有其相同之處，可能較《周易》爲更古的本子，兩《易》卦爻辭亦可能有互滲交織的情況。儒家發揮《周易》有爲思想，主入世，以齊家、治國、平天下爲已任。孔子孜孜於實現自已的政治道德主義，奔走列國，遊說諸侯，顯然是要有所作爲。但是，老子主避世，倡導無爲；反對儒家入世有爲。「將欲取天下而爲之，吾見其不得已。夫天下，神器也，非可爲者也。爲者敗之，執者失之。」[27]無爲，避世思想，是對於《易經》中退隱思想的發揮。

馬王堆帛書六十四卦第三卦爲《遯》，主旨是講退避、退隱。

☶☰掾（遯）亨，小利貞。

初六，掾（遯）尾厲，勿用有攸往。

六二，共（執）之用黃牛之勒（革），莫之勝奪（說）。[28]

---

[27] 《老子》帛書甲、乙本，通行本第二十九章。

[28] 「共」假借爲「執」。《荀子·榮辱》：「受小共大共」。楊倞注：「共，執也。」古義同而通。

九三，爲椽（遯），有疾厲，畜僕妾吉。

九四，好椽（遯），君子吉，小人不（否）。㉙

九五，嘉椽（遯），貞吉。

尚九，肥椽（遯），先（無）不利。㉚

「遯」，陸德明《經典釋文》：「又作遁，同隱退也。匿亦避時，奉身退隱之謂也。」《周易正義》孔穎達疏：「遯者，隱退逃避之名。」遯有隱退、退避之義。本卦認爲退隱便亨通，早退隱比晚退隱好，晚退隱可能有危險。要善於退隱，退隱以後須守正道，否則有危險。當然，退隱對於不同的人來說，是不同的。對於有才德的君子來說退隱並非壞事，對於無才德的小人來說，退隱是不好的。卽使多次退隱，也沒有不利。隱退田園，不求聞達，與世無爭，啓迪了老子，而爲

---

「勒」假借爲「革」，《詩・斯乾》：「如鳥斯革」。《釋文》云：「革，《韓詩》作勒。」是勒和革古通用。說奪古通，《禮記・少儀》：「說屨千戶內。」《釋文》：「說本亦作脫。」《史記・陳涉世家》：「尉劍挺」，《集解》：「徐廣曰：挺猶脫也。」《索隱》：「按脫，卽奪也。」故說、脫、奪古通。

㉙「不」與「否」古通，否，《說文》：「不也，從口從不。」《書・堯典》：「否德忝帝位。」《釋文》：「否，不也。」

㉚疑「先」爲「无」之誤，帛書「先」、「无」兩字形近而之譌。《老子》帛書乙本。河上公本第四十、四十二章。

道家思想的要旨。

老子「天下萬物生於有，有生於無。」「道生一，一生二，二生三，三生萬物，萬物負陰而抱陽，沖氣以爲和」，實乃對《易經》的體悟。道體爲無，無而生有，初爲渾沌未分的「一」；「分而爲二以象兩」，兩卽陰與陽，亦卽卦畫的陰陽兩爻；老子詮釋萬物負陰而抱陽，萬物中物物都包涵陰陽的屬性。陰陽兩爻組成六十四卦，六十四卦中每卦都包涵著陰陽的屬性。筮儀「挂一以象三」，陰陽兩爻相互轉換、交錯、變化、衝撞、終至媾和，「沖氣以爲和」，和而生三，卽是「二生三」，卦畫由陰陽兩爻而生第三爻，三爻而成八卦，八種自然現象相互作用而成六十四卦，象徵萬物，卽老子的「三生萬物」。老子的宇宙萬物生成論和數字的推衍，是從《易經》的成卦的程序、以及易有兩儀、四象、八卦的啓示下衍生出來的。構成道家宇宙本體論的生成論的基本模式。

《易經》具有豐富的矛盾對立、變化發展以及對待轉化的觀念。《易經》認爲在自然和社會現象中，矛盾是大量地、普遍地存在的。「初登於天，後入於地」[31]，「東鄰殺牛，不如西鄰之禴祭」[32]，「蹇，利西南，不利東北」[33]，「包承，小人吉，大人否」[34]，「君子得輿，小人剝

---

[31]《明夷上九》爻辭。
[32]《既濟九五》爻辭。
[33]《蹇》卦辭。
[34]《否六二》爻辭。

廬」㉟，「輿說輻，夫妻反目」㊱。自然界的天——地、東鄰——西鄰、西南——東北的對立矛盾現象；社會上的小人——大人，君子——小人、夫——妻，吉——否，得——剝等對立矛盾現象。這種矛盾現象構成自然界的空間、時間、運動的方式和次序，社會上各個人在國家、家庭中的次序、地位、作用以及相互之間的關係。

由於對立矛盾的存在，便會產生相互作用；由相互作用，而有變化運動。《易》便是講變易，變易是「易」的宗旨。在成卦過程中，十二營三變而成一爻，十八變而成一卦，每三變的結果，或九、或八、或七、或六，九、七爲陽爻，八、六爲陰爻，九爲老陽，六爲老陰，便是可變之爻，卽陰爻變陽爻，陽爻變陰爻，在變易中組合成六十四卦。無變易，無所謂易，亦不成爲易。

《老子》認爲，無論在自然界還是在社會中，對立矛盾是普遍存在的，粗略統計，諸如美——醜、有——無、長——短、難——易、剛——柔、善——惡、禍——福、生——死、貴——賤等對立矛盾概念七、八十對之多。「有、無之相生也，難、易之相成也，長、短之相刑也，高、下之相盈也，音、聲之相和也，先、後之相隨，恒也。」㊲這裏有無、難易等對立矛盾，都

㉟《剝上九》爻辭。

㊱《小畜九三》爻辭。

㊲《老子》帛書甲、乙本，河上公本第二章。

以其對立方面爲自己存在的前提，包含着相輔相成的意思。

《易經》作者對於矛盾轉化的觀念，已有所描述：「无平不陂，无往不復」㊳，「坎不盈，祇既平」㊴。坎與盈、祇與平、平與陂、往與復的對立矛盾可相與轉化。這就是說坎陷的可轉化爲盈滿，祇丘轉化爲平地；平地轉化爲陂斜，往可轉化爲復。這種矛盾轉化的觀念，是人們在生產中對於「日月遞照」；「暑往寒來」等自然現象和殷周之際「人事代謝」、「殷亡周興」等社會現象的認識。這種思想後來便概括爲：「高岸爲谷，深谷爲陵」，「三后之姓，於今爲庶」㊵。老子受此啓發，而曰：「曲則全，枉則正；洼則盈，敝則新；少則得，多則惑。」㊶彎曲能轉變爲直，低洼能轉變爲盈溝，舊的能轉變爲新的。「坎不盈」與「洼則盈」，語言思想有其承襲關係，這是就自然界而言的。若就社會而言，「禍，福之所倚；福，禍之所伏」，災禍緊靠着幸福，幸福又潛伏着災禍。禍與福相互轉化。老子豐富的辯證法思想是對於《易》的發揮。

然而，在矛盾的轉化過程中，那一方面起決定作用，轉化的趨向在那裏？儒道兩家在發揮《易》的時候，恰成對照。儒家以陽剛方面起決定作用，以剛克柔，其發展的趨勢是剛強，「天行

㊳《泰九三》爻辭。
㊴《坎九五》爻辭。
㊵《左傳》昭公三十二年。
㊶《老子》帛書甲、乙本，河上公本第二十二章。

健，君子以自強不息」；道家以陰柔方面起決定作用，以柔克剛，其發展趨勢是柔弱。「天下莫柔弱於水，而攻堅強者莫之能先，以其無以易之也。柔之勝剛也，弱之勝強也，天下莫弗知也，而莫之能行也。」㊷柔勝剛，弱勝強，這是最容易理解的誰都知道的道理。「是以兵強則不勝，木強則桓。故強大居下，柔弱居上。」㊸強烈地表現了柔弱居於剛強的主導、統治的方面，這是因爲柔弱代表着生命、新生、生長，具有希望、發展的趨向；剛強代表着枯槁、衰老、僵硬，具有死亡、止息的趨向。

儒、道兩家從《易》而發展出辯證法思想的兩種形態。他們從不同的角度、側面接近、認識事物，從剛柔、強弱、雌雄的轉化中、存在着以柔克剛，弱勝強的一面。然而，剛強並不一定走向死亡，只要「剛健中正」，以無過不及來調節自我，便能長久的保持剛強而不枯槁的地位。正因爲這樣，便引伸爲兩種不同的矛盾導向；儒家要保持「剛健中正」，便需要有爲，而發揮人的主觀能動作用，而不是單純的被動地接受，甚至採取革命方法來調節矛盾，以保持或達到主導地位和矛盾主要方面。譬如《革卦．彖傳》說：「水火相息，二女同居，其志不相得曰革。……革而當，其悔乃亡。天地革而四時成，湯武革命，順乎天而應乎人，革之時大矣哉！」息爲滅息，又有生息之義。水火相對雙方都企圖消滅對方，便有鬪爭，而造成失去「中正」的可能性。這

㊷《老子》帛書甲、乙本，河上公本第七十八章。

㊸《老子》帛書甲、乙本，河上公本第七十六章。

樣，就要進行變革，變革得當，就沒有困厄滅息而後生息。變革、鬥爭是矛盾自我調節的重要手段和方法，它是自然社會的普遍現象。

道家主張無爲，而任自然，不注重發揮人的主觀能動作用。反對儒家有爲、革命、鬥爭，而主張不爭。「上善如水。水善利萬物而不爭。」㊹老子好喻水，以說明水柔能勝一切，儒家以火的炎上，說明剛強、鬥爭、變革、兩者顯然有別。所謂不爭，便是「善爲士者不武，善戰者不怒，善勝敵者弗爭，善用人者爲之下。是謂不爭之德」㊺。善士、善戰、善勝、善用人而不武、不怒、不爭，正因如此，便能戰勝一切，「以其不爭，故天下莫能與之爭」㊻，以不爭勝爭。

早期儒家孔子等承認有超自然的天神存在，但採取不太理睬的態度，他們注重社會政治倫理，於自然哲學不太關心。道家從萬物歸藏於地出發，關心地上萬物的生長和消亡，進而探索萬物怎樣以及爲什麼生成、生長和消亡。從怎樣生成出發，而探討了萬物的本原和本體問題，這便是道或無；從爲什麼生長出發，探討了萬物運動變化的規律。這便是「地法天，天法道、道法自然」㊼，其終極是道效法自己的自然而然，這樣，便否定了儒家天地萬物由超自然的天神所主宰的

---

㊹《老子》河上公本第八章。帛書乙本作：「水善利萬物而有爭」，與下文「夫惟不爭故無尤」義不合。今據通行本。

㊺《老子》河上公本第六十八章。「弗爭」原作「弗與」。與，馬敍倫說：「與卽相爭也」。故傅奕本「不與」作「不爭」。

㊻《老子》河上公本第六十六章。

㊼《老子》河上公本第二十五章。「道法自然」，並非自然爲高一層次的範疇，而是指自然而然。河上公注：「道性自然無所法也。」卽效法自己的自然而然。

思想，老子的這一否定，是哲學思想的重大突破，不僅使人們的思想從天神的樊籬下解放出來，而且開啓了從人類理性主義的角度來思考宇宙自然哲學問題。「夫昭昭生於冥冥，有倫生於無形。精神生於道，形本生於精，而萬物以形相生。」㊽便是一種理性的反思。

## 三、《連山》與墨家文化思想的關係

據傳《連山》以艮為首卦，艮是天地交合所生的少男。卦象䷳，艮下艮上。朱熹《周易本義》曰：「其象為山，取坤地而隆其上之狀。」山山相連，所以叫《連山》。山在地上，兼有地（坤、陰）義，又為少男，兼有天（乾、陽）義，艮便有「兼」義，因而《象傳》稱「連山」為「兼山」。李道平《周易集解纂疏》說：「兩山相並，故曰兼山。止莫如山，故曰艮，艮三索成男，自乾來也。」從卦象來說，陰中兼陽，陽中兼陰，兩陰爻一陽爻，陽爻在第三爻故為少男，亦有兼的意思。

春秋戰國之際，墨子所開創的墨家，在當時思想界有巨大的影響，時稱「儒墨顯學」，甚至有天下之學不歸儒，則歸墨之勢。但他的思想、情操、品行，即使是激烈辟墨的孟子，也稱揚他

---

㊽《知北游》，《莊子集釋》卷七下。

是一個「摩頂放踵，利天下爲之」[49]的利人主義者。墨子自己是能工巧匠，精通機械造作，「巧爲輗」，「爲木鳶，三年而成」[50]。曾與當時著名的器械師公輸般比過智巧，會做勝過公輸般的攻城雲梯。平時言談總是說明「今人固與禽獸」異之所在，就是禽獸不會「耕稼樹藝」，「紡績織紝」希望人們「勤於耕織、百工之事，」否則「農夫怠乎耕稼樹藝，婦人怠乎紡績織紝，則我以爲天下衣食之財，將必不足矣」[51]。這與作《連山》的神農氏教民耕稼的情況相似。這種相似的主張、心情、愛好，會使他們在思想上產生某種共鳴和溝通，而接受《連山》的啓示。

相傳夏曰《連山》，代表了夏代文化的精華。墨子生於魯，青少年時受周文化的熏陶，與儒家一樣，亦稱道堯舜，《韓非子·顯學》說：「孔子墨子俱道堯舜」。然而儒墨兩家「取捨不同」。他經歷一個從習儒到非儒的思想轉變過程。「墨子學儒者之業，受孔子之術，以爲其禮煩擾而不悅，厚葬靡財而貧民，（久）服傷生而害事，故背周道而用夏政。」[52]並以與民共難同苦的夏禹爲楷模。「墨子稱道曰：『昔禹之湮洪水，決江河而通四夷九洲也，……禹親自操橐耜而九雜天下之川；腓無胈，脛無毛，沐甚雨，櫛疾風，置萬國。禹大聖也，而形勞天下也如此。』使

[49] 《告子下》，《孟子》。
[50] 《外儲說左上》，《韓非子》。
[51] 《非命下》，《墨子閒詁》卷九。
[52] 《要略訓》，《淮南鴻烈》。

後世之墨者，多以裘褐爲衣，以跂蹻爲服，日夜不休，以自苦爲極，曰：『不能如此，非禹者之道，不足爲墨。』」[53]墨子所創立的墨家學派，繼承夏禹不怕勞苦，利民救世的精神，這種精神猶如山那樣堅定，似山那樣不屈，便是艮（山）的精神的體現。

墨子接受夏的思想，是有明載的。夏的鬼神迷信較周更甚，並引以爲證，以明鬼神的存在，「尙者夏書，其次商周之書，語數鬼神之有也。……以若書之說觀之，則鬼神之有，豈可疑哉。」[54]卜筮也需承認神靈的存在，因此，墨子接受夏之《連山》思想的啓示是有可能的。

《連山》卦爻辭久佚，《周易．艮卦》和《說卦傳》言艮之處，似保存了一些《連山》的資料。比如《歸藏》以坤爲首卦，《說卦傳》：「坤以藏之」，水最能表示陰柔的特性，「天下莫柔弱於水」，《說卦傳》便說：「坎者，水也，正北方之卦也，勞卦也，萬物之所歸也。」《周易集解》引虞翻說：「歸，藏也。」從水爲萬物「所歸」和地以「藏之」，道出了《歸藏》的含義。「艮，東北之卦也，萬物之所成終，而所成始也。故曰：成言乎艮。」所謂「成言乎艮」，便是「終萬物始萬物者莫盛乎艮」[55]。「盛」當讀爲「成」，「艮」據上文五句：「動萬物者莫疾乎雷，……潤萬物者莫潤乎水」，當爲「山」字，即終萬物始萬物者莫成乎山。山巒重疊，連

---

[53] 《天下篇》，《莊子集釋》。

[54] 《明鬼下》，《墨子閒詁》卷八。

[55] 《說卦傳》。

綿不絕。山形如浪濤起伏，起了有伏，伏了有起，山上的動植物盛了又衰，衰了又盛，比如萬物終了又始，始了又終。終萬物與始萬物相連相兼，亦有連兼的意思。

《連山》的兼山之意，啓迪了墨家思想的建構，墨子思想的宗旨，便是「兼相愛，交相利」。他認爲社會之所以爭鬪，天下之所以大亂，比如「今若國之與國之相攻，家之與家之相簒，人之與人之相賊，君臣不惠忠，父子不慈孝，兄弟不和調，此則天下之害也。」[56]，其原因之所在，就是不相愛，比如諸侯不相愛，則必野戰，家主不相愛，則必相簒，人與人不相愛，則必相賊，君臣不相愛，則不惠忠，父子不相愛，則不慈孝，兄弟不相愛，則不和調，天下之人皆不相愛，其結果必然是，強必執弱，富必侮貧，貴必敖賤，詐必欺愚，凡天下禍簒怨恨，都由此而產生了，天下禍亂便自然發生了。所謂相愛，並非獨愛，獨愛亦是天下禍亂的原因之一，假如諸侯獨知愛其國，不愛人之國，是以不憚舉其國，以攻人之國；家主獨知愛其家，而不愛人之家，是以不憚舉其家，以簒人之家；人獨知愛其身，不愛人之身，是以不憚舉其身，以賊人之身。墨子認爲，必須以兼相愛，交相利之法來代替不相愛或獨愛的情況，才能做到「視人之國，若視其國，視人之家，若視其家，視人之身，若視其身。是故諸侯相愛，則不野戰，家主相愛，則不相簒，人與人相愛，則不相賊，君臣相愛，則惠忠，父子相愛，則慈孝，兄弟相愛，則和調。」[57]天下

[56] 《兼愛中》，《墨子閒詁》卷四。

[57] 《兼愛中》，《墨子閒詁》卷四。

之人皆相愛，就不會發生強執弱，衆劫寡，富侮貧，貴敖賤，詐欺愚等事件。人與人相愛，便是兼愛，不是獨愛。只有你愛別人，別人才會愛你；你利於別人，別人才利於你，必須從自我做起，才能處理國與國、家與家、人與人之間的「兼相愛，交相利的關係」。

「兼相愛，交相利」蘊含着博愛互利的意義，便是「愛無差等」，「不辟親疏」。這樣便與孔子的「仁者，愛人」發生了差異。孔子的「仁」在與「禮」的聯繫中，受「禮」的「親親」關係的制約，因而，「愛人」便產生了厚親薄疏，先親後疏，這便是推己及人，由厚親、先親而推及疏，以至有子爲父隱，父爲子隱爲「直」的觀念，這樣儒家所謂的「愛」便是有差等，有親疏的。因此，孟子激烈批評墨子的無差等，無親疏的「兼相愛」是「無父」，「無父」就與禽獸差不多。孟子之所以不能容忍墨子的「兼愛」，就在於它對於以血緣關係爲臍帶的宗法制度是一個極大的威脅和破壞力量。

墨子鼓吹「兼相愛，交相利」，「天下之人皆相愛」，儘管在當時是很難也不可能實行的，但墨子寄予了極大的熱情和巨大的眞誠，希望每一個人在行爲上有所貫徹或表現，而鼓噪吶喊：「有力者疾以助人，有財者勉以分人，有道者勸以教人」[58]，人人都眞誠地互助互利。這樣，普天之下「饑者得食，寒者得衣，亂者得治」[59]，「是以老而無妻子者，有所侍養，以終其壽；幼

---

[58][59] 《尚賢下》，《墨子閒詁》卷二。

弱孤童之無父母者，有所放依，以長其身。」[60]幼有所養，老有所終，這樣一個兼愛交利、平等互助的理想國，是很美好的。墨者集團爲實現這個理想國，曾身體力行。比如墨者有了俸祿收入，便將收入的一部分交與墨者集團公用；如果作官，必須貫徹推行墨家的主張，不能貫徹推行墨家主張，決不能苟且，貪圖高官厚祿，便自行辭職；若發現有違背墨家主張，墨家集團就要開除他。這種嚴格的組織，曾有效地保證了墨家集團在一定時期內思想政治路線的貫徹和推行，但畢竟與社會發展的總趨勢不相符合，以至後繼乏人。

中國文化思想從原始崇拜物的不同（卽從炎帝的《連山》→黃帝的《歸藏》→伏羲的《周易》，說明了中國從自然崇拜→生殖崇拜→祖宗崇拜的文化軌迹），而形成由代表陰陽--、—這種屬性的符號排列、組合爲卦畫的三《易》，逐漸發展爲儒、道、墨三家思想體系。他們是中國最早創立的學術學派，對中國文化思想有深遠的影響。但隨着歷史的推移、時代的更迭和思想的發展，墨家逐漸衰微，而慢慢融合到儒、道思想中去。

後來儒家尊崇堯、舜、文、武、孔子的道統，主崇有、有爲和入世；道家尊崇黃老的道統，主貴無、無爲和隱世。秦漢時期，儒家經歷了從焚書坑儒到「罷黜百家，獨尊儒術」的轉變，《周易》被奉爲儒家的六經之首，爲儒家的經典。其間道家思想得到了發展，並被運用於政治，與民休養生息，促使了經濟的繁榮。著作有《黃老帛書》、《淮南子》，甚至有《周易參同契》

---

[60] 《兼愛下》，《墨子閒詁》卷四。

這樣的著作。

魏晉時期，玄學家以《周易》[61]、《老子》、《莊子》爲「三玄」，從道家的道統推崇《周易》，譬如《晉書·王衍傳》說：「魏正始中，何晏、王弼等祖述老莊，立論以爲天地萬物皆以無爲爲本。」何、王繼承老莊道家，其思想宗旨是以「無爲爲本」或「以無爲本」。裴頠等深疾世俗崇尚虛無之理，「不尊儒術」之弊，而批判何、王的「以無爲本」，主張崇有，並著《崇有論》，指出何、王等「口談浮虛，不遵禮法」，是與道家老莊相聯繫的。

儒道兩家由《易》而分，經長期互斥互爭，互補互濟。漢代印度佛教傳入中國，又經儒、釋、道三家的鬪爭融合，終於出現了糅合儒、釋、道三家思想的宋明理學。中國文化思想經歷一個合——分——合的進程。當然這個進程並沒有完結，後一個「合」，也正是進一步分的開始，宋明以後，中國文化思想又處在分的過程中，將來，還是要「合」的，不過，這個「合」，其廣度和深度將大大超越前者。以至世界文化亦走向東西方融合的道路，這是大勢。

---

[61] 這時《歸藏》、《連山》已佚，道家便直接提《周易》，而不提《歸藏》了。

# 《周易》的時代和思想研究

《周易》的詰屈聱牙，晦澀隱奧，堪稱費解。長期以來，人們都是以「六經注我，我注六經」的方法，假《周易》以闡述、發揮各自思想，給《周易》的研究罩上了層層迷霧，爲恢復《周易》的歷史本來面目增加了種種困難。

現存《周易》這部書，包括《易經》和《易傳》。以《傳》附《經》約開始於漢代❶。馬王堆出土的帛書《周易》與今本不同之一，就是《卦辭》、《爻辭》不附《象傳》、《象傳》和《文言》，《易經》和《易傳》明顯分開爲兩部分。《易經》是一部占筮的書，《易傳》似乎是一部哲學的書，它們是代表兩個不同時期、不同思想體系的作品，似不能混淆。但《易傳》又是

❶ 帝（指高貴鄉公髦）又問曰：「孔子作象、象，鄭玄作注，雖聖賢不同，其所釋經義一也。今象、象不與經文相連，而注連之，何也？」俊（淳于俊）對曰：「鄭玄合象、象於經者，欲使學者尋省易了也。」帝曰：「若鄭玄合之，於學誠便，則孔子曷爲不合以了學者乎？」俊對曰：「孔子恐其與文王相亂，是以不合，此聖人以不合爲謙。」（《三國志・魏書・高貴鄉公髦紀》）可見鄭玄前經、傳分開，鄭玄作《周易注》才使《傳》附於《經》。

假《易經》的「理」、「象」、「數」及其結構，而建立起哲學思想體系的。因此，《易傳》與《易經》不論在思想上還是形式上，都有着密切的聯繫。這也是不可忽視的。

《周易》在廣濶的層面上展現了殷周之際的社會面貌，保存了豐富的歷史、思想資料。這特別在殷末周初的歷史思想資料較貧乏的情況下，爲研究我國這個時期的社會史、思想史、哲學史、無神論史提供了方便。因此，不僅歷來爲人們所珍視，而且也確具有重要的學術價值。

## 一、《周易》的成書時代和性質

《周易》成書的時代、作者和性質，自秦漢以來便衆說紛紜，莫衷一是。現分《易經》和《易傳》概述之。

### (一)《易經》成書的時代和作者

每一個概念、原理或者思維形式，都是一種歷史的、時代的產物，它的出現都與那個時期的經濟、政治結構相聯繫，反映了那個時期人們認識自然、社會以及人與人之間關係的水準。雖然《易經》沒有注明時代或署名作者，但從其自身所反映的情形與後人的記載，是能夠大體確定其時代和作者的。

較早記載《易經》成書時代和作者的，要算《易傳》了，《繫辭傳》說：

> 古者包犧氏之王天下也，仰則觀象於天，俯則觀法於地，觀鳥獸之文，與地之宜，近取諸身，遠取諸物，於是始作八卦。以通神明之德，以類萬物之情。（《周易・繫辭下傳》第二章）

> 包犧氏沒，神農氏作，斲木為耜，揉木為耒，耒耨之利，以教天下，蓋取諸《益》❷。日中為市，致天下之民，聚天下之貨，交易而退，各得其所，蓋取諸《噬嗑》❸。（同上）

《易・繫辭》肯定八卦為伏羲所作，是伏羲仰觀俯察天地、鳥獸的結果。但是，作《益》和《噬嗑》等六十四卦，是否爲神農，則未明確肯定。而《魏書・高貴鄉公髦紀》記載：「包羲因燧皇之圖而制八卦，神農演之爲六十四，黃帝、堯、舜通其變，三代隨時，質文各繇其事。」（《三國志》卷四，中華書局一九五九年版，第一三六頁）這是後人的一種推測。

究竟誰演八卦爲六十四卦，《繫辭傳》並未確定：

> 易之興也，其於中古乎，作易者，其有憂患乎！（《周易・繫辭下傳》第七章）

> 易之興也，其當殷之末世，周之盛德邪，當文王與紂之事邪？（《周易・繫辭下傳》第十一章）

這裏把《周易》的創作時代大體確定於殷末周初，內容是反映了商紂和文王那個時代的事情，而

---

❷「益」這裏是指《益卦》。

❸「噬嗑」是指《噬嗑卦》。

於作者持存疑態度（大概在那時亦搞不太清楚了）。此種記載，似乎離事實較近。

司馬遷同意伏羲作八卦，但不同意神農演爲六十四卦。他說：

自伏羲作八卦，周文王演三百八十四爻，而天下治。（《史記・日者列傳》）

西伯……囚羑里，蓋益易之八卦，為六十四卦。（《史記・周本紀》）

文王拘而演周易。（《報任少卿書》）

這裏認定文王演八卦爲六十四卦，三百八十四爻。漢代學者如揚雄、王充等都沿襲司馬遷的說法。

魏王弼以「伏羲既畫八卦，即自重爲六十四卦。」（《周易正義》卷首，十三經注疏本）則與司馬遷有異。唐孔穎達雖以文王不是重卦作者，但認爲是卦辭的作者。他說：「驗此諸說，以爲卦辭文王，爻辭周公。馬融、陸績等並同此說，今依而用之。」（同上）朱熹基本上採王、孔之說，伏羲作卦和重卦，文王、周公繫辭。他說：

其卦本伏羲所畫，有交易變易之義，故謂之易。其辭則文王周公所繫，故繫之周。（《周易上經》，《周易本義》卷一）

繫其辭，即文王作卦辭，周公作爻辭。

上述可見，自戰國秦漢以來，對《周易》的時代和作者，歷來說法歧異。以至今天，亦無定論。

那末，《易經》究竟成書於何時，爲何人所作，我認爲，《易經》反映了殷周之際的社會存在，基本上成書於西周前期，是由卜官編纂而成，而非出自一人之手。

首先，《易經》的思想是殷周之際社會存在的反映。這個時期，我國社會已進入了奴隸制的發展時期，農業、畜牧業和手工業都有了發展。農作物的品種有了增加，距今四千七百年前的浙江吳興錢山漾遺址中發現粳稻和秈稻；商代甲骨文中有黍、稷（不粘的穀子）、菽、麥、稻、禾等；西周《詩經・大雅・生民》中有荏菽（大豆）的記載。品種繁多，生產興旺。畜牧業中，人們不僅已飼養豬、羊、牛、馬、鷄、犬等家獸家禽，而且在錢山漾遺址中發現，人們已能養蠶。到了商代，蠶桑業已大爲發展。農牧業的發展，亦促進了手工業的發展。距今約五千年前的仰韶文化時期已發現有彩陶，四千年前的龍山文化時期已有快輪製陶技術，製成的黑陶表面光亮，稱爲蛋殼陶。商代，名貴的白陶不僅形制，就連花紋也和青銅器一樣精美。安陽小屯出土的商代青釉器，是經過一二〇〇度C高溫焙燒而成的，表面施釉，吸水性低，質地堅硬，其胎質和釉的化學成分同宋、明的瓷器相接近。青銅冶鑄技術已達到相當高的水平，不僅製作精美，而且體形宏偉，技術複雜。湖南寧鄉溈山出土的商代「四羊尊」可能已採用「失臘鑄法」。河南安陽武官村出土的商代的司母戊鼎竟重八百七十五公斤。河北藁城出土了商代的鐵刃青銅鉞等兵器，刃部是經鍛打的隕鐵薄片，說明技術的高明。

手工業的發展，爲農業工具的製作創造了條件。錢山漾遺址出土了耘田器和戽水、捻河泥的

「千節」等工具，甲骨文中有青銅器的耕頭以及標示牛耕的文字。建築工程方面，已有城市、宮殿、宗廟等大規模的建築。紡織方面，絲麻織品的細密度可與現代細布相當；西周初期已有斜紋提花織品，說明殷周之際已有原始提花機。

在生產發展的基礎上，科學技術亦有很大的進步。隨着農牧業生產的需要，天文學得到了發展，商代甲骨文已有世界上最早的關於日、月食的記載，且已採用干支記日，並在曆法中規定了閏月（即「十三月」）。數學方面，甲骨文中已採用十進制來記數，最大的數爲三萬；同時，人們已掌握了自然數的簡單運算和運用倍數，這就爲《易經》巫數神學體系中科學思維的萌芽提供了現實的基礎。因而，在殷周之際出現《易經》的思想，是與當時社會生產的發展和科學技術的水平相適應的。

當然，僅此論證，還顯不足。只有從《易經》本身求其時代，尋其內證，才能證成。其次，《易經》卦、爻辭中所記載的故事，反映了殷周之際的史實。

1. 王亥喪羊於易

喪羊於易，無悔。（《大壯、六五》爻辭）

鳥焚其巢，旅人先笑后號咷，喪牛於易，凶。（《旅、上九》爻辭）

《易經》這兩條爻辭，記載了殷先王王亥的事迹，但這個事迹，即使是較早的《象傳》作者，以及後來王弼《周易注》、孔穎達《周易正義》、朱熹《周易本義》，都不明這兩條爻辭所含典故。因此，他們或訓「易」爲難易之易，或容易之易，或疆場之場。而不知爲「有易」之「易」。王國維先生依甲骨文中殷人祭祀王亥的記錄，確定王亥是殷先王（見《殷卜辭中所見先公先王考》，《觀堂集林》卷九），顧頡剛先生又據王國維關於王亥的探討，確定這二條爻辭是指王亥而言（見《周易卦爻辭中的故事》，《古史辨》第三冊，上海古籍出版社一九八二年版，第五—九頁）。這就是說，《易經》中所反映的是王亥喪羊於易，被有易之君緜臣所殺之事。

李鏡池先生不同意這兩條爻辭是指王亥，他說：「《周易》兩次記喪羊、喪牛於易的故事，就是指太王被狄（易）人侵逼，去邠遷岐說的。」（《周易筮辭續考》，《周易探源》，中華書局一九七八年版，第九八頁）又說：「《易》爻辭之易，我以爲卽是狄，是鬼方的一族。喪羊牛於易，以屬於周人之故事爲當，不必附會於王亥也。」（同上，第九七頁）李先生依以立論的根據是《孟子·梁惠王下》，這段話是這樣的：

> 昔者大王居邠，狄人侵之，去之岐山之下，居焉。非擇而取之，不得已也。
>
> 昔者大王居邠，狄人侵之，事之以皮幣，不得免焉；事之以犬馬，不得免焉；事之以珠玉，不得免焉。

如依李鏡池先生說，《易經》所載喪牛羊於易，是指太王，卽古公亶父的事，這是有困難的。第一，《孟子·梁惠王下》載狄人侵入，事之以皮幣、犬馬、珠玉，唯不及牛羊。李先生說：「既然事之以皮幣、犬馬、珠玉，難道不事之以牛羊嗎？」（《周易筮辭續考》，《周易探源》，中華書局一九七八年版，第九八頁）這作爲推測之詞是可以的，作爲實證則缺乏力量；第二，《旅・上九》爻辭：「旅人先笑后號咷。」「旅」，《經典釋文》：「旅，羈旅也。」孔穎達疏：「旅者，客寄之名，羈旅之稱，失其本居而寄他方，謂之爲旅。」（《周易正義》，十三經注疏本）是說有人客居他方，先得意大笑，後號咷大哭，這於王亥僑居有易的事迹相符，而於古公亶父去邠遷岐不符。太王本居邠，而不是旅居邠，避狄人侵入而遷岐，岐則是失其本居而遷的「他方」，但遷岐後並沒記載喪犬馬、珠玉、牛羊之事；第三，如果說《孟子》清楚地記載喪牛羊之事是古公亶父，那麼，比《孟子》早作的《彖》、《象》作者，也應該知道這個史實了，爲何《象傳》作者絲毫沒有揭示這個事迹呢？可見，李先生此說較爲牽強。

2.高宗伐鬼方

高宗伐鬼方，三年克之，小人勿用。（《旣濟・九三》爻辭）

貞吉悔亡。震用伐鬼方，三年有賞於大國。（《未濟・九四》爻辭）

高宗就是殷王武丁，是帝小乙之子，盤庚之侄。卜辭記載：

乙酉卜，丙貞：鬼方易，〔亡〕國。五月。（《殷虛文字甲編》，三三四三）

這是武丁伐鬼方的記載。《象傳》說：「三年克之，憊也。」「憊」是疲勞的意思。而於高宗究竟是何人，並未解決。不過，漢代注易家卻指出是殷王武丁，《周易集解》引虞翻曰：「高宗，殷王武丁。鬼方，國名。」又引干寶曰：「高宗，殷中興之君；鬼方，北方國也。高宗嘗伐鬼方，三年而後克之。」高宗的事迹，《尚書》、《詩經》、《國語》、《論語》、《禮記》、《史記》等都有所記載。儘管虞翻、干寶講了高宗伐鬼方，但於具體事迹未明，所以後來王弼、朱熹亦未說明白。據《詩經》和《古本竹書紀年》的記載，大體可窺其輪廓。武丁三十二年載：「伐鬼方，次于荆。」三十四年載：「王師克鬼方，氐羌來賓。」（《古本竹書紀年輯校》）這是有關高宗伐鬼方的簡單記述。從三十二到三十四年，恰好三年。顧頡剛先生認爲：「《今本紀年》於伐鬼方事牽涉荆楚，固是錯誤。」（《周易卦爻辭中的故事》，《古史辨》第三册，上海古籍出版社一九八二年版，第十頁）這是因顧先生沒有搞清鬼方與荆楚的關係所致。武丁征伐荆楚，大概是爲了打破鬼方和荆楚的聯盟。《詩經·商頌·殷武》：「撻彼殷武，奮伐荆楚。罙入其阻，裒荆之旅。有截其所，湯孫之緒。維女荆楚，居國南鄉。昔有成湯，自彼氐羌，莫敢不來享，莫敢不來王。」《毛傳》：「殷武，殷王武丁也。」詩中讚美了武丁征伐荆的戰績。此荆顯然是南方荆楚之荆，高亨說「荆當是西北地名，非荆楚之荆也。」（《周易古經今注》卷四，中華書局一九五七年版，第一一九頁）恐怕非是。按照《國語·鄭語》、《世本》、《大戴禮記·帝系篇》、《史記·楚世家》記載，楚是顓頊曾孫陸終的後裔，陸終娶鬼方之妹女隤，或作嬇，生子六，楚祖季連是最小的一個。可見楚與鬼方爲姻族。高宗伐荆楚，無疑是同鬼方的戰爭聯繫在一起的。

3.帝乙歸妹

帝乙歸妹，以祉，元吉。（《泰·六五》爻辭）

帝乙歸妹，其君之袂不如其娣之袂良，月幾望，吉。（《歸妹．六五》爻辭）

「帝乙」，據《左傳》哀公九年記載：「微子啓，帝乙之元子也。」啓是紂的兄長，帝乙即紂父。「歸」，虞翻說：「嫁也。」（《周易集解》引）「妹」，王弼說：「妹者，少女之稱也。」（《歸妹》，《周易注．下經》，《王弼集校釋》，中華書局一九八〇年版，第四八七頁）就是帝乙出嫁其少女的事。本來這二條爻辭的含意是很清楚的。但《象傳》說：「以祉元吉，中以行愿也。」又說：「帝乙歸妹，不如其娣之袂良也；其位在中，以貴行也。」含糊其詞，晦澀曖昧。那麼，帝乙把少女嫁給誰呢？兩條爻辭沒有說，但據《詩經．大雅．大明》載：

文王初載，天作之合，在洽之陽，在渭之涘，文王嘉止，大邦有子。大邦有子，俔天之妹，文定厥祥，親迎於渭，造舟為梁，不顯其光。有命自天，命此文王，于周于京，纘女維莘，長子維行，篤生武王，保右命爾，燮伐大商。

詩中描述了文王娶妻的故事。周從太王「實始翦商」（《詩經．魯頌．閟宮》以來，商用和親的辦法來緩和商與周之間的矛盾，帝乙與文王幾乎生當同時，從當時周人稱商爲「大邦」，自稱爲「小邦」來看，帝乙嫁女於文王是有可能的。這就是說商王的女兒，像天上的少女一樣，周隆重地迎親於渭。續娶莘氏的長女，生了武王。由於天命的保佑而伐商。

4. 康侯用錫馬蕃庶

晉，康侯用錫馬蕃庶，晝日三接。（《晉》卦辭）

康侯，據顧頡剛的考證，是康叔封。武王之弟，爲周司寇，初封於康，徙於衞，故稱康叔或康侯。這則卦辭是指什麼呢？顧先生沒有說明。平心先生說是唐叔虞曾在成王領導下參與了滅唐戰爭（參見《周易史事索隱》，《歷史研究》一九六三年第一期）。然而，《左傳》只說成王滅唐，而無唐叔參加的記載。《史記・晉世家》也以唐叔未參加滅唐之役。我認爲，這是說康侯參加了由周公旦率領的平定蔡叔、管叔聯合殷遺氏武庚祿父的反叛戰爭。《史記・衞康叔世家》云：「周公旦以成王命，興師伐殷，殺武康祿父、管叔，放蔡叔。」正因爲衞康叔參加了平叛戰爭，因此，「以武庚殷餘民封康叔爲衞君，居河淇間故商墟。」（《史記・衞康叔世家》）在平叛中，一日三捷，俘馬很多，以獻成王。

除上四事外，又如：「箕子之明夷，利貞。」（《明夷・六五》爻辭），《周易集解》引馬融說：「箕子紂之諸父。」卽爲殷末時人；另「王用亨於岐山，吉，无咎。」（《升・六四》爻辭）「拘繫之，乃從維之，王用亨於西山。」（《隨・上六》爻辭）一般認爲，這二條是記文王的故事。上條是說文王亨祭於岐山，下條是指文王被紂王囚於羑里的事。

上述《易經》卦爻辭的故事說明：第一，《易經》所記載的是商初到周初的歷史事件。據此，大體上可以斷定《易經》成書於康侯時的西周前期；第二，既然《易經》卦爻辭記錄了文王被囚羑里，及其被釋放以後亨祭於西山的事實，可知文王囚羑里而作卦爻辭爲不確；第三，《易經》還記載了康侯參加平定武庚、管叔、蔡叔之亂的事，這是發生在文王、乃至武王死後。當然文王不可能記載，這是常識，那麼，文王演周易之說也就靠不住。

再次，《易經》卦、爻辭所運用的語言，反映了殷周之際的語言特點。語言帶有時代性，它隨着時代生活的發展而不斷豐富。在時代生活前進的過程中，又不斷發展，新的辭彙源源湧現，舊的辭彙逐漸拋棄。因此，不同的語言特點，反映了不同時代的特徵。《易經》卦爻辭中，有類似「比」、「興」的詩歌。例如：

明夷于飛，垂其翼。

君子于行，三日不食。（《明夷·初九》爻辭）

把它譯成現代漢語是：

鳴鵜在天空飛翔❹，搭拉着翅膀以求食。

君子在外地旅行，常常是挨餓不得食。

它以鳴鵜垂其翼來比擬君子旅行於外，三天不得食而受饑餓的形象。它與《詩經》中的《鴻雁》、《燕燕》、《東山》等詩，從內容到語言結構和辭彙運用以及表現手法都很相似，可看作同類的詩歌。即使是第二句三個字，這種形式，《詩經》中也不乏其類：如「交交黃鳥，止于

---

❹「明」借爲「鳴」，聲同而義通。《文選》陸機《長安有狹邪行》：「欲鳴當及晨。」李注：「《春秋考異記》曰：『鷄應旦明』，明與鳴同，古字通也。」是「明」爲「鳴」。「夷」，疑爲「鵜」。《說文》：「鵜胡，污澤也。從鳥，夷聲。」

桑。誰從穆公，子車仲行。」（《詩經·秦風·黃鳥》）

另如《中孚·九二》爻辭：

鳴鶴在陰，其子和之。

我有好爵，吾與爾靡之。

把它譯成現代漢語是：

鳴鶴在優靜的地方，你唱我和。

我存有很好的美酒，與你共醉。⑤

詩以鳴鶴的你唱我和來興起它所要說的下一句話，這是觸景生情，「托物起興」。又「和」、「爵」、「靡」古音相叶，是「以事繼其聲」的意思。它與《詩經》中《鶴鳴》、《蘀兮》等詩的語言和內容相似，如果說「鳴鶴在陰，其子和之」，是一雌一雄的鶴在唱和，由此而比興「吾與爾」是一對青年男女情人，在和諧地一唱一和，不是很有詩意的嗎？

上述可以得到這樣的認識：第一，《易經》卦爻辭中的比興詩歌，雖相類於《詩經》中的風、雅，但也有所不同：《易》內容簡單而語言簡古質樸，《詩》內容豐富而語言流暢圓潤。這固然與《易》為筮書分不開，但主要是時代的不同。從《易經》的繇（謠）到《詩》的民謠，反

⑤「靡」，《釋文》：「韓詩云：共也。」《周易集解》引虞翻說：「靡，共也。」

映了詩歌的發展過程。就此而言，《易經》的短繇可說是《詩經》民謠的前身，可知《易經》比《詩經》要早；第二，這種比興詩歌，在商代的卜辭中是少見或不見的。由此而確定伏羲作八卦，文王演六十四卦爲不足信；第三，從《易經》卦、爻辭中有筮辭和韻文詩歌並不統一的文體來看，《易經》爻辭並非一時一人之作，它是由卜官、太卜等在不斷占筮過程中，積累了大量占筮資料，又經過他們的概括、提煉和初步抽象，便大體上成爲如今流傳的本子。

據上所考，《易經》並非如司馬遷所說：「伏羲作八卦、周文王演三百八十四爻」，它反映了商、周的社會面貌，成書於西周前期，是由太卜、卜官編纂而成的，並非出自某一人之手。

## (二)《易傳》的時代和作者

《易傳》包括《彖傳》上、下、《象傳》上、下、《繫辭傳》上、下、《文言傳》、《說卦傳》、《序卦傳》、《雜卦傳》共十篇，舊稱《十翼》。它們或說明《易經》一卦的基本觀念，或發揮卦、爻辭的思想，或傅會八卦所體現的概念，或闡發六十四卦次序，等等。然而都是借《易經》以論述自己的世界觀，從而構成了具有自己時代特點的《易傳》思想體系。

自漢以來，《易傳》作於何時何人，衆說紛紛。司馬遷說：「孔子晚而喜《易》，序《彖》《繫》、《象》、《說卦》、《文言》。」（《史記·孔子世家》）依此，則《彖》、《繫》、《象》、《說卦》、《文言》當在孔子之時就有。《漢書·藝文志》載：「至於殷周之際，紂在上位，逆天暴物，文王以諸侯順命而行道，天人之占，可得而效，于是重《易》六爻，作上下篇。孔子爲之《彖》、《象》、《繫辭》、《文言》、《序卦》之屬十篇。」此後至隋唐，均沿襲此說。北宋時，歐陽修對孔子作《十翼》提出懷疑，他說：「《繫辭》……《文言》、《說卦》而下，皆非聖人之作；而衆說淆亂，亦非一人之言也。」（《易童子問》卷三）他以《文言》、《繫辭》和《說卦》的相互抵牾以及《繫辭》前後文的自相矛盾，說明非出自一人之手：「凡此五說，自相乖戾，尚不可以爲一人之說，其可以爲聖人之作乎？……余之所以知《繫辭》而下非聖人之作者，以其言繁衍叢脞而乖戾也。……至於『何謂』、『子曰』者，講師之言也；《說卦》、《雜卦》者，筮人之占書也，此又不待辯而可以知者。」（同上）他用邏輯的論證，推翻了孔子作《十翼》的舊說，儘管他還不敢懷疑《彖》、《象》非孔子之作，但確是起了打破迷信，解放思想的作用。此後，清有姚際恒的《易傳通論》及至康有爲作《新學僞經考》，《易經》非全爲孔子所作，則頗爲流行。

郭沫若在一九二七年八月寫的《周易時代的社會生活》中說：「《易傳》便是十翼，……歷來相傳是孔子做的。」「大約《易傳》的產生至少是如像《論語》一樣，是出於孔門弟子的筆錄罷。……《易傳》是產在春秋戰國的時候，這個時代是由奴隸制確切地變成封建制度的時代。」（《中國古代社會研究》，人民出版社一九五四年版，第六八—六九頁）一是肯定孔子與《易傳》的關係；二是確定《易傳》作於春秋戰國之際。但隨着他關於中國古代社會性質分期問題觀點的變化，在一九三五年所寫的《周易之制作時代》中說：「《周易》經部作於戰國初年的楚人馯臂子弓，我相信是沒有疑問的。」「《易傳》中有大部分是秦時代的荀子的門徒們楚國的人所著的。著書的時期當得在秦始皇三十四年（公元前二一三年）以後。」（《靑銅時代》，群益出版社一九四七年版，第七六頁）以《易經》爲戰國初年的作品，《易傳》爲秦始皇時作，並特地證明「孔子與《易》並無關係」，完全否定了他在《周易時代的社會生活》中的觀點。

顧頡剛先生在一九二六—二九年間寫的《周易卦爻辭中的故事》中說：「《易傳》的著作時代，至早不得過戰國，遲則在西漢中葉。」（《古史辨》第三册，上海古籍出版社一九八二年版，第二五頁）李鏡池在《易傳探源》中認爲，《彖傳》與《象傳》「其年代當在秦漢間，其著作者當是齊魯間底儒家者流。」《繫辭》與《文言》，「滙集前人解經的殘篇斷簡，並加以新著的材料。年代當在史遷之後，昭宣之前。」「《說卦》、《序卦》和《雜卦》——較晚的作品，在昭宣後。」（《古史辨》第三册，第一〇五頁；另《周易探源》，中華書局一九七八年版，第三〇一頁）

從北宋歐陽修以後，直到本世紀的三十年代，其基本傾向和觀點是：一是《易傳》非孔子所作；二是《易傳》是秦漢間傳《易》者所作，而非春秋戰國時所作。這就在《易傳》的時代和作者問題上與漢人的看法相左。

那麼，《易傳》究竟成於何時，作於何人？

關於《彖傳》。《左傳》昭公二年記載：「晉侯使韓宣子來聘，……觀書於太史氏，見

《易·象》與《魯春秋》，曰：『周禮盡在魯矣，吾乃今知周公之德，與周之所以王。』」可見，《易·象》在春秋時已存在了。《易·象》是對三百八十四爻的解釋，它的內容也爲《論語》所徵引：「曾子曰：『君子思不出其位。』」（《論語·憲問》）見於《艮卦》之《象辭》。崔述在《洙泗考信錄》卷三中認爲，是《象傳》引自《論語》。但《左傳》昭公二年，即公元前五四〇年（周景王五年），如果孔子生於公元前五五一年（周靈王二十一年）的話，那麼，這時孔子只有十一歲，當然不是《象傳》引自《論語》了。

關於《彖傳》。《荀子·大略篇》曰：「《易》之《咸》（䷞），見夫婦。夫婦之道，不可不正也，君臣父子之本也。咸，感也，以高下下，以男下女，柔上而剛下。」這段話見之於《彖下傳》的《咸卦》《彖辭》：「咸，感也。柔上而剛下。二氣感應以相與，止而說，男下女，是以亨，利貞，取女吉也。」兩相比較，如郭沫若所說：「兩者之相類似是很明顯的。」但他否定《荀子》引自《咸卦·彖傳》。他說：「假如荀子是引用了《易傳》，應該要標明出它的來源。……而關於《咸卦》的這一段議論卻全然是作爲自己的學說而敍述着的，以荀子那樣富於獨創性的人，我們可以斷定他的話決不會是出於《易傳》之剽竊。……無論怎麼看，都是荀子的說話在先，而《易傳》在後。」（《周易之制作時代》，《青銅時代》，羣益出版社一九四七年版，第七一頁）誠然，《荀子》書中引用他書是標明出處的。他引《易傳》的話不是已標明出於《易》之《咸》？況且《荀子·非相篇》還引《坤》卦《六四爻辭》：「《易》曰：『括囊無咎無譽。』」腐儒之謂也。」《大略篇》引《小畜》卦《初九爻辭》：「《易》曰：『復自道，何其咎』。」可見，荀子引用《周易》不僅有《傳》，也包括《經》。大體上引《易經》注明「《易》曰」，引《易傳》則注爲「《易》之《咸》」，行文是很清楚的。由此，管見以《彖傳》爲春秋時作，遲則爲戰國初年。

關於《說卦傳》。其辭見於《左傳》和《國語》的有：《左傳》莊公二十二年（公元前六九七年）記載：「周史有以《周易》見陳侯者，陳侯使筮之。遇《觀》䷓之《否》䷋，……坤，土也；巽，風也；乾，天也。」「巽，風也」；「乾，天也。」見於《說卦傳》第十、十一章。《左傳》閔公元年（公元前六六一年），《左傳》僖公十五年（公元前六四四年），《左傳》昭公五年（公元前五三九年）以《周易》筮之，或遇《屯》之《比》，或遇《歸妹》之《暌》，或遇《明夷》之《謙》。其所代表的事物，則與《說卦傳》第十一章《震》、《離》、《艮》所代表的事物相同或相類。《國語．晉語》：「公子（重耳）親筮之，曰：尙有晉國，得貞《屯》悔《豫》皆八也。……震，車也。坎，水也。坤，土也。屯，厚也。豫，樂也。……震，雷也、車也。坎，勞也、水也、衆也。……坤，母也。震，長男也。母老子強故曰豫。」這段話與《說卦傳》第五、十、十一章《震》、《坎》、《坤》所代表的事物相同。從《左傳》、《國語》與《說卦傳》相同來看，《說卦傳》約成於春秋之時。

關於《文言傳》。《左傳》襄公九年（公元前五六三年）記載：「穆姜薨於東宮，始往而筮之，遇《艮》䷳之八。史曰：『是謂《艮》之《隨》䷐。……』是於《周易》曰：『隨，元亨利貞，無咎』。『元，體之長也；亨，嘉之會也；利，義之和也；貞，事之幹也。體仁足以長人，嘉德足以合禮，利物足以和義，貞固足以幹事。』」這段話，有與《隨卦》卦辭相同。對於「元、亨、利、貞」的解釋則與《乾文言》相同。可見《文言傳》約成於春秋中葉，而決不成於漢代昭帝、宣帝之時。

關於《繫辭傳》。司馬談在《論六家要指》中說：「《易大傳》：『天下一致而百慮，同歸而殊塗』。」（《史記‧太史公自序》）見於今《繫辭下傳》第五章。董仲舒在《對策》中說：「《易》曰：『負且乘，致寇至。』乘車者，君子之位也；負擔者，小人之事也。此言居君子之位而爲庶人之行者，其患禍必至也。」（《漢書‧董仲舒傳》）見之於《繫辭上傳》第八章。由此可推知，《繫辭》不會遲於戰國中期。

關於《序卦傳》和《雜卦傳》。王充《論衡．正說篇》：「孝宣皇帝之時，河內女子發老屋，得逸《易》、《禮》、《尚書》各一篇，奏之。宣帝下示博士，然後《易》、《禮》、《尚書》各益一篇。」王充沒有說明逸《易》一篇是什麼，後來，《隋書‧經籍志》定爲《說卦》。「及秦焚書，《周易》獨以卜筮得存，唯失《說卦》三篇（指《說》、《序》、《雜》），後河內女子得之。」此兩段話是有矛盾的：既以《周易》爲卜筮書，不在焚書之例，及何說失三篇；王充說逸一篇，《隋書》說三篇。這已不可查，但既以《說》、《序》、《雜》爲三篇，而《說卦》成書於春秋時期，則《序》、《雜》也當與《說卦》相近。

另據《馬王堆二、三號漢墓發掘主要收獲》（《考古》一九七五年第一期）報導：出土了整幅帛書寫的《易經》五千多字，無篇題。《易繫辭》兩千七百多字，佚書《易說》七千多字。《易繫辭》也不分上下，與今本的差別是：(1)今本上傳部分，帛書缺第八、九兩章，第十一章倒置；(2)今本下傳部分，第五章後末，帛書多一千多字。其中一小部分見於今本《說卦》的前三章。由此可知，《易繫辭》大體與今本相似，《說卦》有前三章。馬王堆二號漢墓主人是長沙丞相軑侯利蒼。死於公元前一八六年，三號墓下葬於漢文帝前元十二年（公元前一六八年），因三號墓是利蒼的兒子，所以相差二十餘年。則見以《繫辭》「年代當在史遷之後，昭、宣之間。」以及《說卦》「漢初時所未有」。或「在昭、宣後」等等說法，都可推倒。

總之，管見以爲《易傳》當成於春秋至戰國中葉，作者並非孔子一人，而是當時史官、儒者作成，某些篇章可能與孔子有聯繫。

### (三)《易經》和《易傳》的性質

《易經》的性質，歷來有不同看法。或認爲，是武王伐紂作輿論準備的哲學書，或認爲，不僅是在中國古代的一部最早的系統的哲學著作，而且也是在世界上最早的有系統的哲學著作之一。然我認爲，《易經》是部占筮的書。筮占是人們宗教性的巫術活動。它與哲學既有本質的區別又有聯繫。

從其本質的區別來說，宗教是關於支配人們命運的超自然實體的虛幻觀念，是對神靈的信仰和崇拜。它把人間的力量採取了超人間的力量的形式。哲學是人們對於世界、社會及其本質的總意識，是最抽象的、理論化系統化的世界觀。它為意識形態諸形式作理論的論證。哲學在其自身的發展進程中，反映了科學和宗教迷信的鬭爭。這一根本區別，體現了《周易》中《易經》與《易傳》兩部分性質的不同。

《易經》作爲對超自然實體卽神靈的信仰和崇拜：需要通過筮占這種媒介，溝通神與人之間的關係；而筮占所用的耆策，則是溝通這種神人關係的工具。儘管這種工具可千差萬別，但都被看作是對神的意志的傳達。人們在筮占過程中，其目的是通過筮占工具所表現的「象」的變化或不同，來窺測神的意旨，預測人生未來的吉凶、禍福、悔吝、休咎。《易經》當時就是被作爲筮占之書應用的。《國語．周語》：「成公之歸也，吾聞晉之筮之也，遇《乾》之《否》。」《左傳》昭公十二年：「南蒯之將叛也……枚筮之，遇《坤》（䷁）之《比》（䷇），曰：『黃裳，元吉。』」（見《坤．六五》爻辭），《左傳》昭公七年：「衞襄公夫人姜氏無子，嬖人婤姶生孟縶。……孔成子以《周易》筮之，……遇《屯》䷂之《比》（䷇），以示史朝。史朝曰：『元亨（見《屯卦》卦辭），又何疑焉？』」《左傳》、《國語》中有關《周易》的記載共二十二條，其中筮占十六條，如「以《周易》筮之」語，引證六條。可見，春秋時人們基本上把《易經》作爲筮書來利用，根據卦爻辭來斷吉凶、禍福、悔吝、休咎。筮占既是神的意志的體現，就不允許自由思考，它要求絕對服從，聽從神的安排，如果懷疑筮占的結果，便是對神的不敬或褻瀆。《易經》的《蒙卦》卦辭載：

> 蒙，亨。匪我求童蒙，童蒙求我。初筮告，再三瀆，瀆則不告，利貞。

「蒙」、「矇」古通用。《說文》：「矇，童蒙也。」卽年幼無知的意思。「瀆」疑爲黷，《說文》：「黷，握持垢也。從黑，賣聲。《易》曰：『再三黷』。」《廣雅．釋詁》：「黷，狎也。」狎辱的意思。這則卦辭說：其一，年幼而無知的童蒙求我，不是我去求童蒙。此「我」顯然是占筮者之自稱。筮者用第一人稱，而不用二、三人稱，可測知《易經》是卜官或筮占者根據筮問的記錄滙編而成，故偶而保留了這樣一條第一人稱的卦、爻辭。其二，人們第一次求筮，叫「初筮」，筮者告以「初筮」的結果。如果不相信「初筮」的吉凶、禍福，再三求筮，不僅是對筮者的狎辱，而且是對神的不尊，當然就不爲之筮占了。這便從卦爻辭本身證明其爲筮書。

《易經》作爲筮書，它本質上是一種宗教巫術，只要求人們對神靈的信仰和服從而不要求人們去認識客觀世界或客觀事物之間的聯繫。因此，《易經》不是也不可能是一部哲學的專著。

從哲學與宗教的聯繫來說，《易經》明顯地體現了科學思維的萌芽與宗教、神話的幻想的聯繫。在人類認識的發展中，人們通過「卜以決疑」這種宗教巫術活動，以求知與自己或大衆相關聯的某種行爲的直接後果，儘管它把這種後果的最終原因歸結爲神的力量，但表現了人們對於事物因果關係的探索，正是這種探索，表現了宗教與哲學的聯繫，亦表現了宗教向哲學轉化的可能性。

因爲最初的宗教的表現是，反映自然現象、季節更換等等的慶祝活動，一個民族生活於其中的特定的自然條件和自然產物，都被搬進了它的宗教裏。《易經》卦爻辭的內容，正是把殷、周之際人們生活於其中的自然、社會面貌，搬進了筮占宗教神學的殿堂裏。因此，透過光怪陸離的神學迷霧，展現在我們面前的卻是當時人們在與自然、社會鬪爭實踐中所積累起來的經驗的總結以及仰觀俯察認識對象過程中逐步深化的結果。這些總結和結果已經不受筮占思維結構的侷限，表示了要擺脫神的意志的一種努力和歷程。

同時，《易經》卦爻辭的編纂者又根據筮占的特定結構，從大量的筮辭中歸類、排比、整理、選擇有關相類的在一起，如《井卦》卦爻辭等；或者依照由初爻而至上爻的由下而上的次序，說明某一具體事物由低到高的上升的變化運動。這不僅體現了人們認識水平的提高，而且寓有編纂者的抽象思維。這就不僅從內容方面，而且從形式方面，表現了宗教向哲學的轉化。

況且，《易經》卦爻辭的編定，從筮求神意的角度說，先前筮辭是神意的直接傳達，人們要預知的吉凶、禍福、悔吝、休咎，是神的直接意旨，現在卻隔了一層，神的指示僅是那一卦，而人們要預知某一事的因果關係的吉凶、禍福、悔吝、休咎，要根據卦爻辭來決定。這不是神的地位提高的顯示，而是蘊涵著某些客觀自然、社會實踐內容的卦爻辭的功能的提高。這一提高，宗教的超自然的神靈信仰和崇拜，便下降爲對卦爻辭的信賴，這便爲宗教通向哲學開闢了道路。

《易傳》，正是通過這條道路而向哲學發展的，它甩開了對超自然的神靈的信仰，採取了抽象的理性思維的形式，《易傳》從哲學的意義上對《易經》的「象」、「辭」作了解釋。認爲，八卦的始作，是人們通過對自身周圍客觀事物的觀察，進而對世界本原及其運動規律的探討；它以「陰陽」這兩個相互對立而又互相聯繫的範疇來概括自然、社會中一切對立統一的概念，如天地、水火、剛柔、男女等等；具有辯證思維的萌芽；它對卦象之間聯結和六十四卦的序順，採取了邏輯的論證或萬物由生——長——亡的發展過程的說明方法。因此，《易傳》是講對世界及其一般發展規律的看法，具有哲學的意義。所以，從《易經》到《易傳》，標誌著人類的認識從宗教的迷信走向理性的覺醒；從超自然的崇拜走向對客觀自然的認識。

既然一般地說，《易經》是筮占之書，《易傳》是哲學之書，那麼就既要看到兩者的根本區別，又要看到兩者之間的聯繫，忽視那一方面都可能導致片面性。如果僅見其聯繫，附《傳》於《經》，以《傳》代《經》，便會混淆兩者的性質，以《易傳》哲學去代替《易經》的宗教巫術，從而以《易經》爲系統的哲學著作，亦便由此而產生了。這是片面之一；之二是強調其性質區別，而不見其聯繫，以至割斷其聯繫，這樣亦搞不清楚《易傳》哲學何以產生，具有什麼特點，這當然亦是不妥當的。

# 二、《周易》哲學思想述評

由於《周易》所包括的《易經》與《易傳》兩部分的性質不同，故分而述評。

## ㈠《易經》的宗教神學和無神論、辯證法思想的萌芽

筮占的對象既是超人間、超自然的力量，那麼，神靈便是筮占所崇拜的對象。在殷、周天命論占統治地位的情況下，神靈便是「天」或「帝」。「天」在卦爻辭中七見：

飛龍在天，利見大人。（《乾・九五》爻辭）

自天祐之，吉无不利。（《大有・上九》爻辭）

何天之衢，亨。（《大畜・上九》爻辭）

不明，晦。初登於天，後入於地。（《明夷・上六》爻辭）

見輿曳，其牛掣，其人天且劓，无初有終。（《睽・六三》爻辭）

以杞包瓜，合章。有隕自天。（《姤・九五》爻辭）

翰音登於天。貞凶。（《中孚・上九》爻辭）

在這裏，「天」有三義：其一，「天」爲超自然的、有意志的人格神。《大有・上九》爻辭「自

「天祐之」。「祐」，《周易集解》作「右」。「祐」、「右」古通。《說文》：「右，助也。」即手口相助，便是「天」的保佑。《大畜·上九》：「何天之衢。」何作荷，受也。衢疑爲休。《說文》：「䀠讀若拘，瞿讀若章句之句。」《周禮·考工記·弓人》：「夫角之末，蹙於劀而休於氣。」鄭注：「休讀爲煦。」拘、煦，均爲句聲，故衢、休聲近義通。休，祥也。《詩經·商頌·長發》：「何天之休。」即謂承受天的福祐。如《儀禮·士冠禮》：「承天之休。」筮占神靈，就是禱求「天」的輔助，預知吉凶禍福，以能避禍趨福，逢凶化吉，體現了「天」、神的意志。這是殷周之際社會生產力和自然科學水平低下，人們受「天命」思想支配的反映。「凡國之大事，先筮而後卜。」（《春官宗伯下·筮人》，《周禮》卷六）幾乎一切人事的吉凶、禍福、悔吝、休咎，都取決於「天」意。但就在此筮占迷信的濃霧中，在《易經》神學巫術體系中產生了與其相對立的「異端」思想。於是「天」亦同時具有其他的含義。

其二，「天」爲自然的蒼蒼者之天。《乾·九五》爻辭「飛龍在天」，此「天」便是「龍乘雲氣」而翱翔之蒼穹，猶《詩經·小雅·小宛》所載：「宛彼鳴鳩，翰飛戾天。」鳴鳩即斑鳩。翰，羽也。戾，至也。其意是小小的斑鳩，展開羽毛而飛至蒼天。《中孚·上九》：「翰音登於天。」《禮記·曲禮》：「鷄曰翰音。」《爾雅·釋鳥》：「翰，天鷄。」因此，《周易集解》引侯果：「鷄曰翰音。」其意是鷄高飛而升於天。《明夷·上六》：「不明，晦。初登於天，後入於地。」明指太陽。太陽初登於天爲明，後入於地爲不明，即天黑了。《姤·九五》：「有隕自天。」有東西由天而墜。此四條爻辭所謂之「天」，都是講具有空間性的自然之「天」，而非神性之「天」。

其三，「天」爲事物之某一部位，如人之額，《睽・六三》：「其人天且劓。」《說文》：「天，顚也。」額爲顚之一部分。《經典釋文》：「天剠也，馬云：『剠鑿其額曰天。』」《周易集解》引虞翻：「黥額爲天，割鼻爲劓。」其意是這個人被烙了額，割了鼻。

七條中超自然的神靈的「天」，只有兩條，其餘五條或指自然之蒼天，或指額頭。這種比例，便見支配著人們日常生活的神秘力量——天命，受到了種種客觀物質條件的限制；超人間的力量逐漸被還原爲人間的力量；爲人們所信仰和崇拜的神靈的絕對權威受到了削弱。這樣便在《易經》宗教神學結構中產生了無神論思想的萌芽。

1.《易經》中無神論思想的萌芽

無神論，簡要地說就是對一切宗教神學的否定。但其萌芽階段，則未擺脫宗教神學體系的藩籬。其表現有兩方面：一是神靈的神通妙用受到了衝擊，人事的吉凶、禍福、悔吝、休咎受客觀時間、地點、具體條件的制約；二是，人爲力量的擡高，對神靈信仰程度的下降。

第一，人事的吉凶禍福受時間的制約：

元亨，利牝馬之貞，君子有攸往，先迷後得主，利。（《坤》卦辭）

亨小，利貞。初吉終亂。（《既濟》卦辭）

《坤卦》先迷失方向，後終於吉利；《旣濟》卦開始吉利，結果遇凶。在這裏，或迷或得、或吉或凶，不是神意或天命，而是時間先後的不同。時間是客觀事物變化的條件，這對於《易經》編者來說，當然還只是些原始的、不自覺的猜測。然而，隨著時間這個因素的變化，事物就可能出現截然不同的結果：

乘其墉，弗克攻，吉。（《同人．九四》爻辭）

「墉」，《說文》：「城垣也。」《詩經．大雅．崧高》：「以作爾庸。」注：「庸，城也。」攻城者已登城墉，而守敵未退，如不抓住時機繼續攻打，則城不容易攻下，知道這點，吉。聞一多訓「乘」爲「增」，守城者加高城墻，使攻城者不克，吉。前者爲進攻，後者爲防守，無論那種解釋，其吉或不吉，與天意無涉，而在於採取正確的戰術和士兵的勇敢。

同人先號咷而後笑，大師克相遇。（《同人．九五》爻辭）

「咷」，《說文》：「楚人謂兒泣不止曰噭咷。」《經典釋文》：「號咷，啼呼也。」意謂兩軍對戰，一方被圍，這時有人悲嘆呼號，有人啼哭，後來奮力突圍，並與援兵相遇，轉敗爲勝。於是，先號咷而後笑，或其他反敗爲勝的戰例。這裏，先「號」後「笑」，並非天意的安排，而是隨時間的推移，戰爭雙方的條件發生變化，才促使「先號」向「後笑」轉化，這是人們對無數次戰爭經驗的總結。

第二，人事的吉凶禍福受地點的制約：

蹇，利西南，不利東北。（《蹇》卦辭）

西南得朋，東北喪朋，安貞吉。（《坤》卦辭）

「朋」即「朋貝」之朋，「十貝」爲朋。《叔德簋》：「王錫叔德臣嬉十人，貝十朋，羊百。」兩卦都說，人若出門，向西南方向，既吉利，又可得財；向東北方向，既不吉利，又要喪財。利或不利，喪或不喪，是看到什麼地方去。不同的地方，可招致不同的後果：

需於郊，利用恒，无咎。（《需・初九》爻辭）

需於泥，致寇至。（《需・九三》爻辭）

「需」，《雜卦傳》：「需，不進也。」《爾雅・釋詁》：「頦，待也。」其意停留不進。待在郊野，利於久駐，而無災患；停留在泥潭，愈陷愈深，敵寇可乘勢而來。由於處郊、處泥地點不同，客觀條件的變化，其結果也完全不同。在這裏，「无咎」和「致寇至」，看不到「天命」的作用，在具體的環境中，在一定地點條件下，「超人間的力量」已無能爲力，只有人們自己的力量，才能改變不利的客觀環境，創造有利的條件。

第三，人事的吉凶禍福受具體行爲和具體事物的制約：

屯其膏，小，貞吉，大，貞凶。（《屯・九五》爻辭）

利見大人，不利涉大川。（《訟》卦辭）

大畜，利貞，不家食，吉，利涉大川。（《大畜》卦辭）

亨，利貞，可小事，不可大事。（《小過》卦辭）

「屯」，《廣雅．釋詁》：「聚也。」「肎」，《說文》：「肥也。」《國語．晉語》：「夫肎粱之性難正也。」韋昭注：「肎，肉之肥者。」屯聚肥肉，而不施用。幹小事吉，幹大事則凶，這則爻辭與《小過》卦辭相類。《訟》卦辭和《大畜》卦辭則相反，一是以見大人吉利，不利於過大河；另是以不在家吉利，過大河也吉利。這裏，「吉」與「凶」，「利」與「不利」，受著客觀條件的制約，「吉」與「凶」的決定，要視是什麼具體行動或事件。譬如，見大人吉利，但渡河就凶；幹小事是吉，幹大事就凶，都是指具體行爲和事件。而不是籠統抽象地談「吉」、「凶」。當人們在講某一具體事件的時候，往往撇開「天命」，而依據人們的生活經驗。所以，人們的生活經驗和實踐總是與支配著人們生活的超人間力量相矛盾，不斷地破壞著「天命」的至上權力。

第四，人事的吉凶禍福受各人本身條件的制約：

包承，小人吉，大人否，亨。（《否．六二》爻辭）

「包」，《廣雅．釋詁》：「裹也。」「承」借爲脀，《說文》：「脀，騃也，从肉，丞聲，讀若丞。」《儀禮．特牲饋食禮》：「宗人告祭脀。」鄭注：「脀，俎也。」脀从肉，其本義當與肉有關，卽祭祀所用的肉。「包脀」，就是用茅葦包裹脀肉以祭祀，這對於沒有鼎俎的小人來說，已經是盡力奉祀了，因而是吉利的；但對於有財產的大人來說，如果用茅葦包脀肉祭祀，而不用鼎俎，豈不是對天或神的輕慢？這就不太好了。

祭祀如此，送禮也是這個道理：

> 好遯，君子吉，小人否。（《遯·九四》爻辭）

「遯」借爲豚，古通。《中孚》卦辭說：「豚魚吉。」《經典釋文》：「豚，黃（穎）作遯。」是「遯」借爲「豚」之證。《說文》：「豚，小豕也。」《小爾雅·廣獸》：「彘，豬也，其子曰豚。」卽小豬。送人以小豬，對有位有財的君子來說是成其禮，所以吉。《論語·陽貨篇》曰：「陽貨欲見孔子，孔子不見，歸孔子豚。」陽貨爲大夫，送小豬是成禮；對窮苦的小人來說，送人以小豬，那就需傾家財了，所以不吉利。但君子如不以小豬送人，豈不是不合禮而輕慢？

除祭祀、送禮外，人們做事亦何嘗不是如此：

> 恒其德，貞，婦人吉，夫子凶。（《恒·六五》爻辭）

「恒」，《周易集解》引侯果說：「久也。」卽恒常的意思。婦女如能恒守其德，就吉利；但男子做事，其法要多樣，若道一軌，便凶。

同是祭祀、送禮和「恒德」，吉凶、禍福、悔吝、休咎，則因事而異，因人而異。亦依人的具體地位、以至經濟狀況而定。「天」、神在這裏並沒有干預什麼人事。如果說有，豈不是「天」也是按人的意志辦事嗎？天意豈不是人意！

> 无妄之災，或繫之牛，行人之得，邑人之災。（《无妄·六三》爻辭）

邑人把牛拴在某一地方，無人照看，牛脫繮繩而走，過路人順手牽走，而有所得，邑人粗心大意，以致失牛，卽謂之「无妄之災」。時間、地點、具體事物以及自身條件，決定著某一事件的吉凶、禍福、悔吝、休咎。這樣，便不自覺地從事物本身去尋求其因果關係，而不是依「天」或神來預筮先知，這是人類認識的進步。

當人們按照自己的模樣和幻想塑造「天」和神靈時，神的神秘外衣逐漸被剝去，剩下的豈不是「人的模樣」嗎?《易經》對於人事吉凶、禍福的解釋，如果去掉占筮的神秘形式，豈不包含著許多人們觀察物質世界的原始的合理的因素，豈不蘊含著一些人們在生產和生活行動中累積起來的科學思維的萌芽?

這種對「天」、神靈的限制和衝擊，不僅表現在對於環境和客觀條件的認識和重視，而且還表現在對於人的自身作用的認識和重視。人們對於自身力量(人爲)的粗淺認識，乃是在物質的生產活動中，對於自然現象以及人和自然關係的最初的了解，它標誌著人們從神學的奴役下掙脫出來的艱苦的歷程，也標誌著科學和神學之間的比例在拉大。

《易經》中對於人爲的重視，表現爲以下幾方面：

第一，人爲對於人事吉凶、禍福的影響：

君子終日乾乾，夕惕若，厲无咎。(《乾·九三》爻辭)

「乾」，《廣雅·釋詁》：「乾乾，健也。」其意勤勉努力。「惕」，《經典釋文》：「惕，鄭（玄）云：『懼也。』」君子白天工作勤勉不倦，晚上又能檢點自己，即使處境危險，也不致有災禍。因此，人們可以依靠自身的力量，轉危爲安，也可相反，由吉變凶：

鳴謙，貞吉。（《謙·六二》爻辭）

「鳴」，《廣雅·釋詁》：「鳴，名也。」「謙」，《周易集解》引鄭玄曰：「謙者自貶損以下人。」其意謙讓、謙虛。有了名聲，仍能保持謙虛，則吉，反之：

鳴豫，凶。（《豫·初六》爻辭）

「豫」，《廣雅·釋詁》：「樂也。」借爲「舒」。有了名聲，便貪圖舒適佚樂，結果會凶。人們對於名聲的不同態度，便產生完全不同的結果。這裏，吉凶的根源，不是「天意」，而是人的本身作用。

《易經》作者認爲，人爲不僅對於名聲，對於其他事情也是這樣：

眇能視，跛能履。履虎尾，咥人，凶。（《履·六三》爻辭）

履虎尾，愬愬，終吉。（《履·九四》爻辭）

「眇」，《經典釋文》：「眇，字書云：『盲也。』」《說文》：「一目小也。」「咥」，《經典釋文》：「咥，馬云：『齕也。』鄭云：『齧也。』」「愬愬」，《子夏傳》云：「恐懼貌。」二則爻辭同是「履虎尾」，即踩到老虎的尾巴，由於主觀條件的不同，結果也不同。一個是眼睛看不太清楚，腳拐不好走路，踩到老虎尾巴，就被老虎吃掉；一個是臨危不懼，小心謹慎，雖然踩到老虎尾巴，結果沒有被吃掉而吉。這裏，生死的關鍵，在於人爲，而不在「天」或「神」。

第二，人爲對於戰爭的勝敗，起著重要的作用：

師出以律❻，否臧，凶。（《師·初六》爻辭）

「否」，《古易音訓》引晁說之曰：「否，劉、荀、陸、一行作不。」「否臧」即不善，是說軍隊的紀律不好。《左傳》宣公十二年引此條爻辭，而解釋說：「執事順成爲臧，逆爲否。衆散爲弱，川壅爲澤。有律以如己也，故曰律。否臧，且律竭也，盈而以竭，夭且不整，所以凶也。」在邲戰時，晉軍副帥先縠剛愎自用，不服從指揮，知莊子以此條爻辭預言先縠必敗的道理。「執事順成」便是遵守紀律。軍隊出征要有紀律，如果紀律不好，就會打敗仗。這是古代戰爭經驗的總結。

當然，軍隊的紀律很重要，而軍隊內部的一致性，亦很重要：

鳴謙，利用行師，征邑國。（《謙·上六》爻辭）

---

❻ 聞一多訓「律」爲音律之「律」，是有見地的。軍事科學院的曾慶詳先生說：「氏族集團的戰爭，如果人數不多，酋長猶可靠呼喊來指揮，人數多了，戰場大了，只能憑借打擊樂器來統一行動，所謂擊鼓助威，鳴金收兵，就是這個意思。當時的指揮者要求士兵牢記不同的聲音，便是紀律的最初形式。」（扎自來信）

「鳴」借爲名。「邑」，大夫的封地；「國」即諸侯國。有名聲而又謹慮，出兵征服邑國便吉利。如若相反：

君子豹變，小人革面，征凶。（《革·上六》爻辭）

「君子」，爲貴族與士之通稱。在上位的人變臉如豹，大發雷霆；小人臉色難看，對上不服從。上下不同心一致，出師征伐便凶。

戰爭勝敗不取決於「天」、神靈，而是社會物質條件，社會制度、武器、人心等全面的較量，但人卻是重要的因素，人們的一時不愼和一絲疏忽，都會給戰爭帶來困難或不利。

伏戎於莽，升高其陵，三歲不興。（《同人·九三》爻辭）

「莽」，叢草。《周易集解》引崔憬說：「隱兵於野，將以襲之，故曰伏戎於莽。」其意是說，軍隊埋伏在莽草之中，並搶占高陵——有利的制高點，戰敗敵人，使其「三歲不興」，這是使敵致敗；伏兵於莽草，使敵不見，但有人違反紀律，登上高陵，暴露目標，遭敵襲擊，以致戰敗，三年不能恢復，這是自致其敗。此兩種解釋，都說明戰爭的勝敗，在於人自身的條件。

第三，人爲在生產鬪爭中的重要作用：

即鹿无虞，唯入於林中，君子幾如不舍，往吝。（《屯·六三》爻辭）

「即」，《廣雅·釋詁》：「就也。」「虞」，《周易集解》引虞翻說：「虞謂虞人，掌禽獸者。」即掌禽獸的官。打獵逐鹿，須有虞人的引導。如果無虞人指引，而又追鹿不捨，入林後必有艱難或危險。虞人在這裏起著決定性的作用。這大概是古代君子田獵，沒有嚮導，追鹿入林，或迷路、落阱，或遇險、被獸所傷害而獲得的經驗。

《易經》作者還認爲：

童牛之牿，元吉。（《大畜·六四》爻辭）

「牿」，《周易集解》作「告」，《經典釋文》：「九家作告。」《說文》：「牛觸人，角箸橫木，所以告人❼也。從口，從牛。《易》曰：『僮牛之告。』凡告之屬皆從告」，王弼《周易注》作「牿」。告、牿古通。牛犢初生角，喜歡用角去觸東西，如果以木牿牛角，既不會折傷生長的牛角，也不會觸害東西，便大吉。牛犢喜觸，是童牛的習性，而不是天意。它是人們在牧畜中對牛進行長期觀察而獲得的認識。人們又根據這個認識而製作木牿，把牛角套起來，既保護了牛角，又防止了觸傷人或牲畜，顯然是人們在飼養牲畜實踐中認識對象，並逐步深化的結果。

第四，人對於自身力量的作用的重視：

衆允，悔亡。（《晉·六三》爻辭）

「允」，《說文》：「信也。」《爾雅·釋詁》：「允，信也。」衆人如果都相信那樣，做起來

❼「告人」，段玉裁認爲，「告人」之說不妥，他說：「牛與人口非一體；牛口爲文，未見告義；且字形中無木，則告義未顯；且如所云，是告可不用口也。此許〔愼〕因『童牛之告』而曲爲之說，非字意。」可參考。

就沒有困難。這裏，出現了最原始的、最初的對象人的重視。這種重視，說明人開始對自身的認識。

**觀我生，進、退。**（《觀・六三》爻辭）

「生」，《周易集解》引虞翻曰：「生謂生民。」《觀九五・象傳》：「觀我生，觀民也」李道平《周易集解纂疏》：「生謂生民。」是「生」爲「生民」之證。觀察我「生民」的意願，以決定「進」或「退」。如果在上位的人視我「生民」的意向辦事，那麼，就不會發生災患或不吉利。

以上八點從兩個方面論述了科學思維的萌芽在宗教中的出現以及在巫教神學思維框架中包含著無神論思想萌芽的最初形式。人事的吉凶禍福受時間、地點等客觀條件的限制，這在一定程度上認識到人事的吉凶禍福與客觀時空和條件的聯繫，而不僅僅與「天」、「神」相聯繫，這種認識領域的擴大，標誌著《易經》宗教世界觀所支配的領域在縮小。同時，人對於自身力量的重視，便是對「天命」、神靈的蔑視。人爲既然在生活實踐、戰爭勝敗、生產競爭中起著重要作用，那麼，它就在各自的領域中，排斥著超自然的神靈的干預。這無疑是在籠罩著宗教神秘主義形式的《易經》中，冒出了既與其相聯繫又與之相對立的無神論思想的萌芽。

### 2.《易經》中所蘊含的辯證法思想的萌芽

殷末周初是社會變動的所謂「武王革命」時代，這種社會狀況不能不曲折地反映到《易經》

中來，因此，《易經》在宗教幻想的形式中，又包含著我國古代較早出現的矛盾辯證法思想的萌芽。它爲探討中國古代對待統一思想的產生，總結古代辯證法思想發展的必然性及其如何導致僵死片面，提供了歷史資料。

第一，關於對待的觀念：

《易經》雖是筮占之書，但是人們對於人事吉凶、禍福、悔吝、休咎的占問，總是針對某一具體的人和事而言的。因此，儘管《易經》編纂者並沒有自覺地去研究對象的本質自身中的矛盾，但卻直觀地、不自覺地反映了自然和社會生活中的矛盾現象，有了關於矛盾觀念的萌芽。

不明晦，初登於天，後入於地。（《明夷·上六》爻辭）

枯楊生華，老婦得其士夫。（《大過·九五》爻辭）

蹇，利西南，不利東北。（《蹇》卦辭）

東鄰殺牛，不如西鄰之禴祭。（《旣濟·九五》爻辭）

「華」與「榮」義通。《說文通訓定聲》：「開花謂之華。」《呂氏春秋》注：「是月生葉，故曰始華。」「華」有發榮的意思。此四則爻辭說明自然界明——晦、天——地、枯——華（榮）、西南——東北、東鄰——西鄰是對立的。

不僅自然界存在對立，社會上也存在著對立的現象：

大君有命，開國承家，小人勿用。（《師·上六》爻辭）

長子帥師，弟子輿尸，貞凶。（《師・六五》爻辭）

包承，小人吉，大人否。（《否・六二》爻辭）

君子得輿，小人剝廬。（《剝・上九》爻辭）

輿說輻，夫妻反目。（《小畜・九三》爻辭）

幹父之蠱，有子，考无咎。（《蠱・初六》爻辭）

幹母之蠱，不可貞。（《蠱・九二》爻辭）

弗損益之，无咎。（《損・上九》爻辭）

元亨。利牝馬之貞。君子有攸往，先迷後得主，利，西南得朋，東北喪朋。安貞吉。

（《坤》卦辭）

過其祖，遇其妣，不及其君，遇其臣。（《小過・六二》爻辭）

「大君」，指開國的君主。《三國志・魏書・趙王幹傳》：「〔明帝〕賜幹璽書誡誨之曰：《易》稱『開國承家，小人勿用』。《詩》著『大車惟塵』之誡。自太祖受命創業，深睹治亂之源，鑒存亡之機，初封諸侯，訓以恭慎之至言，輔以天下之端士。」「弟」，《小爾雅・廣詁》：「第，次也。」「弟子」，猶言次子。「幹」，俞樾曰：「《蠱卦》諸幹字，並當作斡，《說文》斗部：『斡，蠡柄也。』柄則有秉執之義，故引申之得訓爲主。字亦通作管。」「幹父之蠱」、「幹母之蠱」，卽主管其父、其母的事。或解爲，除去其父母身邊像毒蟲那樣的小人。

在這裏，君——臣，大君——小人，長子——弟子，小人——大人，君子——小人，夫——妻，幹父之蠱——幹母之蠱，國——家，損——益，先——後，得——喪等，都是社會上對立矛盾的表現。

自然界、社會都存在著對立的現象，人們自身的活動，包括卜辭所預見的後果中，亦存在著對立的現象：

亨。利貞。可小事，不可大事。飛鳥遺之者，不宜上，宜下。大吉。（《小過》卦辭）

觀我生，進退。（《觀．六三》爻辭）

亨。出入无疾，朋来无咎。（《復》卦辭）

往蹇來反。（《蹇．九三》爻辭）

小往大來，吉，亨。（《泰》卦辭）

擊蒙，不利為寇，利御寇。（《蒙．上九》爻辭）

有孚，窒惕，中吉終凶。利見大人，不利涉大川。（《訟》卦辭）

傾否，先否後喜。（《否．上九》爻辭）

在這裏，小事——大事，上——下，進——退，出——入，往——來，利——不利，吉——凶，否——喜等，都是對立矛盾的現象。

《易經》編纂者不僅猜測到自然界社會和人們的活動普遍地充滿著矛盾現象，而且朦朧地觸及了對立著的雙方相互依存的關係，卽沒有君，就無所謂臣；沒有枯，亦無所謂「華」；沒有上，就沒有下；沒有進，就沒有退。誠然，這只是一些原始的、樸素的直觀和猜測，還沒有形成事物總是矛盾的存在，而矛盾着的對立面既對立又統一的思想。

第二，關於運動變化的觀念：

「易」就是變的意思。《易經》變易的觀念，是以「⚊」和「⚋」的變化爲基礎的。任何一個「經卦」或「別卦」，只要變動其中一爻，或變「⚊」爻爲「⚋」爻，或變「⚋」爲「⚊」爻，就變成與原來完全不同的卦。因此，《易經》的變的思想，最初樸素地體現在爻象上。如乾卦（䷀）初九的「⚊」爻，變爲「⚋」爻，就成爲姤卦（䷫）；坤卦（䷁）初六的「⚋」爻，變爲「⚊」爻，就成爲復卦（䷗）；姤卦（䷫）九二的「⚊」爻，變爲「⚋」爻，就成爲遯卦（䷠）；復卦（䷗）六二的「⚋」，變爲「⚊」爻，就成了臨卦（䷒）。

如果說變動一個卦中的一爻，便成爲完全不同卦的話，那麼，變動一個卦中的幾爻，就可能成爲完全相反的卦。如：益卦（䷩）六二的「⚋」爻變爲「⚊」爻，九五的「⚊」爻，變爲「⚋」爻，就成爲相反的損卦（䷨）；大過卦（䷛）九二的「⚊」爻，變爲「⚋」爻，九五的「⚊」爻，變爲「⚋」爻，就成爲相反的小過卦（䷽）。倘若變動一個卦中所有的爻，使之「⚋」變「⚊」，或「⚊」變「⚋」，則也會變爲相反的卦。如：泰卦（䷊）的初九、九二、九三的「⚊」爻變爲「⚋」爻，六四、六五、上六的「⚋」爻變爲「⚊」爻，則變成相反的否卦

(䷪)；既濟卦(䷾)的初九、九三、九五的「⚊」爻變爲「⚋」爻，六二、六四、上六的「⚋」爻變爲「⚊」爻，就變成相反的未濟卦(䷿)。

《易經》編纂者這種變化觀念，顯然是產生於對社會和自然界的矛盾變化現象的觀察：

亨。密雲不雨，自我西郊。(《小畜》卦辭，又《小過．六五》爻辭)

小往大來。吉。亨。(《泰》卦辭)

否之匪人，不利君子貞，大往小來。(《否》卦辭)

大雨之前，密雲起於西方，這是醞釀着暴風雨來臨之前的氣象的變化。在事物中也存在着變化運動。如小的去了，大的就會來；大的去了，小的也會來，這就是不去不來的道理。說明世間沒有永遠不變的東西。肯定事物的變化恐怕是《易經》編纂者的可貴的猜測。

第三，關於不斷發展、上升的觀念：

《易經》基於矛盾變化的觀念，進一步認爲，有些事物的變化是一個發展、上升的運動。從自然界來看：

鴻漸於干。小子厲，有言，无咎。(《漸．初六》爻辭)

鴻漸於磐。飲食衎衎。吉。(《漸．六二》爻辭)

鴻漸於陸。夫征不復，婦孕不育。凶。利御寇。(《漸．九三》爻辭)

鴻漸於木，或得其桷，无咎。(《漸．六四》爻辭)

鴻漸於陵，婦三歲不孕，終莫之勝，吉。（《漸・九五》爻辭）

鴻漸於陸，其羽可用為儀，吉。（《漸・上九》爻辭）

「漸」，《序卦傳》曰：「漸者，進也。」朱駿聲認爲，「漸」借爲「趣」（見《說文通訓定聲》）。《說文》：「趣，進也。」漸有進之意，即是喩事物的上升、前進。「干」，《經典釋文》：「陸（績）云：『水畔稱干。』翟（子玄）云：『涯也。』」就是水岸的意思。也有訓「干」爲「澗」，《經典釋文》：「干，王肅云：山間澗水也」。此處訓水岸比澗爲妥，喩鴻這種水鳥進於水岸，沒有危險。如果小孩子到水邊玩水，就有落水的危險。這就是說，到水邊的對象變化了，情況也發生了變化。這時如果有人警告小孩子，也可以沒有危險而無咎。

「磐」，本作「般」。王引之《經義述聞》曰：「《史記・孝武紀》、《封禪書》、《漢書・郊祀志》並載武帝詔曰：『鴻漸於般。』孟康注曰：『般，水涯堆也。』漢詔作般，殆本古文經。般之言泮也，陂也，其狀陂陀然，高出涯上，因謂之般焉。『鴻漸於般』，猶曰『鳧鷖在潀』，潀，水外之高者也。」「泮」與「畔」通。《說文》：「泮，諸侯饗射之宮，西南爲水，東北爲牆，从水，从半，半亦聲。」「泮」是古代諸侯的學宮，半邊環水。「衎」，《說文》：「喜皃（貌）。」《爾雅・釋詁》：「樂也。」是說鴻進於畔，有飲食之喜，而無捕害之危，所以是吉象。

「陸」，《說文》：「陸，高平地。」《經典釋文》：「馬（融）云：『山上高平曰陸。』

」高平地本來是水鳥所不應去的地方。它對於丈夫出征不回家，婦女懷孕而流產來說，是凶。然而，鴻鳥處高視廣，不易爲人所襲擊，則無不利。雖處同一地方，由於情況的變化，其結果也大不相同。

「木」，即是樹木；「陵」，《說文》：「大阜也。」即高於「陸」的「山阜」。

上九的「陸」，與九三爻辭重複，不合韻。江永、王引之、俞樾均以「陸」爲「阿」之誤。江永說：「以韻讀之，陸當作阿，大陵曰阿。九五爲陵，則上九宜爲阿。阿儀相叶，菁菁者莪是也。」「阿」比陵高，更比陸高。

從《漸卦》整個爻辭來考察，是喻事物自低到高，從干——磐——陸——木——陵——阿的上升發展過程。儘管《易經》編纂者認爲，在每一個上升發展的過程中，有其不同情況的不同變化，但總的發展趨勢是不斷的上升運動，而不是後退的運動。

自然界是上升發展的運動，以此類推，某一具體事物也是上升發展的運動。從人身來看：

艮其趾，无咎，利永貞。（《艮·初六》爻辭）

艮其腓，不拯其隨，其心不快。（《艮·六二》爻辭）

艮其限，列其夤，厲，薰心。（《艮·九三》爻辭）

艮其身，无咎。（《艮·六四》爻辭）

艮其輔，言有序，悔亡。（《艮·六五》爻辭）

敦艮，吉。（《艮．上九》爻辭）

「艮」，《說文》：「很也，从匕目，匕目，猶目相匕，不相下也。」「艮」，即有「很視」的意思。看得很，就是極端注意。引伸為關照、照顧的意思。

「趾」，就是腳趾。「腓」，朱熹《周易本義》：「腓，足肚也。」朱駿聲曰：「在脛上股下。」（《六十四卦經解》）亦說是腿肚子。「限」，《經典釋文》：「馬（融）云：『限，要也。』鄭（玄）、荀（爽）、虞（翻）同。」「要」即腰的古字。王弼注：「限，身之中也。」（《周易注》，《王弼集校釋》，中華書局一九八〇年版，第四八一頁）即指腰。「輔」，《說文》作「頤」，「頤，頰也。」即嘴的兩旁的腮幫子。「敦」，借為「顛」或「耑」。「敦」、「顛」、「耑」雙聲迭韵，一聲之轉。《說文》：「耑，物初生之題也。」又「腓，脛耑也。」段玉裁注：「耑猶頭也。」章太炎：「耑與題音本相轉，故《方言》又有顂字，云：『顙也。』」（《文始》一）「耑」、「題」、「顙」、「顂」，都指額頭。

艮卦是喻事物自下而上的發展運動。從腳趾——腿肚子——腰——身——腮幫子——額頭，這是一個不斷上升的過程。這種步步上升的運動是與《易經》作者每卦的六爻由下往上，以第一爻為初，第六爻為上的觀念相一致的。顯然是《易經》編纂者在農業和牧畜業生產中，對自然界植物、動物等生長、壯大的現象進行長期觀察的總結。

《易經》作者這種由下而上的上升發展觀念，在《易經》首卦的《乾卦》中就已作了形象的說明，它表明事物的運動變化是一個發展過程：

潛龍，勿用。（《乾・初九》爻辭）

見龍在田，利見大人。（《乾・九二》爻辭）

或躍在淵，无咎。（《乾・九四》爻辭）

飛龍在天，利見大人。（《乾・九五》爻辭）

亢龍，有悔。（《乾・上九》爻辭）

「龍」，《左傳》昭公二十九年記載：「秋龍見於絳郊，魏獻子問於蔡墨曰：『吾聞之，蟲莫知於龍，以其不生得也，謂之知，信乎？』曰：『人實不知，非龍實知，古者畜龍，故國有豢龍氏，有御龍氏。』」《韓非子・說難篇》說：「龍之爲蟲也，柔可狎而騎也。」龍在古代，爲可見之物。「潛」，《說文》：「潛，藏也。」在這裏，龍是作爲能變化飛騰的神物，從龍的潛伏、出現、跳躍、飛天，象徵事物的變化發展過程。事物發展到了一定的階段，就會向其相反的方面轉化，這無疑是《易經》神學殿堂裏的合理的因素。

第四，關於矛盾轉化的觀念：

《易經》反映了在變化運動過程中，矛盾着的雙方能相互轉化的觀念。

枯楊生稊，老夫得其女妻，无不利。（《大過・九二》爻辭）

枯楊生華，老婦得其士夫，无咎无譽。（《大過・九五》爻辭）

「稊」，虞翻曰：「稊，稚也，楊葉未舒稱稊。」《大戴禮・夏小正》：「正月柳稊。」《傳》：「稊也者，發孚也。」「稊」卽剛生出的嫩葉。「士」，古代男子未娶妻之稱。郭京《周易舉正》以「士」爲「少」，「爻、注、《象》三『少』字，並誤作『士』。《定本》『少』字蟲傷類於『士』字，誤亦明矣。」「少夫」與「老婦」相對。其意是說，枯楊生幼芽，老夫娶女嬌娃，吉利；枯楊開花朵，老婦嫁個少年哥，沒錯。「枯」與「稊」、「枯」與「華」，本是對立矛盾，但可以相互轉化。「枯」轉化爲「稊」，或「枯」轉化爲「華」，這就是物極必反，反枯爲榮，轉死爲生。就人來說，老夫、老婦都已到了不娶、不嫁的枯槁之年，但老卻向少轉化，竟以娶、嫁得了少婦、少夫。《易經》認爲，這種轉化是吉利的，卽是向好的方面轉化。

當然，事物也有向不好的方面轉化的：

井谷射鮒，甕敝漏。（《井・九二》爻辭）

「鮒」《說文》：「鮒，魚名。」《周易集解》引虞翻曰：「鮒，小鮮也。」卽小魚。《太平御覽》卷九三七引王肅注：「鮒，小魚也。」「甕」正字作「罋」，《說文》：「罋，汲瓶也，从缶，雝聲。」其意是，有人以箭去射井里的小魚，這本來是好事，但射魚不着，卻射在汲水的器具上，把汲器射壞了，結果汲器漏水，打水不成。這就是好事轉變成壞事。

《易經》編纂者這種對矛盾着的雙方相互轉化的猜測，還表現在：

坎不盈，祇既平。无咎。（《坎・九五》爻辭）

无平不陂，无往不復。（《泰·九三》爻辭）

「坎」，《京氏易傳》曰：「坎以陽居中爲重剛之主，故以坎爲險。」《序卦傳》：「坎者，陷也。」朱熹說：「坎，險陷也。」（《周易本義》卷一）「祇」，《經典釋文》：「祇，鄭（玄）云：『當爲坻，小丘也。』」是指地上的小土丘。「陂」，《說文》：「阪也，从𨸏，皮聲。」段玉裁注：「凡陂必邪立，故引申之義爲傾邪。」在這裏，「坎」與「盈」，「祇」與「平」、「平」與「陂」、「往」與「復」，均爲對立的雙方，可以相互轉化。這就是說，「陷」的轉化爲盈滿，土丘轉化爲平地；平的轉化爲不平（傾斜），往可轉化爲復。也可解爲，沒有陷，就沒有盈，沒有丘，就沒有平；沒有平，便無所謂不平，沒有往，便無所謂復。這種矛盾着的事物可以相互轉化的觀念，顯然是來自人們在農業生產勞動中對於「日月遞照」，「暑往寒來」的觀察，也是對殷、周之際「人事代謝」，「殷亡周興」的政治鬥爭的反映。「無平不陂，無往不復」，實與「高岸爲谷，深谷爲陵」的思想相一致。顯現了古代原始辯證法思想的光輝。

《易經》進一步認爲，對立着的事物相互轉化，需要有一個過程：

履霜，堅冰至。（《坤·初六》爻辭）

履霜，就是踐踏寒霜。《詩經》中《大東》和《葛履》兩篇都說：「糾糾葛履，可以履霜。」當然「履霜」，可解爲踩春霜，也可解踩秋霜，但和「堅冰至」相連，顯然是指踐踏秋霜而言。當人們在踐踏秋霜之時，就知道嚴冬的堅冰將要來臨了。從「履霜」轉化爲「堅冰」，中間有一個變化發展的過程。但是如果將「履霜，堅冰至」，理解爲「包含有漸變發展到突變的過程」，甚至說「是積量變爲質變」，那麽就未免是將《易經》所沒有的思想加到它的名下了。《易經》雖然具有原始的合理辯證法思想因素，但卻是包含在相信「天」、「帝」、神靈、筮占的神學體系之中的。因而，便不可避免地帶來一些局限。

首先，《易經》編纂者認爲，矛盾是相對的，而不是絕對的，這就是說，矛盾不是存在於一切事物的發展過程中，而只存在於某些事物的發展過程中，每一事物的發展過程中不是自始至終存在着矛盾運動，而只存在於事物發展過程中的某一或某些階段。

儘管《易經》認爲，自然界、人類社會和人事活動本身都存在着對待矛盾，但唯獨至高無上、支配人間的「天」、神靈自身是最完美的、沒有矛盾的，因此，也是不變的。劉熙《釋名》云：「易，一言而含三義：所謂易也，變易也，不易也。」鄭玄作《易贊》和《易論》，也採這種說法：「易一名而含三義，易簡一也，變易二也，不易三也。」（孔穎達《周易正義·卷首》第一頁，十三經注疏本）後人對此說並不理解，他們以爲既爲「變易」，又爲「不易」，豈不矛盾？於是著文駁詰，俞樾在《湖樓筆談》中說：

> 然義取不易，而書卽名《易》，翩其反而，抑何悠謬？若如斯言，則吉為不吉，凶為不凶。……不易之說，實乃以白為黑。鄭君信緯，遂用其義。孔氏《正義》，列之首篇。支離之談，所未敢循。

此駁難既沒有抓住要害，也很膚淺。他既不懂「變易」中有「不易」，而且也不理解在「變易」之上，有一個「不易」的「天」、神在主宰世間。實際上，在《易經》看來自然界的千變萬化都受這個超自然的「天」、神靈的支配。這樣，它就不可避免地導致了片面性。

其次，《易經》作者認爲，一種過程轉爲他種過程的這種變動性是相對的，而一切過程的常住性則是絕對的。這無疑就否定了一切過程化都要轉爲它們的對立面的觀點。事物的運動變化一般都採取兩種形態，或相對的靜止狀態，或顯著地變動狀態。當事物處在靜止狀態時，它只有「漸變」；當事物處在顯著地變動狀態時，便是靜止狀態的破壞，由一種過程的常住性向變動性飛躍。《易經》作者在講對待矛盾相互轉化的時候，他不認爲一切過程的常住性（靜止狀態）是相對的，一種過程轉化爲他種過程的變動性是絕對的。《易經》認爲，君——臣，大人——小人，大君——小人，君子——小人等對立的兩個方面是不能向其相反方面轉化的。君、大人、君子只能在君、君子的地位；臣、小人只能處在臣、小人的地位。在君——臣、君子——小人之間，只有常住性，沒有變動性。君永遠不能向臣轉化，臣也永遠不能向「君」轉化；君子不能向小人轉化，小人也不能向君子轉化。在殷周之際的社會階級結構中，君、大人、君子是屬於在位的統治階級；小人、臣僕是屬於被統治階級。如「大君有命，開國承家，小人勿用。」（《師·上六》爻辭）至於奴隸，不僅被奴隸主階級作爲商品買賣；「旅卽次，懷其資，得童僕。」（《旅·六二》爻辭）而且被作爲祭祀的犧牲品，「劓刖，……利用祭祀。」（《困·九五》爻辭）那裏還能轉化呢？《易經》編纂者的這個局限，顯然是與其站在統治者的立場，爲維護奴隸制的等級制度及其統治分不開的。這實質上就否定了矛盾的變化發展。

《易經》思想對後世影響深遠，它不僅成爲五經之一，而且成爲指導各門具體科學——天文學、農學、醫學、數學等的理論基礎。它既是儒家經典，又是玄學、道教的經典，宋明理學家也是幾乎無一人不研究《易經》，並借《易經》發揮自已的思想。在國外，十七世紀的西方已經開始研究《易經》。黑格爾在其《東方哲學》中說：「中國人也曾注意到抽象的思想和純粹的範疇。古代的《易經》（論原則的書）是這類思想的基礎。《易經》包含著中國人的智慧。（是有絕對權威的）。」（《哲學史講演錄》第一卷，三聯書店一九五七年版，第一二〇頁）這個評價，雖不一定正確，他也不一定眞正懂得《易經》，但就其《易經》開始產生了抽象的思維和純粹的範疇的萌芽而言，則是頗有見地的。

### (二)《易傳》中的哲學思想及數理思想

《易傳》作爲從春秋至戰國中葉的作品，反映了我國社會典章制度轉變時期的社會經濟、政治結構的變化。隨著地上統治階級王權的崩潰，天上的神權也發生了動搖。於是，原本是通過宗教筮占的形式，而表現對天、神靈的信仰的《易經》，發展成爲具有理性的形式，而表現爲抽象思維的哲學意義的《易傳》。這個發展的歷程，標誌著人們擺脫天、神靈支配人事吉凶禍福的宗敎世界觀，而轉向對於世界本原及其運動變化的探討。

1.《易傳》論「天」、「道」和「物」

(1)論「天」

「天」在當時是否有意志、有人格，逐漸引起了人們的探討和關注，《易傳》與傳統的天命論相反，甚至較孔子「天命觀」上的兩重性還要徹底。孔子一方面講「獲罪於天，無所禱也。」(《論語・八佾》)得罪了老天爺，祈禱也是沒有用的。從而他把自己與「天」聯繫起來，以爲他的思想是與「天」相通的。他說：「五十而知天命。」(《論語・述而》)又說：「予所否者，天厭之！天厭之！」(《論語・雍也》)「天生德於予，桓魋其如予何。」(《論語・述而》)「顏淵死。子曰：『噫！天喪予！天喪予！』」(《論語・先進》)是說，他所否定的，天也厭棄它；顏淵死，那是天喪。因此，孔子認爲，「天命」是可畏懼的，「君子有三畏，畏天命，畏大人，畏聖人之言。」(《論語・季氏》)此「天」，顯然是指能主宰人間禍福的人格神。

另一方面，在孔子世界觀裏有一種與天命論相對的「異端」，有一些新的、企圖擺脫西周以來宗敎世界觀的因素。對自然現象給以自然的解釋。如公元前四八三年(哀公十二年)十二月，出現了「螽」，《說文》：「蝗也。」季孫對冬天出現蝗蟲，以爲是怪異，是不祥的預兆。孔子根據星辰的運行，說明是司曆者計算的錯誤。公元前四八五年(哀公十四年)叔孫氏獵獲一隻未見過的動物，「以爲不祥」，他說是麟這種動物。他還批評把海鳥爰居當作神來供養，說是「不智」（《左傳》文公二年）（參見拙稿《略論孔子天道觀中的無神論因素》，《社會科學輯刊》一九八一年第五期）。孔子否認「天」可以直接發號施令，亦否認「天」爲人格神。他說：「祭如在，祭神如神在。」（《論語・八佾》）「務民之義，敬鬼神而遠之，可謂智矣。」（《論語・雍也》）祭祀時，好像有神存在，然是否眞有神在，不得而知。聰明的人，治理民的要義是，敬鬼神而又遠遠地離開它。表示了孔子脫離宗敎的企圖，對鬼神持懷疑以至否定的態度。「子不語怪、力、亂、神。」（《論語・述而》）不講怪異、勇力、叛亂和鬼神。當然不講鬼神不等於否定，但不講比講好，亦表示了他對鬼神的看法。「季路問事鬼神。子曰：『未能事人，焉能事鬼？』曰：『敢問死。』曰：『未知生，焉知死？』」（《論語・先進》）人的事還沒搞好，爲什麼去搞鬼神的事；生的道理還沒弄明白，那能知道死。魯迅先生曾說：「孔丘先生確是偉大，生存巫鬼勢力如此旺盛的時代，偏不肯隨意談鬼神。」（《墳・再論雷鋒塔的倒掉》）這個評價是很中肯的。

《易傳》作者改造了孔子能主宰人間禍福的「天」，繼承和發展了其企圖擺脫傳統宗敎世界觀的一面。並根據春秋戰國時期所提供的社會知識和自然知識，構築了具有道德理性型的無神論思想體系。

從無神論思想來看：

第一，《易傳》認爲，「天」是一種自然的物質現象。《易傳》記載：

> 大哉乾元，萬物資始，乃統天。雲行雨施，品物流形。大明終始，六位時成，時乘六龍以御天。乾道變化，各正性命。（《乾卦．彖傳⑧》）
>
> 大哉乾乎，剛健中正，純粹精也。六爻發揮，旁通情也。時乘六龍，以御天也。雲行雨施，天下平也。（《乾文言》）

這裏，「天」是「乾」的代表物。《文言傳》解釋說：「乾元者，始而亨者也。」天始生萬物，萬物源於天。天有日的運行，以定上下四方，以成晝夜四時。天道按其自然規律，而有風雲、霜雪、陰晴、寒暖種種之變化。天能雲行雨降，萬物受其滋育；而萬物和人、鳥獸、蟲、魚又皆受天道變化的支配。在這裏，《易傳》作者把天的化生過程和乾卦結合起來，說明天道的變化不僅有一定的規律，而且有一定的次序。同時，把原來作爲宗教巫術的卦爻，改造成爲天道化生萬物及其規律的演變過程。此「天」不是超自然的神靈，而是與地、風、雷、火、水、山、澤一樣是自然的物質。

第二，「天」是無意志的自然之天，它既不會降吉凶禍福於人，也沒有絲毫主宰人間的意思。《易傳》記載：

> 雲上於天，需。君子以飲食宴樂。（《需卦．象傳》）

---

⑧「彖」，李鼎祚：《周易集解》引劉瓛曰：「彖者，斷也。斷一卦之才也。」孔穎達《周易正義》引褚氏、莊氏：「彖，斷也。斷定一卦之義，所以名爲彖也。」卽論斷六十四卦卦名卦辭之意義。

天與水違行，訟。君子以作事謀始。(《訟卦・象傳》)

風行天上，小畜。君子以懿文德。(《小畜卦・象傳》)

上天下澤，履。君子以辯上下，定民志。(《履卦・象傳》)

火在天上，大有。君子以遏惡揚善，順天休命。(《大有卦・象傳》)

天在山中，大畜。君子以多識前言往行，以畜其德。(《大畜卦・象傳》)

澤上於天，夬。君子以施祿及下，居德則忌。(《夬卦・象傳》)

《需》(䷄)乾下坎上，坎爲水，爲雲。故曰：「雲上於天」，待時而降雨；《訟》(䷅)與《需》卦相反，坎下乾上，天運行於上，水流於下，天與水相背而行；《小畜》(䷈)乾下巽上，巽爲風，故云：「風行天上」，喻以德教行於朝廷；《履》(䷉)兌下乾上，兌爲澤，故云：「上天下澤」，《夬》(䷪)乾下兌上，與《履》卦相反，澤於天上；《大有》(䷍)乾下離上，離爲火，故云：「火在天上」，《大畜》(䷙)乾下艮上，艮爲山，天在山中，卽天(日)之光明照耀山中。在這裏，天作爲乾的象徵，而與坎、巽、兌、離、艮等象徵的雲、水、風、澤、火、山等自然物相對應，因而，天亦是自然之天。同時天是指雲、水、風、澤、火、山等所處的位置或空間，故天無人格，不會發號施令。

第三，天是與地相對的宇宙。《易傳》載有：

日月麗乎天，百穀草木麗乎土。重明以麗乎正，乃化成天下。(《離卦・象傳》)

日月得天而能久照，四時變化而能久成。……觀其所恒，而天地萬物之情可見矣。（《恒卦・彖傳》）

乾，天也，故稱乎父。坤，地也，故稱乎母。（《說卦傳・第十章》）

易與天地準，故能彌綸天地之道。……範圍天地之化而不過，曲成萬物而不遺。（《繫辭上傳・第四章》）

「麗」，《爾雅》曰：「麗，附也。」卽附著的意思。「準」、「彌」，《經典釋文》引京房云：「準，等也。彌，遍也。」「綸」，《周易集解》引虞翻曰：「絡也。」其意是說，日、月附著在天中，能照耀天下；百穀草木附著在地上，能畜養動物。四時的變化有其永恒的規律。易道與天地等齊，普遍地包絡天地，而不超過。此天，不僅是與地相對的自然的天，而且是附麗著日、月、星辰的宇宙天空。既沒有講日月是天的創造，亦沒有講天能賞善罰惡，而是一蒼穹的宇宙。

第四，天作爲一種物質現象和自然現象是能運行、變化的。《易傳》有載：

天行，健。君子以自强不息。（《乾卦・象傳》）

雷雨之動滿盈。天造草昧，宜建侯而不寧。（《屯卦・彖傳》）

大有，……其德剛健而文明，應乎天而時行，是以元亨。（《大有・彖傳》）

先甲三日，後甲三日，終則有始，天行也。（《蠱卦・彖傳》）

**反復其道，七日來復，天行也。……復其見天地之心乎？**（《復卦・象傳》）

《屯》（䷂）震下坎上，震為雷，坎為水、為雨，故曰：「雷雨之動滿盈。」「天造」，朱熹曰：「猶言天運。」（《周易本義》卷一）「草昧」，「草，雜亂。昧，晦冥也。陰陽交而雷雨作，雜亂晦冥，塞乎雨間。」（同上）章炳麟則認為：草昧借為草木。「《說文》：『未，味也，象木重枝葉也。』未為木重枝葉。《易》言『天造草昧』，則草木之借也。」（《章氏叢書・文始》卷二）可備考，其意是，雷雨的運動或交互作用，滿盈於天下。由於天的運行，或晦暗不明，或創造草木，人們不僅以「天行」來喻統治者（「君子」）自強不息的奮進精神，而且要適應天（自然）的變化，來確定天時（按指季節）的變化；同時，「天行」，又是講天道運行，循環往復。由先甲之三日（辛日），至後甲之三日（丁日），共為七日，天道運行始於一而復於七，以四時為例，春夏二季六個月為陽氣占主導地位，秋冬二季六個月為陰氣占主導地位，陽氣至六月向其反面陰氣轉化，七月開始陰氣占主導地位，陰陽均至七而復。這是天運行的規律。這種天道的運行變化，既不以人意為轉移，亦不依神意而決定。

第五，天是自然界一種顏色的象徵。《易傳》曰：

**夫玄黃者，天地之雜也，天玄而地黃。**（《坤・文言傳》）

阮元在《周易注疏校勘記》中說：「古本雜下有色字。」（見《周易正義》卷一）《說文》：「雜，五彩相合也。」即五色相合的意思。在這裏，「玄」與「黃」對言，古人以天色玄，地色黃，玄黃爲天地所象徵的顏色的混合;又以天與地對言,而見天與地一樣,爲無人格的自然界。

第六,天是數的代表。《易傳》云:

> 天一、地二、天三、地四、天五、地六,天七、地八,天九、地十。天數五,地數五。五位相得,而各有合。天數二十有五,地數三十。(《繫辭上傳·第九章》)

> 昔者聖人之作《易》也,幽贊於神明而生蓍,參天兩地而倚數。(《說卦傳·第一章》)

天代表一、三、五、七、九,地代表二、四、六、八、十。這就是說,天代表奇數,地代表偶數。「參」,《周易集解》引虞翻:「參,三也。」韓康伯曰:「參,奇也。兩,耦也。」「參天兩地」,亦卽天三地二,三爲奇數,二爲偶數。在這裏,並沒有什麼神秘主義的意思。

從《易傳》作者對「天」的這六點規定來看,其所說的「天」,不僅與《易經》的有意志的「天」不同,而且與當時傳統的天命論亦異。它否定了《易經》對超自然的神靈的信仰和崇拜,脫離了《易經》的宗教巫術的神秘主義世界觀。它通過對「天」的含義作出多層次的規定,不僅擴展了「天」這個範疇的內涵,而且豐富了這個範疇的內容和形式,標誌著人們抽象理論思維水平的提高。

《易傳》作者在春秋戰國之際否定仍占統治地位的天命論,提出自然之天的理智主義思想,不僅爲子產的「天道遠,人道邇,非所及也」(《左傳》昭公十八年)所莫及,而且比墨子以「三表」爲核心的經驗主義認識論更進步,因爲墨子在自然觀上是宣揚「天志」、「明鬼」等神秘主義觀點的。後來，荀子繼承了《易傳》的自然之天、「天行」等思想，進一步解決了天人關係問題，把理性主義推向新的高度。可見，從《易經》到《易傳》的發展過程，是這一階段七、八百年間的人類認識發展的歷史相吻合的。不過在當時，這樣比較系統地論述「天」的性質，還是不多見的，是難能可貴的。

當然，《易傳》作者還有模糊混淆之處，由於不能完全擺脫傳統天命論思想的束縛，在某些時候和問題上又承認了「天命」或冥冥之中有一種支配人的力量的存在。《易傳》載有：

夫大人者，與天地合其德，與日月合其明，與四時合其序，與鬼神合其吉凶，先天而天弗違，後天而奉天時。天且弗違，而況於人乎，況於鬼神乎。（《乾·文言傳》）

大有上吉，自天祐也。（《大有上九·象傳》）

大亨以正，天之命也。其匪正有眚，不利有攸往。无妄之往，何之矣。天命不佑，行矣哉。（《无妄·彖傳》）

自天祐之，吉无不利。（《繫辭上傳·第二章》）

《易》曰：「自天祐之，吉无不利。」子曰：「祐者，助也。天之所助者，順也。（《繫辭上傳·第十二章》）

「自天祐之」，來自天的保祐。所謂「祐」，則是天的意志的體現，大人的賞善罰惡是與鬼神的福善禍惡相一致，《易傳》作者猶承認超自然的天命的存在。但這裏，天命的權力，不僅受到限制，而且被看作從屬的。「鬼神」被「大人」看作與天地、日月、四時相類的東西；「天命」的休咎是與君子的「遏惡揚善」相適應。因而，天命的祐與不祐，不僅視其能否隨時而變，而且視其是否「利民」。「黃帝堯舜氏作，通其變，使民不倦。神而化之，使民宜之。《易》，窮則變，變則通，通則久，是以自天祐之，吉无不利。」(《繫辭下傳．第二章》)黃帝、堯、舜等人得到天命保祐的關鍵，是能否「通其變」。而「通其變」的內容，則是能否「使民不倦」和「使民宜之」。《易傳》作者顯然把人的作用和政治得失安放到首要地位，而把「天命」放到次要地位。這是新興地主階級政治鬪爭的需要，爲了變革舊的制度，推翻舊貴族集團階級的統治，便改造「天命」，對「天」作了種種理性主義的解釋，這是《易傳》思想的主要方面或主要傾向。但新興地主階級作爲一個進步階級和統治階級，又企圖假天命和鬼神的權威以補自己之不足，因而把「神道設教」作爲使「天下服」的一種力量，這又是與新興地主階級的階級性相聯繫的。至於與天地、日月、四時、鬼神合，是指一種天地合一的境界。

(2)論「道」

「道」的原意是道路，後引伸爲規律，春秋時有「天道」這個概念，是指天運行的規律，也包括了人生吉凶禍福的意思，故「道」又可以表示人生吉凶禍福的規律。老子明確以「道」作爲其形上學的最高範疇，宇宙的本原。他說：

天下萬物生于有，有生于無。道生一，一生二，二生三，三生萬物。(《老子》第四十一、四十二章）[9]「道」（「無」）——「有」（「二」、「三」）——「萬物」，或「萬物」——「有」——「無」，這就是老子哲學的邏輯結構。老子又給「道」（「無」）作了如下的規定：其一，「道」先天地生，「道」在「物」先。他說：「有物昆（混）成，先天地生，繡（寂）呵繆（寥）呵，獨立而不改，可以爲天地母。吾未知其名，字之曰道。」（《老子》第二十五章）這個混混沌沌的東西，它不僅先天地而生，而且是生天地的母親，這就是說，它是先天的、先於物而存在的東西，先物而存在的東西只能是「非物」，即觀念。其二，「道」（「無」）就是「虛無」，他說：「道沖而用之有弗盈也。淵呵始（似）萬物之宗。」（《老子》第四章）「沖」，傅奕本作「盅」，虛器也。「沖」、不盈都是虛的意思，故司馬談評老子時說：「其術以虛無爲本。」可謂中其肯綮。其三，「道」（「無」）無形象，他說：「道之物，唯望（恍）唯忽（惚）。忽呵望（恍）呵，中有象呵。望（恍）呵忽呵，中有物呵。灣（幽）呵鳴呵，中有請（精）呵。」（《老子》第二十一章）「惚恍」，無形的意思，即是《老子》第十四章所說的「無狀之狀，無物之象，是謂忽（惚）望（恍）」的意思。其四，「道」（「無」）看不見，聽不到，摸不着。

[9] 據馬王堆三號漢墓出土的帛書《老子》甲、乙本，此句是連讀的。通行本將《老子》「天下萬物生於有，有生於無」爲第四十章，與「道生一……」隔章。今據帛書本。

「視之而弗見，名之曰微。聽之而弗聞，名之曰希。搢之而弗得，名之曰夷。」（《老子》第十四章）即是不能爲我們的感覺所複寫、攝影和反映，這不能是別的，只能是超感覺的絕對精神。老子對於「道」（「無」）的規定，顯然是一個精神性的實體。

《易傳》作者對老子客觀唯道主義的「道」進行了改造，把「道」作爲自然的規律或道理。「道」在《易傳》中約五十九見。概其義，約有五方面：

第一，「道」不是「虛無」，而是「有」。《易傳》有載：

君子攸行，先迷失道，後順得常。西南得朋，乃與類行，東北喪朋，乃終有慶。（《坤卦·象傳》）

遇主於巷，未失道也。（《睽九二·象傳》）

復自道，其義吉也。（《小畜初九·象傳》）

此「道」，均是指道路的道。「失道」，即迷失道路。其意是，君子有所行，先迷惑而失路，後則順利；或人由道路而返回。都是指某一具體事物而言。這個「道」不僅爲人們的足所接觸，而且是通向目的地的不可缺少的工具。因此，「道」是實實在在的，它不是「虛」。

第二，「道」是自然界變化的規律。《易傳》載：

乾道變化，各正性命。保合太和，乃利貞。首出庶物，萬國咸寧。（《乾卦·象傳》）

履霜堅冰，陰始凝也。馴致其道，至堅冰也。（《坤卦·象傳》）

天地交，泰。后以財成天地之道，輔相天地之宜，以左右民。（《泰卦·象傳》）

天道下濟而光明，地道卑而上行。天道虧盈而益謙，地道變盈而流謙，鬼神害盈而福謙，人道惡盈而好謙。（《謙卦·彖傳》）

日月運行，一寒一暑。乾道成男，坤道成女。乾知大始，坤作成物。（《繫辭上傳·第一章》）

知變化之道者，其知神之所為乎！（《繫辭上傳·第九章》）

「乾道」，即天道，指天道變化的規律。「馴」，《周易集解》引《九家易》曰：「馴猶順也。」言依順推其自然規律，則堅冰將至。「天地之道」是講天地的四時變化及其生長萬物的規律，且這個「天地之道」是恒久的。「天地之道，恒久而不已也。……聖人久于其道，而天下化成。」（《恒卦·彖傳》）「天道虧盈」，「虧」，損也。天道變化的規律是日中則漸下，月滿則漸虧。「地道變盈」，「變」，俞樾引《呂氏春秋·至忠篇》高誘注：「變，毀也。」即改變、毀壞物之原形，如丘高則漸損，河溢則易決。天道的變化，猶如「日月運行，一寒一暑」，是有規律的運動。這是自然界事物自身運動、變化的規律，它不僅具有客觀性，而且是不依人的主觀意志為轉移的，人們只能利用這個自然規律而造育萬物。

第三，「道」有客觀事物道理的意思。《易傳》有載：

上六失道，凶三歲也。（《坎上六·象傳》）

黃離元吉，得中道也。（《離六二・象傳》）

中行獨復，以從道也。（《復六四・象傳》）

損上益下，民說无疆，自上下下，其道大光。……利涉大川，木道乃行。……天施地生，其益无方。凡益之道，與時偕行。（《益卦・象傳》）

婦孕不育，失其道也。（《漸九三・象傳》）

九二。貞吉，得中道也。（《解九二・象傳》）

觀我生進退，未失道也。（《觀六三・象傳》）

「失道」、「中道」、「從道」，均指正道、道義而言。《益》（䷩）震下巽上，震爲陽、爲剛，象徵君。巽爲陰、爲柔，象徵民。《象傳》的意思是，損上益下，減少君主的賦稅，保護人民的應有收入，則民悅無疆；或君主能謙卑地聽取民意，自上下下，則其道大大光明。《易傳》作者認爲，凡符合於客觀事物的道理，即得中正之道的，稱其「得中道」；反之，凡不合於客觀事物的道理，即失中正之道的，便稱之爲「失道」。在這裏，「得道」或「失道」，是就某一具體事物而言，並依此而表示卦位的含義，而不是抽象的道理。

第四，「道」是指一種辦法、法術。《易傳》曰：

龍戰于野，其道窮也。（《坤上六・象傳》）

不利東北，其道窮也。……當位貞吉，以正邦也。（《蹇卦・象傳》）

不寧方來，上下應也。後夫凶，其道窮也。（《比卦・彖傳》）

苦節不可貞，其道窮也。（《節卦・彖傳》）

「窮」，困窮的意思，比喻已經到了窮困而不通的地步，亦有辦法已使盡了的意思。如以「龍戰」喻戰爭雙方，俱有傷亡，已至窮困；或喻衆人爭先而來，後至者必受誅罰，其法困窮；或喻其人以節度爲苦，則必違節度而奸邪，則是非正當的辦法。此「道」既有「黔驢技窮」之意，亦有其法已窮困不通之義。

第五，「道」是某一種原則、原理。它既包含自然的原理、原則，也包含社會的原理、原則。

一陰一陽之謂道，繼之者善也，成之者性也。……百姓日用而不知，故君子之道鮮矣。（《繫辭上傳・第五章》）

時止則止，時行則行，動靜不失其時，其道光明。（《艮卦・彖傳》）

日月之道，貞明者也。天下之動，貞夫一者也。（《繫辭下傳・第一章》）

《易》之為書也，廣大悉備，有天道焉，有人道焉，有地道焉。兼三才而兩之，故六。六者非它也，三才之道也。道有變動，故曰爻。（《繫辭下傳・第九章》）

立天之道，曰陰與陽；立地之道，曰柔與剛；立人之道，曰仁與義。兼三才而兩之。（《說卦傳・第二章》）

陰雖有美含之，以從王事，弗敢成也。地道也，妻道也，臣道也。地道无成，而代有終也。（《坤・文言傳》）

內君子而外小人，君子道長，小人道消也。（《泰卦・彖傳》）

內小人而外君子，小人道長，君子道消也。（《否卦・彖傳》）

「一陰一陽之謂道」，「日月之道」，「立天之道」，是指自然的原理、原則說的。「君子之道」，「小人之道」，「妻道」、「臣道」，顯然是指社會的原理、原則說的。可有的時候，自然的原理、原則與社會的原理、原則又是結合在一起的。譬如「天道」，包含陰與陽；「地道」，包含柔與剛；「人道」，包含着仁與義。天、地、人合稱爲「三才之道」。「三才之道」又「兼而兩之」，卽包含着陰、陽等對立的兩個方面。

從《易傳》作者對「道」的五點規定來看，《易傳》所說的「道」，是客觀實有的具體事物，而不是虛無；是有形有象、看得着、摸得到的物質，而不是無形無象、看不見、摸不着的客觀精神；是客觀自然界運動變化的規律和自然社會的原理、原則，而不是先天就有的東西。在春秋戰國之際，這樣系統地與老子唯道主義哲學最高範疇——「道」相對立，是難能可貴的。

通過《易傳》與孔子、老子主要哲學範疇「天」和「道」的比較研究，可以得見：其一，《易傳》否定了孔子的天命論，而着重繼承其無神論和敬而遠之的態度，對「天」作了物質性的解釋。其二，《易傳》揚棄了老子唯道之「道」，而吸收其辯證法思想。《易傳》基於對宗教神學的或唯道主義的「天」和「道」的否定，提出了與其相抗衡的存有主義思想。

⑶ 論「物」

《易傳》作者把老子「道生一，一生二，二生三，三生萬物」的「道」與「物」的顚倒再顚倒過來，把老子以「道」爲哲學最高範疇變爲以「物」爲哲學最高範疇，提出了「盈天地之間唯萬物」的觀點。他說：

> 有天地，然後萬物生焉。盈天地之間者唯萬物，故受之以《屯》。屯者，盈也。屯者，物之始生也。物生必蒙，故受之以《蒙》。蒙者，蒙也，物之穉也。物穉不可不養也。
>
> （《序卦傳．上》）

自然界萬物的化生和變化，一直是人們所注意觀察的問題。《易傳》作者根據他對自然界萬物生成的認識和科學水平的提高，概括爲「盈天地之間唯萬物」的命題，是先秦較早從宗教迷信觀念和神秘主義哲學的束縛中掙脫、產生出來的唯物主義哲學思想，因而是不能低估的。

那麼，這個充滿天地之間的「物」，怎樣構成世界萬物呢？《易傳》作者從自然界經常起作用的和人們日常生活中最常見的事物中選取了八種物質，作爲構成世界萬物的最基本的材料。這八種物質是：乾（☰）爲天，坤（☷）爲地，震（☳）爲雷，離（☲）爲火，巽（☴）爲風，兌（☱）爲澤，坎（☵）爲水，艮（☶）爲山。在《易傳》作者看來，這八種不同物質具有不同的性質和作用。《易傳》是這樣描述的：

乾，健也。坤，順也。震，動也。巽，入也。坎，陷也。離，麗也。艮，止也。兌，說（悅）也。（《說卦傳．第七章》）

雷以動之，風以散之，雨以潤之，日以烜之，艮以止之，兌以說之，乾以君之，坤以藏之。（《說卦傳．第四章》）

乾（天）具有剛「健」的性質，在構成萬物中起着「君」，即主要的作用；地（坤）具有柔「順」的性質，起着育「藏」萬物的作用；雷（震）具有「運動」的性質，起着萌「動」、生長萬物的作用；風（巽）具有出「入」的性質，起着發「散」萬物的作用；水（坎）具有入「陷」的性質，起着滋「潤」萬物的作用；火（離）具有附麗的性質，起着乾燥萬物的作用；澤（兌）具有說（悅）的性質，起着終、始萬物的作用。它們相互對立，而又相互依存，因而，產生了萬物。《說卦傳》云：

萬物出乎震，震，東方也；齊乎巽，巽，東南也。齊也者，言萬物之潔齊也；離也者，明也，萬物皆相見，南方之卦也……坤也者，地也，萬物皆致養矣，故曰：致役乎坤；兌，正秋也，萬物之所說也，故曰：說言乎兌；戰乎乾，乾，西北之卦也，言陰陽相薄也；坎者，水也，正北方之卦也，勞卦也，萬物之所歸也，故曰：勞乎坎；艮，東北之卦也，萬物之所成終，而所成始也，故曰：成言乎艮。

「出」，《周易集解》引虞翻曰：「出，生也。」「潔」，修整也。「役」《廣雅釋詁》：「助也」。「歸」，《周易集解》引虞翻：「藏也」。《說卦傳》以八卦配八方、八季節。一年三百六十日，每卦配一季節，爲四十五日。其意是說，「震」是東方和春天的象徵，春風吹來，萬物萌生；「巽」是東南和春夏之交的象徵，萬物蓬勃成長，都長整齊了；「離」是南方和夏天的象徵，南風吹來，烈日當空，萬物盛長，彼此相見；「坤」是西南和夏秋之交的象徵，萬物得到或資助於土地的致養，開花結穗了；「兌」是西方和秋天的象徵，秋風吹來，果實累累，有着豐收的喜悅；「乾」是西北和秋冬之際的象徵，「陰陽相薄」，氣候激烈變化，自然的植物面臨着生死、榮枯的搏鬪；「坎」是北方和冬天的象徵，萬物勞而不息，潛藏孳養，以待來年；「艮」是東北和冬春之際的象徵，萬物「成終」、「成始」，新的萌生又要開始了。在這裏，《易傳》作者根據對自然界生物、特別是植物生長過程的觀察和四季氣候的變化以及其他自然條件，描繪了一幅八種物質構成世界萬物的生動序列。在這個具體的派生萬物的過程中，八種物質不僅表現出自己的性質，而且也發揮了自身的作用，擔當了構成宇宙萬物的根本。在八種物質之上、之先既沒有「天」、「神」的主宰，也沒有精神的「道」的支配。在派生萬物的過程中，既看不到「天」和「神」的干預，也看不出「道」生萬物的迹象，而是八種最常見的物質運動、變化而構成了萬物。

根據客觀世界的多樣性、複雜性，《易傳》作者在談到八種自然物質的交互作用時，又擴展引伸了它們的功能，賦予這八種物質以多種性質和作用，從而構成了性能各異、形狀相別的形形色色的具體事物。《易傳》記載：

乾為首，坤為腹，震為足，巽為股，坎為耳，離為目，艮為手，兌為口。（《說卦傳·第九章》）

人身體的各部位均是由八種物質產生的。其他事物也是這樣。依照八種物質所具有的性質和作用，《易傳》作者又對世界中各種各樣的事物進行了概括和分門別類：乾爲天，爲圜，爲君，爲父，爲玉，爲金，爲寒、爲冰，爲大赤，爲良馬，爲木果；坤爲地，爲母，爲布，爲釜，爲吝嗇，爲均，爲子母牛，爲大輿，爲文，爲衆，爲柄，爲黑；震爲雷，爲玄黃，爲大塗，爲長子，爲決躁，爲蒼筤竹，爲萑葦，其於馬也爲善鳴，爲的顙，其於稼也爲反生，其究爲健，爲蕃鮮；巽爲木，爲風、爲長女，爲繩直，爲工，爲白，爲長，爲高，爲進退，爲不果，爲臭，其於人也爲寡髮，爲多白眼，爲近利市三倍；坎爲水，爲溝瀆，爲隱伏，爲矯輮，爲弓輪，其於人也爲加憂，爲心病，爲耳痛，爲赤，其於馬也爲美脊，爲亟心，爲下首，爲薄蹄，爲曳，其於輿也爲多眚，爲通，爲月，爲盜，其於木也爲堅多心；離爲火，爲日，爲電，爲中女，爲甲胄，爲戈兵，其於人也爲大腹，爲鼈，爲蟹，爲蠃，爲蚌，爲龜，其於木也爲科上槁；艮爲山，爲徑路，爲小石，爲門闕，爲果蓏，爲閽寺，爲指，爲狗，爲鼠，爲黔喙之屬；兌爲澤，爲少女，爲巫，爲口舌，爲毀折，爲附決，其於地也爲剛鹵，爲妾，爲羊，（見《說卦傳·第十一章》）如此等等，說明世界萬物是由八種物質構成的。

(4) 論「氣」

《易傳》作者並沒有停留在世界萬物是由八種自然物質產生這一點上，而是進一步尋找八種物質的統一性。他們不是從物質以外去找，而是從八種物質本身去探索。於是，便找到了乾（☰、天）和坤（☷、地）這一對範疇，作爲產生世界萬物的最終的根源。「大哉乾元，萬物資始。」（《乾卦・彖傳》）「至哉坤元，萬物資生。」（《坤卦・彖傳》）即乾和坤是萬物賴以開始和賴以產生的東西。

《易傳》作者又把陰陽稱爲「二氣」，即陰陽二氣。「咸，感也，柔上而剛下。二氣感應以相與。……天地感而萬物化生。」（《咸卦・彖傳》）「天地相遇，品物成章。」（《姤卦・彖傳》）「陰疑于陽必戰，爲其嫌于无陽也。」（《坤・文言傳》）「陰陽相薄。」（《說卦傳・第五章》）把陰與陽、天與地的相互矛盾，相互交感，即對立統一的作用，作爲世界萬物化生的最後原因。《易傳》有載：

> 天地絪縕，萬物化醇，男女構精，萬物化生。（《繫辭下傳・第五章》）

「絪縕」，《經典釋文》：「本又作氤氳。」《玉篇》：「絪縕，元氣也。」即天地密相交合的意思。其意是說天地「陰、陽」合氣，萬物變化產生，猶如男女合氣，萬物化生。於是，《易傳》作者舉例說：「乾，天也，故稱乎父。坤，地也，故稱乎母。震一索而得男，故謂之長男。巽一索而得女，故謂之長女。坎再索而得男，故謂之中男。離再索而得女，故謂之中女。艮三索而得男，故謂之少男。兌三索而得女，故謂之少女。」（《說卦傳・第十章》）是說天地（「陰、陽」）如父母，生出六個子女。這便是《易傳》的世界萬物構成論。並以陰（--）、陽（—）爲立卦的基礎，故說：「觀變於陰陽而立卦，發揮於剛柔而生爻。」（《說卦傳·第一章》）由陰（--）陽（—）而千變萬化之卦象便產生了。

陰陽之氣，便是「氣」。《易傳》言「氣」者六處，雖然含義多樣，但無疑地包含有一種世界萬物統一性的思想：

> 同聲相應，同氣相求。水流濕，火就燥。……則各從其類也。（《乾·文言傳》）

「氣」爲萬物之本，形成各不相同的萬物；雖萬物各異，卻同爲「氣」所生。「氣」之所以能構成萬物，是由於「氣」而能變化，「天地定位，山澤通氣。」（《說卦傳·第三章》）又說：「山澤通氣，然後能變化，既成萬物也。」（《說卦傳·第六章》）因「氣」具有感通的特性，故能變化無窮而成萬物。

《易傳》作者揚棄了當時孔、老的哲學範疇，而提出了「盈天地唯萬物」的思想，並進而規定此「物」，卽是「氣」，或陰陽二氣。對世界本原作了唯實的解釋，從而就與孔、老哲學對立起來了。

2.《易傳》中的辯證法思想

《左傳》昭公三十二年記載：「社稷無常奉，君臣無常位。」這是當時社會大動盪、大轉變的社會實際狀況的寫照。《易傳》作者從新興地主階級地位的激烈變動中，看到了社會大改革的現實，因而提出了關於運動和矛盾的辯證觀點。

《易傳》作者辯證法思想的重要貢獻是，對於對立統一規律的猜測。如果說《易經》僅僅有了一些原始辯證法思想的萌芽的話，那麼，《易傳》則大大發展了辯證的思維。

《易傳》作者認爲，變是世界普遍規律：

在天成象，在地成形，變化見矣。是故剛柔相摩，八卦相盪。鼓之以雷霆，潤之以風雨。日月運行，一寒一暑。乾道成男，坤道成女。（《繫辭上傳．第一章》）

變化者，進退之象也。剛柔者，晝夜之象也。六爻之動，三極之道也。……是故君子居則觀其象而玩其辭，動則觀其變而玩其占。（《繫辭上傳．第二章》）

夫乾，其靜也專，其動也直，是以大生焉；夫坤，其靜也翕，其動也闢，是以廣生焉。廣大配天地，變通配四時。（《繫辭上傳．第六章》）

參伍以變，錯綜其數。通其變，遂成天地之文；極其數，遂定天下之象。非天下之至變，其孰能與于此。（《繫辭上傳．第十章》）

天地變化，聖人效之。（《繫辭上傳．第十一章》）

窮則變，變則通，通則久。（《繫辭下傳．第二章》）

在這裏，有這樣幾層意思：其一是，《易傳》藉《易經》卦爻之變化，來講客觀世界事物的變化。認爲天地的變遷，日月之運行，寒暑的往來，六爻的變動等等，都處在不斷的運動之中。其二是，自然界變動的形式，既有單純的「靜」和連續不斷的「動」，也有合的「靜」和開的

「動」。靜與動，合與開，一動一靜，一開一合，便構成了運動的連續系列；其三是，自然不僅有變，而且有通，所謂「變」和「通」，《繫辭上傳》說：「闔戶謂之坤，闢戶謂之乾。一闔一闢謂之變，往來不窮謂之通。」（《第十一章》）宇宙間的變化，就是事物的聚散。事物的聚散，便是乾坤的開合。一聚一散，一開一合就稱爲「變」；凝聚而成形象，就是來；消散而無形象，就是往。「往來不窮」，就稱爲通。窮極而變，變則就順通，順通則長久。由「變」而「通」，由「通」以至無窮，是講變化的連續性。

由於自然界萬物都處在「天下之至動而不可亂」（《繫辭上傳·第八章》）之中，而不是靜止不變的。這就是說，運動是絕對的。同時，自然界的運動又是有規律而不亂的。於是，《易傳》作者便把「變」作爲宇宙的普遍規律，稱之爲「變化之道」。《易傳》寫道：

為道也屢遷，變動不居，周流六虛，上下無常，剛柔相易，不可為典要，唯變所適，其出入以度。（《繫辭下傳·第八章》）

知變化下道者，其知神之所為乎。（《繫辭上傳·第九章》）

「六虛」，《周易集解》引虞翻曰：「六虛，六位也。日月周流，終則復始，故周流六虛。」意思是說，日月周流，終而復始，上下無常度，剛柔相變易，變動不定，唯變所適，這就是不斷變徙（「屢遷」）的「道」，它寓於一切具體事物的變化之中，而又不是具體事物本身，因此，這個「變化之道」的「道」，含有規律的意思。

然而，自然界事物運動的動力、泉源、動因在那裏？是自然界萬物自身內部的矛盾性，抑還事物的外部？《易傳》作者爲此提出了對立統一的思想：

睽，火動而上，澤動而下，二女同居，其志不同行。（《睽卦・彖傳》）

損剛益柔有時，損益盈虛，與時偕行。（《損卦・彖傳》）

家人女正位乎內，男正位乎外。（《家人・彖傳》）

這裏，上——下、損——益、剛——柔、盈——虛、男——女、內——外等。都處在矛盾之中。《易傳》作者認識到矛盾總是相對待而存在，沒有矛盾的這一方，就沒有矛盾的另一方；沒有上，下也不存在。只有對立着的兩個方面在一起才構成爲一對矛盾，而相同的東西在一起，如「二女同居」，即同樣性質的兩個事物加在一起，則構成不矛盾。

《易傳》作者猜測到了矛盾着的兩個方面，其中一個方面居於矛盾的主要地位，起着支配作用；另一個方面居於矛盾的次要地位，起着非支配作用。「天尊地卑，乾坤定矣，卑高以陳，貴賤位矣。」（《繫辭上傳・第一章》）「夫乾，天下之至健也。……夫坤，天下之至順也。」（《繫辭下傳・第十二章》）天（乾）居於主要地位，即尊；坤（地）居於次要地位，即卑。乾（天）的性質是「至健」；坤的性質是「至順」。健即是剛，順即是柔。因此，《易傳》說：「大哉乾乎，剛健中正。」（《乾・文言傳》）「坤厚載物。……柔順利貞。」（《坤卦・彖傳》）處於矛盾主要地位的乾、天是剛健；處於矛盾次要地位的坤、地是柔順。觸及到了統一物中兩個相互對立的側面，總有個主和次的問題。

同時，還猜到了矛盾着的雙方，既互相滲透，又相互轉化。

剝，削也，柔變剛也。（《剝卦．彖傳》）

日中則昃，月盈則食，天地盈虛，與時消息。（《豐卦．彖傳》）

泰者，通也，物不可以終通，故受之以否，物不可以終否，故受之以同人。（《序卦傳》）

尺蠖之屈，以求信也，龍蛇之蟄，以存身也。（《繫辭下傳．第五章》）

危者，安其位者也。亡者，保其存者也。亂者，有其治者也。是故君子安而不忘危，存而不忘亡，治而不忘亂，是以身安而國家可保也。（《繫辭下．第五章》）

「尺蠖」，《說文》：「屈申蟲也。」《爾雅翼》曰：「尺蠖，狀如蠶而細小，行則促其腰，使首尾相就，乃能進步，屈中有申，故曰屈申蟲。」「蟄」，《周易集解》引虞翻曰：「蟄，潛藏也。」指龍潛而蛇藏。在這裏，矛盾對立的雙方，都向其相反的方面轉化。柔轉化爲剛，日中向日偏轉化，月圓滿向月缺轉化。事物不能永久通泰，通泰便向其反面閉塞（否）轉化；然事物不能永久閉塞，又向其反面「同人」、即通的方向轉化。尺蠖向前爬行，必先屈身；龍蛇冬天潛藏，是爲保存自身。屈中滲透了伸，蟄中滲透了存，安中包含了危，治中包含了亂。屈伸、安危、存亡、治亂，都是相互滲透相互轉化的。

在《易傳》作者看來，矛盾着的雙方向其相反方面轉化，必有一個量的積累過程。例如

《乾》卦，從初九的「潛龍」，逐漸積累發展，由九二、九三、九四、九五到上九「亢龍有悔」，量變到最大限度，便要發生轉化。《象傳》說：「潛龍勿用，陽在下也」，「或躍在淵，進无咎也」，「亢龍有悔，盈不可久也」。《文言傳》則解爲：「潛龍勿用，下也」，「飛龍在天，上治也」，「亢龍有悔，窮之災也。」從初九的「陽在下」到「進无咎」再到「上治」，這已是由下而上，再上就是「亢龍」了。這時要麼就由「盈」向「虛」轉化，要麼就「窮則變」了。即向相反方面轉化去了。事物在其發展過程中，矛盾雙方，既互相對立，又互相依賴，互相滲透，且互相轉化，構成了矛盾的對立統一規律。

基於此，《易傳》作者認爲，事物運動的根源，是對立面的相互作用。稱之曰：「相盪」、「相摩」。從而提出了「交感」的範疇。

天地交而萬物通也，上下交而其志同也。（《泰卦·象傳》）

天地交，泰。（《泰卦·象傳》）

天地不交而萬物不通也，上下不交而天下无邦也。（《否卦·象傳》）

天地感而萬物化生，聖人感人心而天下和平。觀其所感，而天地萬物之情可見矣。（《咸卦·象傳》）

剛柔相推，而生變化。（《繫辭上傳·第二章》）

剛柔相推，變在其中矣。（《繫辭下傳·第一章》）

天地不交，而萬物不興。（《歸妹．彖傳》）

在這裏，可以得見：其一，自然界對立着的「天地」雙方相互「交感」，則萬物變化無窮。反之，對立着的「天地」雙方不「交感」，那麼，萬物就不變通了。

其二，社會中對立着的「上下」雙方「交感」，則上（統治者）下（被統治者）的思想就會相同一。反之，上下不交感，國家就無法存在下去，統治者也不可能治理好國家。

其三，對立面又統一、又鬭爭，推動着事物的運動和發展。如剛柔這兩個對立面的「相推」卽相互作用，推動着自然界萬物的運動和變化。寒暑對立雙方的相互作用，構成了年歲的運動變化。水火、雷風、山澤等對立雙方的「相逮」、「相薄」、「不相悖」，卽對立統一，才促使事物運動變化，而構成萬物。

《易傳》樸素的對立統一思想，是對辯證法發展觀點的天才猜測。但並沒有把這個觀點貫徹到底。《繫辭上傳》載：「天尊地卑，乾坤定矣，卑高以陳，貴賤位矣。」陳，列也。尊貴的和賤下的陳列在那裏，這是天貴地賤的次序或定位，是不能改變和轉化的。這顯然是統治階級的偏見。

### 3.《易傳》中的數理思想

關於中國古代數的思想，往往溯源於畫八卦的伏羲。《漢書．律曆志》曰：「自伏羲畫八卦，由數起。」現存最早的《九章算術》和《周髀算經》，都稱源於易數。晉劉徽在《九章序文》中寫道：「古者包羲氏始畫八卦，以通神明之德，以類萬物之情，作九九術，以合六爻之變。」其實，《易經》中並無明確的數的概念，其中雖有一、三、七、九、十等數字，但不見一「數」字。《左傳》僖公十五年載：「龜，象也；筮，數也。物生而後有象，象而後有滋，滋而後有數。」《易傳》繼承發展了殷周以來數的思想，明確了易數的概念。《易傳》載有：

> 是故易有太極，是生兩儀，兩儀生四象，四象生八卦。（《繫辭上傳．第十一章》）
>
> 參伍以變，錯綜其數，通其變，遂成天地之文；極其數，遂定天下之象。（《繫辭上傳．第十章》）
>
> 昔者，聖人之作《易》也，幽贊於神明而生蓍，參天兩地而倚數。（《說卦傳．第一章》）
>
> 數往者順，知來者逆，是故《易》逆數也。（《說卦傳．第三章》）

「儀」，法也。「參伍以變」，孔穎達《周易正義》曰：「參，三也；伍，五也。或三或五，以相參合，以相改變。略舉三五，諸數皆然也。錯綜其數者，錯謂交錯，綜謂總聚，交錯總聚其陰陽之數也。」以數之參合變化訓「參伍」，以陰陽交錯總聚詮「錯綜」。虞翻以「逆上稱錯」（《周易集解》引），顯然指《易經》各卦六爻或三五之變，或六爻之數交錯綜合，《易》以卦爻之變通反映天地間事物之變，以卦爻之數反映天下事物之關係。此其一層意思；另一層意思是，《易》其所立卦爻之數，乃是依天地奇偶之數而立的。「參」，《周易集解》引虞翻曰：「三也。」韓康伯注云：「參，奇也；兩，耦也。」即以「三」爲奇數，「兩」爲偶數。「倚」，立也。奇數爲天之數，偶數爲地之數，陽爻爲天，陰爻爲地，是構成卦的基本要素；再一層意思是，《易》卦六爻，自上往下數，稱「順」；自下往上數，稱「逆」。順數往古之事自遠而近，故說：「數往者順」；逆數未來之事自近而遠，故說：「知來者逆。」《易》以占事，以知來事，所以說，《易》是逆數；第四層意思是，從易數的意義上講，三爲奇數之始，二爲偶數之始。《周易正義》說：「何以參兩爲目奇偶者？蓋古之奇偶亦以三兩言之，且以兩是耦數之始，三是奇數之初故也。」一則兼奇數和偶數，爲數之始。王弼說：「一者，數之始而物之極也。」（《老子道德經注》第三十九章，《王弼集校釋》中華書局一九八〇年版，第一〇五頁）此「一」，猶《易》之「太極」，一加一倍爲兩，兩加一倍爲四，四加一倍爲八，即宇宙之最高物「太極」，分而爲天地，四象，八卦。可見，「一」雖看來簡單，但「一」自身包含着其它一切數。它是整個正負數系統中的基數，亦可與任意數相聯繫而構成任何奇妙的數。

在《易傳》的數理中，着重探討了「天地之數」和「大衍之數」。兩者旣相聯繫，而又有區別。

所謂「天地之數」，《易傳》記載：

天一，地二；天三，地四；天五，地六；天七，地八；天九，地十。天數五，地數五。五位相得而各有合，天數二十有五，地數三十。凡天地之數五十有五。（《繫辭上傳·第九章》）

「天地之數」，是指相互對立的陰陽、奇偶之數，它既象徵卦畫的陽爻（—）和陰爻（--）的對立交互關係，亦象徵自然界諸種不同事物之間對立交錯關係。天數五個數1、3、5、7、9相加爲奇數25；地數五個數2、4、6、8、10相加爲偶數30。如用連續奇數之和的公式$n^2$和連續偶數之和的公式 $n(n+1)$ 求之，則結果與天數、地數相符；天地之數亦與求連續奇偶數之和的公式$\frac{n(n+1)}{2}$的結果相符。《周易》把「天地」的對待統一屬性作爲《八卦》中的基卦，用「陰陽」關係概括自然、社會中一切矛盾現象，用奇偶數律概括《易》數中的基本律。自然界與人類社會的變化發展，是由於天地、陰陽的矛盾運動，算術的無窮變化，是由於奇偶數的相互矛盾，互相轉化，這樣便構成了宇宙、社會的無限發展及奇偶數的無窮序列。漢時，天地之數被配以五行、天干，後又與河圖相結合，便流於牽強，與《易傳》原意不符。

天地之數排列了從1至10的十個自然數。這種數的概念以及排列順序，顯然是從現實世界中獲得的，人們以十個指頭用來作第一次算術，亦可以用別的任何東西，但總不是思維的自由創造物。《易》數從「一」開始，標誌着人們對數量的認識有了飛躍的發展，亦是人們「極深而研幾」（《繫辭上傳·第十章》）的結果。「一」《說文》：「惟初太極，道立於一，造分天地，化成萬物。」「一」爲造化天地萬物的開始。《易傳》云：「天下之動，貞夫一者也。」（《繫辭下傳·第一章》）《淮南子·原道篇》曰：「道者，一立而萬物生矣。」《列子·天瑞篇》說：「一者，形變之始也。」其意與《易傳》相類。因此，「一」既是造化萬物的端始，亦是無限變數的開始。它不僅能使偶數變成奇數，如2＋1＝3或4－1＝3；亦可使奇數變成偶數，如3＋1＝4或5－1＝4。所以，「一」就是奇與偶。孔穎達《周易正義》曰：「不以一目奇者，張氏云：以三中含兩，有一以包兩之義。明天有包地之德，陽有包陰之道。故天舉其多，地言其少也。」「一以包兩」，即是奇中有偶，偶中有奇，天包地、陽包陰，互相包涵，互相滲透，對待統一的關係。

所謂「大衍之數」，《易傳》記載：

大衍之數五十，其用四十有九。分而為二以象兩。掛一以象三。揲之以四，以象四時。歸奇於扐以象閏。五歲再閏，故再扐而後掛。（《繫辭上傳．第九章》）

「衍」，《經典釋文》引鄭（玄）云：「衍，演也。」衍與演古通。「大衍」，即推演之數。然而，「大衍之數」與「天地之數」是否相等，如有差，其原因何謂？歷來衆解紛紜。高亨採金景芳說，認爲「大衍之數五十有五，轉寫脫去『有五』二字。……此以天地之數定大衍之數也。所以余六策而不用者，以此六策標明六爻之數也。」（《周易大傳今注》卷五，齊魯書社一九七九年版，第五二四—五二五頁）其實，此亦古來之一說。孔穎達曾引諸家之說：「京房云：『五十者，謂十日十二辰二十八宿也，凡五十。其一不用者，天之生氣，將欲以虛來實，故用四十九焉。』馬季長云：『易有太極，謂北辰也。太極生兩儀，兩儀生日月，日月生四時，四時生五行，五行生十二月，十二月生二十四氣。北辰居位不動，其餘四十九轉運而用也。』荀爽云：『卦各有六爻，六八四十八，加乾坤二用，凡有五十，乾初九潛龍勿用，故用四十九也。』鄭康成云：『天地之數五十有五，以五行氣通，凡五行減五，大衍又減一，故四十九也。』姚信、董遇云：『天地之數五十有五者，其六以象六畫之數，故減之而用四十九。』但五十之數，義有多家，各有其說，未知孰是?」(《周易正義》卷七，十三經注疏本) 漢代諸家解「大衍之數」，皆爲湊數，而近於牽強。京房、馬季長以日月辰宿之天象傅會「大衍」和「其用」之數;荀爽以卦爻之數來比附;鄭玄以五行爲減數來湊合;姚信、董遇以天地之數減六爻之數來解釋，而同高亨之解。其後王弼、朱熹皆依自己思想而作另解。正如孔穎達所說，五十之數，義有多家，各有其說，未知孰是。這倒是不強爲之解的老實態度，說明當時各家之說均有未備，亦已不能確釋了。

然而，往古至今，儘管各家對「大衍之數五十」說法歧異，但「其用四十有九」，誰都沒有提出懷疑。其實「五十有五」或「五十」，是虛擬;即使經煩瑣考證，而擇其一說，對揲蓍求卦來講，亦無甚實際意義，故可不必拘泥。而四十九是實用之數，整個蓍策求卦之法，都離不了它。鄭玄說：「以五十之數，不可以爲七、八、九、六卜筮之占以用之，更減其一，故四十九也。」意爲五十或其他數均推演不出七、八、九、六四個陰陽老少之數來。只有四十九才能推演出三十六、三十二、二十八、二十四之數。這是「大衍之數」的要旨。

至於揲蓍求卦之法，第一演，將四十九策分成左右兩部分，其中一部分爲奇數，另一部分爲偶數，象徵天地或陰陽，稱爲「分而爲二以象兩」，「兩」即兩儀。此爲第一營。第二演，從左邊一部分的蓍策中取出一策，掛於左手小指間，稱爲「掛一以象三」。「掛」，《經典釋文》：「別也。」「三」卽象徵天、地、人三才。此爲第二營。第三演，把左邊一部分的蓍策四策、四策地數着，稱爲「揲之以四，以象四時」。此爲第三營之半。第四演，把左邊一部分揲剩的餘策或一、或二、或三、或四，取出置於一邊，稱爲「歸奇于扐以象閏」。「扐」，《周易集解》引虞翻云：「扐，所揲之餘，不一則二，不三則四也。」象徵閏月。此爲第四營之半。第五演，把右邊一部分蓍策按揲四數之，卽再揲之以四，如第三演。此爲第三營之半。第六演，把右邊一部分揲剩的餘策或一、或二、或三、或四，取出置於一邊，卽再歸奇於扐。此爲第四營之半。第七演，把左右兩部分揲餘之數（卽第四演和第六演）合在一起，當爲四或八（卽左一右三，左二右二，左三右一；左四右四）加第二演的掛一，便爲五或九。此卽七演四營，爲一變。

一變掛一加揲餘之數或五或九，不參與二變，將其別置一邊。四十九策減五或九餘四十四或四十，作爲二變的策數，這便稱爲「再扐而後掛」。

二變用一變所剩之策，依一變的順序，經七演四營，其左右兩部分揲餘之數，則爲三或七（卽左一右二，左二右一，左三右四，左四右三），加掛一，當爲四或八。四十四或四十策減四或八，則爲四十、三十六，三十二策。有三種可能數。

三變用二變所剩之策，重復一變的七演四營，其左右兩部分揲餘之數，則爲三或七（卽左一右二、左二右一、左三右四、左四右三），加掛一，當爲四或八。40－4＝36，40－8＝32;36－4

＝32，36－8＝28；32－4＝28，32－8＝24。其餘數即爲三十六、三十二、二十八、二十四策。約以四，則得九（老陽）、八（少陰）、七（少陽）、六（老陰）。經此三變十二營而成一爻，「十有八變而成卦」（《繫辭上傳・第九章》），即得六爻而成一卦。

揲蓍求卦之法，便是通過這種數理的演算而得的，所以並不神秘。《易傳》曰：「乾之策二百一十有六；坤之策，百四十有四，凡三百有六十，當期之日。」（同上）即36老陽數×6爻＋24老陰數×6爻＝216＋144＝360爲一年之數，稱爲「當期之日」。《易傳》又曰：「二篇之策，萬有一千五百二十，當萬物之數也。」（同上）「二篇之策」，即上下經的蓍策數，上下二經共64卦，每卦6爻，共384爻。若其中陽爻192，陰爻192，則192陽爻數×36老陽數＋192陰爻數×24老陰數＝6912＋4608＝11520策。象徵陰陽交錯變化所衍生的萬有之數。通過陰陽交變，而產生千變萬化的易數。可見，易數並非等於神秘主義，而是中國古代數學的淵源。

## 三、《周易》思想評價的再評價

《易經》約在戰國末時被尊爲經典著作，並被諸家所引用。《易傳》是最早解釋《易經》的書，大概在漢時費直或鄭玄才將《易經》與《易傳》合在一起。此後《周易》被推爲羣經[10]之首。它既是儒家經典，又是玄學家的經典，也是道教的經典，這亦是中國哲學史上所僅有的。二千年來，一直是歷代哲學家所爭論和研究的重要著作之一，對中國哲學史、思想史以及醫學史、天文學史、曆法史、數學史等自然科學史的發展都有重大作用和深遠影響。

孔穎達在《周易正義》中說：

夫易者，象也；爻者，效也。聖人有以仰觀俯察，象天地而育羣品，雲行雨施，效四時以生萬物。若用之以順，則兩儀序而百物和；若行之以逆，則六位傾而五行亂。故王者動必則天地之道，不使一物失其性，行必協陰陽之宜，不使一物受其害。故能彌綸宇宙，酬酢神明宗社。（《十三經注疏》本）

由於孔穎達以王弼、韓康伯注作基礎，爲之《正義》，便繼承王弼以義理解《易》的思想，認爲《周易》是講萬物生成以及萬物順逆規律的書。這樣，《周易》便成爲聖人通過仰觀俯察而講哲學的書。這大概是後人以其爲哲學之書的根據之一。然而，在孔穎達《正義》之前，易學家們「此揚彼抑，互詰不休」（《四庫全書總目·周易正義》，《十三經注疏》本）。「象數」與「義理」兩派相互爭論。「至穎達等奉詔作疏，始專崇王（弼）注，而衆說皆廢，故《隋志·易類》稱，

⑩《周易》稱「經」，起自何時，看法不一。孔穎達在《周易正義》卷首《論誰加經字》中說：「案前漢孟喜易本云：分上下二經。是孟喜之前已題經字，其篇題經字，雖起於後，其稱經之理，則往於前。《禮記·經解》云：潔靜精微易教也。既在《經解》之篇。是《易》有稱經之理。」（《十三經注疏》本）如果說《易經》在戰國時被稱爲經，則與《易傳》合之，《周易》約在漢初被稱爲經的。

鄭學寢微，今殆絕矣。」（同上）唐李鼎祚有鑒於這種情況，而作《周易集解》，其《序》說：「臣少慕玄風，游心墳籍，歷觀炎漢，迄今巨唐，採羣賢之遺言，議三聖之幽賾，集虞翻、荀爽三十餘家。刊輔嗣（王弼）之野文，補康成（鄭玄）之逸象，各列名義，共契玄宗。」意爲王弼專言名理，流於老莊，而譏漢易；鄭玄多尚象數，以互體求易，猶存古義。似有採兩家之長，而補各自之不足。至宋朱熹，則重又明確《周易》爲卜筮之書。他說：

> 《易》本卜筮之書，後人以為止於卜筮。至王弼用老莊解，後人便只以為理，而不以為卜筮，亦非。（《易綱領・卜筮》，《朱子語類》卷六十六）

《易》本來是筮占之書，「聖人只是爲卜筮而作，不解有許多說話。」（同上）後來由於王弼專講「義理」，才否定其爲卜筮。爲什麼「易之作，本只是爲卜筮」呢？朱熹解釋說：「蓋古人淳質，不似後世人心機巧，事事理會得。古人遇一事，理會不下，便須去占。占得《乾》時，元亨便是大亨。」（同上）「蓋上古之時，民淳俗樸，風氣未開，於天下事全未知識，故聖立龜以與之卜，作《易》以與之筮，使之趨利避害。」（同上）從人類認識水平的發展來看，上古時人們處在蒙昧階段，對於周圍的自然、社會現象不能解釋，於是便借助卜筮，來決疑定吉凶，這樣便有了《周易》的筮占之書，這較合符歷史實際。對《周易》的性質，經過秦漢魏晉隋唐一千多年的反覆，至朱熹又以爲是卜筮之書，是較爲妥當的。

關於《周易》哲學，歷來評價不一。王弼出於玄學家觀點，借《易》而「自標新學」，唐孔穎達繼之，而曰：「夫易者變化之總名，改換之殊稱。自天地開闢，陰陽運行，寒暑迭來，日月更出，孚萌庶類，亭毒羣品，新新不停，生生相續，莫非資變化之力，換代之巧。然變化運行在陰陽二氣，故聖人初畫八卦，設剛柔兩畫，象二氣也。」（《論易之三名》，《周易正義》卷首，《十三經注疏本》）此段話顯然是根據《易傳》的「陰陽」、「生生之謂易」、「二氣」、「八卦」的思想而發揮引伸的，但《易經》本身並無「陰陽」等概念。《易經》中⚊和⚋符號，後來都稱其爲陽爻和陰爻，但原來的意義是否代表「陰陽」，卻找不到根據。在《易經》中無「陽」字，「陰」字一見。《中孚·九二》爻辭說：「鳴鶴在陰，其子和之。我有好爵，吾與爾靡之。」「陰」，借爲蔭，卽樹蔭所蔭蔽的地方。並非抽象的哲學概念。就連《左傳》、《國語》引用解釋《周易》的二十二處，亦未有「陰陽」二字。從《易經》到《易傳》，使「陰」從具體的樹蔭成爲抽象的哲學概念，成爲與「陽」相對應的範疇。在《易傳》中，「陰陽」卻代表着天地、父母、剛柔、日月等既對立又統一的關係和性質。按《國語·周語》記載：約西周末年（幽王二年，公元前七八〇年）伯陽父論地震，較早提出了「陽伏而不能出，陰迫而不能烝，於是有地震」的「陰陽」對立概念。在《詩經》中「陰」字十見，「陽」字二十見。《尚書》（包括僞古文）中「陰」字五見，「陽」字八見。其義或指無陽光、有陽光，或背陽、向陽，或山北、山南等，都還無「陰陽二氣」的思想。可見，孔穎達在研究《周易》的方法上，亦失之於以《傳》代《經》、以《傳》解《經》，把後於《易經》七、八百年之久的《易傳》中的思想，掛到本來還沒有這種思想的《易經》的名下。這樣就把代表兩個不同時期、兩種不同思想體系的觀點混淆起來，而無補於恢復其思想的歷史本來面貌。這種研究方法亦影響及後來的《周易》研究，甚至成爲一種普遍的方法。

譬如，在現行的中國哲學史著作、專著中，均以爲《易經》中的八卦，代表自然界八種（天、地、雷、風、水、火、山、澤）物質元素（或自然物或物質現象）⑪，從而認爲《易經》具有顯明的物質論觀念。其實，在《周易》卦爻辭中，看不到八卦象徵八種物質元素的思想。認爲八卦象徵衆多的自然物或社會現象，其最基本的是象徵天、地、雷、風、水、火、山、澤，這便是所謂卦象。這種卦象的記載，較早見之於《左傳》和《國語》。《左傳》莊公二十二年：

> 周史有以《周易》見陳侯者，陳侯使筮之，遇《觀》（䷓）之《否》（䷋），曰：「是謂『觀國之光，利用賓於王。』……坤，土也。巽，風也。乾，天也。風為天於土上，山也。……」

以乾爲天，坤爲土，巽爲風，艮爲山。另《左傳》閔公元年、僖公十五年、昭公五年還以震爲雷，離爲火。《國語・晉語》以坎爲水。除兌爲澤外，八卦的基本卦象已備。《易傳・說卦》引伸發展了《左》、《國》思想，不僅補充了兌爲澤，而且賦予每一卦的卦象十幾種或二十種。這是春秋以來人們對於八卦的解釋，而非八卦原有的思想。如果說，天在《乾》卦爻辭中還出現一

---

⑪ 參見拙著《周易思想研究》上篇，湖北人民出版社一九八〇年版，第八一—八八頁。

次話，那麼，其他坤、震、巽、離、艮、坎、兌所象徵的自然物則在其卦爻辭中一無所見。即使《乾》卦「天」字一見，也不是「天」這種自然物的理論觀念，而是指天空。哲學在古代作爲一種科學理論思維的萌芽，它只能與一定語言文字形式聯繫在一起。一定的哲學概念，如「陰陽」，必須通過語言這種形式來表達。卦畫本身只是符號，不是概念，它只有借助於語言才能表現一定的思維。因此，不能離開卦爻辭去找其卦爻辭以外的思想，更不能把這種卦爻辭以外的思想附加到每一卦上。這顯然是不足爲訓的。

每一哲學基本概念或範疇的出現，都有其特定的世紀。所以適應春秋戰國封建制產生或確立時期的概念、範疇、原理，與適應殷末周初奴隸制發展時期的概念、範疇、原理，是不能加以混淆的。

## 四、《周易》版本考辨和研究書目

### (一)《周易》版本考辨

《周易》雖年代久遠，但因其爲卜筮之書，所以秦始皇焚書，沒有將其燒掉。《隋書・經籍志》曰：「及秦焚書，《周易》獨以卜筮得存，惟失《說卦》三篇，後河內女子得之。」這情況大致不誤。至漢時，《周易》大概有與今本不同的本子。《周禮・春官・大卜》記載：

掌三易之法，一曰《連山》，二曰《歸藏》，三曰《周易》。其經卦皆八，其別皆六十有四。

鄭玄注中引杜子春云：「《連山》，宓戲；《歸藏》，黃帝。」以《連山》爲伏羲之《易》；《歸藏》爲黃帝之《易》。另孔穎達在《周易正義》卷首《論三代易名》中說：「鄭玄《易贊》及《易論》云：夏曰《連山》，殷曰《歸藏》，周曰《周易》。」此與杜子春說有別。這些都是漢代經師的猜測之詞，不可太信。據《北堂書鈔・藝文部》引桓譚《新論》云：「《厲山》（即《連山》）藏於蘭臺，《歸藏》藏於太卜。」《太平御覽・學部》引《新論》說：「《連山》八萬言，《歸藏》四千三百言。」而見此二書漢時猶存未佚。此三《易》都有八經卦和六十四別卦，此其同；其異，據舊說是六十四卦排列次序不同，八經卦的首卦不同。值得注意的是，這種六十四卦排列次序的不同，在邵雍《伏羲六十四卦次序》（《大橫圖》）中，起自《乾》、《夬》、《大有》、《大壯》，終自《觀》、《比》、《剝》、《坤》。在《文王六十四卦次序》中，則始自《乾》、《坤》、《屯》、《蒙》，終自《中孚》、《小過》、《既濟》、《未濟》。在馬王堆漢墓出土的帛書《易經》，其次序又與今本不同。此亦可說明有與今本不同的本子的存在。

另外，《左傳》引《易》，大部與今本卦、爻辭相同。然有兩則不見於今本。一則爲《左傳・僖公十五年》：「其卦遇《蠱》（䷑），曰：『千乘三去，三去之餘，獲其雄狐。』」秦穆公伐晋，卜徒父占了一卦，遇到《蠱》卦。此三句卦、爻辭不見於《周易》；二則爲《左傳》成公十六年：「其卦遇《復》(䷗)，曰：『南國蹙，射其元王，中厥目。』」晉楚鄢陵之戰，晉侯占筮遇《復》卦，此幾句卦、爻辭不見於《周易》。可見它是依據與今本《周易》不同的本子，也許就是《連山》或《歸藏》。但已佚。

因此，《漢書・藝文志》云：「《易經》十二篇。」顏師古注說：「上、下經及《十翼》，故十二篇。」已不載《連山》或《歸藏》。但將《十翼》計算爲《易經》十二篇，似乎此時《傳》已附於《經》。

王充在《正說篇》中說：「宣帝之時，得佚《尚書》及《易》、《禮》各一篇，《禮》、《易》篇數亦始足。」又說：「至孝宣皇帝之時，河內女子發老屋，得逸《易》、《禮》、《尚書》各一篇，奏之。宣帝下示博士，然後《易》、《禮》、《尚書》各益一篇。」（《論衡》卷二十八）得佚《尚書》及《易》、《禮》各一篇，到底是什麼？王充未載。《經義叢抄》說：「充言益一篇，不知所益何篇，以他書考之，《易》則《說卦》，《書》即《太誓》，唯《禮》無聞。」然而，司馬遷在《史記・孔子世家》中說：「孔子晚而喜《易》，序《象》、《繫》、《象》、《說卦》、《文言》。」則《說卦》司馬遷已見到，且在宣帝時得逸《易》一篇之前，可見，其益一篇不是《說卦》，恐可能是《雜卦》。

據《晉書・束晳傳》記載：「初太康二年（公元二八一年），汲郡人不准，盜發魏襄王墓，或言安釐王冢，得竹書數十車。其《紀年》十三篇。……《易經》二篇，與《周易》上下經同。

《易繇》、《陰陽卦》二篇，與《周易》略同，繇辭則異。《卦下易經》一篇，似《說卦》而異。……《師春》一篇，書《左傳》諸卜筮，師春似是造書者姓名也。」晋太康二年所發現的《易經》二篇，同今本《易經》相同，而無《十翼》。《卦下易經》似《說卦》，又有不同。可見魏襄王墓發現的《易經》是《經》與《傳》分開的，所以《卦下易經》單獨成篇。這是因爲魏襄王卒於周愼靚王二年(公元前三一九年)，魏安厘王卒於秦始皇四年(公元前二四三年)，秦統一中國在秦始皇二十六年（公元前二二一年），因而，魏襄王死於戰國後期，而魏安厘王則死於戰國末年。

一九七二年，馬王堆漢墓中出土了整幅帛書寫的《易經》五千多字，無篇題。六十四卦完整，但其卦名和排列次序與今本《易經》不同。如乾卦稱爲鍵，坤卦稱爲川。唐陸德明《經典釋文》云：「坤，本又作巛。坤，今字也。」漢碑中坤一般作巛。《家語・執轡篇》：「此乾巛之美。」《大戴禮・保傅篇》：「《易》之乾巛。」巛就是川字。川和坤既不是古今體，又非一字，而是音近爲假借。帛書《易繫辭》兩千七百多字，不分上下，與今本的差別是：⑴今本上傳部分，帛書缺第八、九兩章；⑵今本下傳第五章後半，帛書多出一千餘字。其中一小部分見於今本《說卦》的前三章。帛書《周易》不附《彖》、《象》、《文言》，而有《要》，記孔子與弟子的問答；有「危者安其位者也」，單獨成篇，而不放在《繫辭傳》中；另有《昭力》，記傳易人與昭力的問答。

總上所述，《周易》雖有不同本子，但經卦、別卦數一致，唯排列不一，卦爻辭亦有異。《歸藏》四千三百言，大概是有經無傳，與今本《易經》的字數相差不大。《連山》八萬言，大概是有經有傳，這兩個本子是今本《周易》經戰國時人改編前的古本。從帛書《周易》的發現來看，其卦爻辭雖有異，但基本相同，可見，今本《周易》還是個較可信的本子。

### (二)研究書目

自漢以來，歷代注《易》者，不乏聞人，其注釋研究之書，如汗牛充棟，現擇其最重要者列下：

《子夏易傳》，《漢學堂叢書・經解・逸書考》本。
《孟喜易章句》，《漢學堂叢書》本。
《京房易章句》《漢學堂叢書》本。
《周易費氏學》，清刻本，盧草堂校刊。
《馬融易傳》，《漢學堂叢書》本。
《周易鄭注》，漢鄭玄注，《湖海樓叢書》本。
《九家易集注》，《漢學堂叢書》本。
《翟子元易義》，《漢學堂叢書》本。

《向秀易義》，《漢學堂叢書》本。

《周易注》，魏王弼注，見《王弼集校釋》，中華書局刊本。

《周易略例》，魏王弼著，見《王弼集校釋》，中華書局刊本。

《周易正義》，唐孔穎達疏，《十三經注疏》本。

《周易集解》，唐李鼎祚集解，清刻本。

《周易舉正》，唐郭京撰，《津逮秘書》本。

《易說》，宋張載撰，見《張載集》，中華書局刊本。

《河南程氏易傳》，宋程頤撰，見《二程集》，中華書局刊本。

《周易本義》，宋朱熹撰，清刻本。

《易學啓蒙》，宋朱熹撰，清刻本。

《易纂言》，元吳澄撰，《通志堂經解》本。

《周易時論》，明方孔炤撰，清刻本。

《周易集解纂疏》，清李道平撰，清刻本；《叢書集成》本。

《周易述》，清惠棟撰，《皇清經解》本。

《仲氏易》，清毛奇齡撰，《皇清經解》本。

《周易虞氏義》，清張惠言撰，揚州阮氏琅環仙館刊板。

《周易經傳集解》，清孫星衍撰，清刻本。
《周易姚氏學》，清姚配中撰，清刻本。
《周易內傳》，清王夫之撰，清刻本。
《周易外傳》，清王夫之撰，中華書局刊本。
《周易稗疏》，清王夫之撰，清刻本。
《易學象數論》，清黃宗羲撰，清刻本。
《周易尋門餘論》，清黃宗炎撰，清刻本。
《易通釋》，清焦循撰，清刻本。
《周易六十四卦經解》，清朱駿聲撰，中華書局刊本。
《周易古義》，楊樹達撰，中華書局刊本。
《周易尚氏學》，尚秉和撰，中華書局刊本。
《周易新證》，于省吾撰，刊本。
《周易古經今注》，高亨撰，中華書局刊本。
《周易大傳今注》，高亨撰，齊魯書局刊本。
《周易探源》，李鏡池撰，中華書局刊本。
《周易帛書今注今譯》，張立文撰，學生書局本。

# 《周易》「一陰一陽之謂道」辨析

## 一、「一陰一陽之謂道」非《易經》思想

在《易經》的研究中，一直存在着一個普遍而又值得注意的問題：這就是把《易經》與《易傳》混淆起來，或借《傳》解《經》，或以《傳》代《經》。在《簡論《周易》的「一陰一陽之謂道」的學說》❶中，不僅引用《易經》的卦、爻辭，而且援引《易傳》的《說卦》、《彖傳》、《象傳》和《文言》來說明出之於《繫辭》的「一陰一陽之謂道」的學說。《易經》和《易傳》當是反映兩個不同時期社會經濟和思想體系的作品。可是，以「《傳》就是對卦辭和爻辭的注釋和論述」，就給人以抹掉《經》、《傳》區別之嫌。儘管《簡論》也說過，從《易經》所「反映的內容來看，當產生殷周之際，而《傳》的部分則當寫成於春秋戰國時期」，但他們沒有把這個

❶ 載《文史哲》一九七八年第二期，以下引用該文，簡稱《簡論》。

觀點一以貫之，而在文章的論述中，就混淆起來了。這裏，既有哲學史方法論問題，也有歷史事實問題。

社會存在與社會意識相聯繫。《易經》的產生，是受殷周的社會經濟條件制約的，是與當時社會發展階段的狀況和由周代殷的社會變革相適應的；《易傳》則是由春秋到戰國時，社會由分裂趨向統一的經濟和政治鬪爭的反映。在這種不同社會經濟、政治基礎上產生的社會意識是不同的。因而，我們不能把距《易經》七、八個世紀以後才出現的《易傳》的思想掛到《易經》名下，而應該把《易經》與《易傳》區別開來。這個區別，在古人那裏就已注意到了。司馬遷說：「西伯……囚羑里，蓋益易之八卦爲六十四卦。」❷「自伏羲作八卦，周文王演三百八十四爻，而天下治。」❸又說：「西伯拘羑里，演周易。」❹這三則記載說明：㈠伏羲作八卦，周文王作「別卦」及爻辭；㈡都沒有提到《易傳》，也沒有說《易傳》是文王所作。或《易經》和《易傳》是同一時期的作品。

那末，《易傳》是什麼時期的作品呢？在司馬遷看來則是春秋末期的東西。他說：「孔子晚而喜《易》，序《彖》、《繫》、《象》、《說卦》、《文言》。讀《易》，韋編三絕。曰：

❷《史記·周本紀》。
❸《史記·日者列傳》。
❹《史記·太史公自序》。

『假我數年，若是，我於《易》則彬彬矣。』」❺，「喜《易》」、「讀《易》」之《易》，顯然是指早孔子而存在的《易經》而言，這就是所謂無書不可讀的道理；至於《易傳》中的《象傳》、《繫辭》、《象傳》、《說卦》、《文言》則認爲是孔子所作。可見，《經》、《傳》不僅分開，而且不是同一個時期的作品。

儘管人們對於孔子所說的「假我數年，五十以學《易》，可以無大過矣」❻一句中的「易」有不同的解釋。唐陸德明在《經典釋文》中說：「《魯論語》讀『易』爲『亦』，今從古。」認爲《魯論（語）》這句話是：「假我數年，五十以學，亦可以無大過矣。」以爲孔子與《易》無關❼。這是後人立說，上古言「易」、「亦」，韵部相異，《魯論語》說法不確。後來，宋歐陽修提出《易傳》非孔子所作。他說：「《繫辭》、《象》、《象》、《文言》、《說卦》而下，皆非聖人之作，而衆說淆亂，亦非一人之言也。」❽並認爲「子曰者」，不是孔子所說，而是「講師之言也」❾。即使《易傳》非孔子所作，以至上述《史記，孔子世家》所載孔子「序

---

❺《史記．孔子世家》。

❻《論語．述而》。

❼我認爲，完全否定孔子與《易傳》的關係，根據是不足的。根據《左傳》、《國語》關於用《易》占卜的記載，特別是季氏、田氏、趙氏、魏氏等以自己掌權與他們祖先用《易》占卜取得吉兆有關的事來看，不能輕易否定《史記．孔子世家》「孔子晚而喜《易》」的記載。對此當以另文詳析。

❽❾《易．童子問》。

《象》、《繫》、《象》、《說卦》、《文言》」，是後人所竄入。但陸德明、歐陽修也都沒有證明《易經》與《易傳》是同一時期的作品，或出於一人之手，而見《經》、《傳》不能混淆。

如果要正確認識《周易》的本來面貌，把《經》、《傳》分開是完全必要的。當然，《經》、《傳》有一定的聯繫，這就是；人們慣於用「六經注我」的方法，借《經》以發揮自己的思想，把自己的思想掛在《易經》的名下[10]，而這些思想則是《易經》所沒有提出和沒有設想過的。黑格爾在《哲學史講演錄》的《導言》中，曾經批評布魯克爾在《批判的哲學史》中把三十、四十，甚或一百條哲學命題歸之於泰利士及別的哲學家的名下，其實，在歷史上誰也找不出這些哲學家曾有過關於這些命題的思想。黑格爾說：「布魯克爾的方法是這樣的：他在一個古代哲學家的簡單原則上面，附會進去這原則所可能有的一些結論和前提，這依照烏爾夫的形而上學的觀念應該是那個原則的前提和結論，這樣就天眞地建造一種純粹的、空虛的幻象，而以爲這是眞實的歷史事實。我們太容易傾向於拿我們的思想方式去改鑄古代哲學家。」[11]說得好！目前豈不是有一些論述周易的文章，在《易經》所包含的萌芽的、最初的思想因素上面，附會進去所可能引伸和推衍出來一些結論嗎？豈不是把《易經》所沒有的「一陰一陽之謂道」的學說附會進去嗎？這

---

[10] 最近，《哲學研究》刊載的《溫史釋易——讀《師》卦》（一九七八年第十一期）和《書不盡言，言不盡意——讀《周易》札記三則》（一九七九年第五期）都是運用這種方法。

[11] 《哲學史講演錄》第一卷，三聯書店一九五六年版，第四六頁。

樣，他們就把一種「純粹的、空虛的幻象」，當作「眞實的歷史事實」了。

「六經注我」、「我注六經」的方法，本來是一定歷史條件下的產物。但《易經》長期爲這種方法所籠罩，而給今人以很大影響，以至一些研究者重蹈古人之覆轍，也是不足爲怪的。

《易經》言簡雙關，辭義晦澀，便於被各個時期的各種不同思想觀點的人用來披上各式各樣的時裝。較早借《易經》的形式來發揮儒家學派思想的，要算《易傳》作者了。《易傳》作者基本上是把《周易》儒學化，當然也摻雜了陰陽家、道家的思想。兩漢時期，董仲舒的「天人感應」和讖緯神學籠罩了整個思想界，因此，《周易》也被陰陽讖緯化了。如孟喜、梁丘賀、京房、費直、荀爽等以「繁衍叢脞之言」解《易》；虞翻、陸績、姚信等則大搞卦變、旁通、升降、象數等引伸，把《易經》搞得支離破碎，或穿鑿以卦象、卦位、互體、剛柔等象數變易，或附會以定位、中正、順逆、性命等道德倫理，使《易經》的研究越來越繁瑣。魏晋時期，玄學家王弼等以老莊解《易》，作《周易注》和《周易略例》，他們一掃漢儒的繁瑣訓詁、章句考證之弊，而專注義理，於是，《周易》被玄學化了。隋唐時期，雖王弼的《周易注》影響未衰，而占驗象數之術也流行未斷。到了宋代，周敦頤和邵雍援道入儒，上承魏伯陽的《周易參同契》和陳摶的《先天圖》、《太極圖》，以續象數之餘緒。程頤的《伊川易傳》則黜象數而重名理。理學集大成者——朱熹，他的《周易本義》、《易學啓蒙》則調和象數和義理，企圖融象數和義理於一爐，但卻以義理爲主，《周易》又被理學化了。由於理學在我國中世紀後期成爲官方哲學，因此，理學化了的《周易》也被視爲正宗。

其實，從《易傳》作者把《易經》儒學化到宋明被理學化，中經象數化和玄學化，還有道學化，他們都是托《易經》以述己之思想。把一座本來已煙霧迷漫、深不可測的殿堂，使人更難以捉摸。他們同《易經》的本來思想或猜測推衍、或渺無干係。如果說是對《易經》卦、爻辭本義的注釋和論述，則於搞清古代思想發展理路無甚益處。可以這樣說，自秦漢迄清，歷來注釋家、義理家，都不必完全理解《易經》卦、爻辭的原義，而可以根據他們當時所提供的思想、原理、觀念，並依據當時政治鬥爭、理論鬥爭的需要來解釋《易經》。這在《易傳》那裏，恐怕也無例外。《易傳》作者並不完全明白《易經》卦、爻辭的原義，他們憑臆虛擬，謬誤時見。譬如，《晉卦》卦辭：「晉，康侯用錫馬蕃庶，晝日三接。」據顧頡剛先生在《周易卦爻辭中的故事》一文中考證：康侯是康叔封，《康侯鼎銘》：「康侯丰作寶尊」，丰即《說文》的丰，與封通。《左傳》定公四年：「武王之母弟八人，周公爲太宰，康叔爲司寇，聃季爲司空，五叔無官」。《尚書・康誥》記載：「王若曰，孟侯，朕其弟，小子封。」《世本・居篇》：「康叔居康，從康徙衞。」⑫《史記・周本紀》載：「頗收殷餘民，以封武王少弟封爲衞康叔。」可見，

---

⑫《世本》是司馬遷作《史記》時所依據的書之一，後失佚。清代王謨的《漢魏遺書鈔》，孫馮翼的《問經堂叢書》，陳其榮的《槐廬叢書》，秦加謨的《世本輯補》，張澍的《二酉堂叢書》，雷學淇的《畿輔叢書》，都有輯本。

康侯半卽康叔封，爲武王之弟，爲周司寇，初封於康，徙於衞，故稱康叔或康侯⑫。但是，《易傳》作者根本不以「康侯」爲人名，《彖傳》說：「晉，進也，明出地上，順而麗乎大明，柔進而上行。」《象傳》則說：「明出地上，晉，君子以自昭明德。」《彖》、《象》作者都以《晉卦》下坤（☷）上離（☲），坤爲地，離爲明，故說「明出地上」；坤爲順，離爲日，所以說「順而麗乎大明」；晉而觀（䷓）來，四進居五位，所以說「柔進而上行」。既然《晉卦》的卦象爲「明出地上」，君子應自強不息，所以說「君子以自昭明德」，這卽是《大學》「明明德」的意思，這種虛擬臆斷，實與「康侯」爲康叔封風馬牛不相及。王弼《周易注》企圖補《彖》、《象》沒有解「康」字之不足，他說：「康，美之名也，順以著明，臣之道也。」這就未免望文生義了！看來，《彖》、《象》作者已不理解《晉卦》卦辭的原義了。

既然「康侯」是康叔封，則「用錫馬蕃庶，晝日三接」是指什麼呢？顧頡剛先生沒有進一步

---

⑬ 平心先生以康侯同「晉」卦無關係，而根據漢焦延壽的《易林》，認爲康侯是唐叔，唐叔是武王兒子，封於唐，故名康叔。《易林》隨之恒的咏史詩：「齊姜叔子，天文在位；實沈參墟，封爲康侯。」這是其根據之一；之二是：唐與康同從庚聲，二字相通，故唐叔卽康叔（見《《周易》史事索隱》，《歷史研究》一九六三年第一期）。我以爲這種說法比較牽強。且在先秦的史籍《左傳》、《國語》、《逸周書》、《墨子》等書都叫唐叔，而無唐叔卽康叔的記載；在《史記》、《說苑》、《水經注》、《書序》中以唐叔爲唐叔虞，也無唐叔卽康叔的記載。

說明這個歷史事件。平心先生卻說是唐叔虞曾在成王領導下參與了滅唐戰爭⑭。然而，《左傳》只說成王滅唐，而無唐叔參加的記載；《史記・晉世家》也以唐叔未參加滅唐之役。「周公誅滅唐，成王與叔虞戲，削桐葉爲珪，以與叔虞。曰：『以此封若』。史佚因請擇日立叔虞。成王曰：『吾與之戲爾。』史佚曰：『天子無戲言，言則史書之，禮成之，樂歌之。』於是遂封叔虞于唐……故曰唐叔虞。」愚以爲這則卦辭是說康侯曾參加了由周公率領的平定蔡叔、管叔聯合殷遺民武庚、祿父的反叛戰爭。《史記・衞康叔世家》說：「周公旦以成王命，興師伐殷，殺武庚祿父、管叔，放蔡叔。」正因爲衞康叔參加了平叛戰爭，因此，「以武庚殷餘民封康叔爲衞君，居河淇間故商墟。」⑮「錫」猶「獻」，《尚書・禹貢》：「禹錫玄珪，告厥成功。」又《召誥》：「大保乃以庶邦冢君出，取幣，乃復入，錫周公。」「錫」有「獻」義，古代上賞下稱「錫」，下貢上也稱「錫」，不似後來有分別。「接」與「捷」通，《禮記・內則》：「接以太牢」，鄭玄注：「接讀爲捷」，《左傳》文公十四年經「晉人納捷菑于邾」，《公羊傳》徑「捷」作「接」。《經典釋文》：「接鄭音捷，勝也。」這就是說，康叔在平定蔡叔、管叔、武庚的反叛中，一日三捷，俘馬很多，以獻於成王。可是《彖傳》作者根本不明白康叔參加平定蔡叔、武庚反叛之史事，而只說：「是以康侯用錫馬蕃庶，晝日三接也。」王弼則說：「柔進而上行，物所

⑭ 見《《周易》史事索隱》載《歷史研究》一九六三年第一期，第一四五頁。
⑮ 《史記・衞康叔世家》。

與也，故得錫馬而蕃庶。以訟受服，則終朝三褫，柔進受寵，則一晝三接也。」朱熹則解釋爲：「錫馬蕃庶，晝日三接，言多受大賜，而顯被親禮也。」王、朱都訓「錫」爲「賜」，「蕃庶」爲「蕃息」，「接」爲接見之「接」。顯然是望文生訓，與《晋卦》卦辭的本意不符。

可見，《易傳》並不理解《易經》，對於《易經》中所提到的歷史事實或不清楚，或一無所知。這不僅可證明《易傳》爲晚出，而且也證明不能以《傳》解《經》，或以《經》說《傳》。把《易傳》的「一陰一陽之謂道」的學說附會進《易經》，無異於把王弼的「貴無」和朱熹的「理先氣後」、「理一分殊」、「一分爲二」等學說附會進《易經》一樣，更有甚者，把現代物理學、生物學、人工智能以及生物遺傳六十四個密碼，統統附會進《易經》，以爲在《易經》中都有了。在《易經》簡單、原始的思想上面，附會進所可能引伸出的結論；把一定時代的思想、原理和觀念說成是脫離開具體歷史條件、脫離開它們的現實基礎而獨立存在的東西，豈不是把《易經》的一些思想當作超世紀、超歷史的思想、原理和觀念了嗎？豈不是把現代的科學發明、發現，歸到了《易經》的名下了嗎？

## 二、「一陰一陽之謂道」是《易傳》的思想

在哲學史的研究中應掌握所能搜集到的一切資料，實事求是地作出歷史的分析和評價，而不

妄加給古代哲學家、思想家一些他們那個時代所沒有提出和不可能有的論斷和結論。譬如「一陰一陽之謂道」的學說，它見之於《易傳．繫辭》，而不見於《易經》。在《易經》卦、爻辭中連陰陽之「陽」字也找不到，當然無法肯定《易經》已經有了關於「陰」、「陽」的「兩個基本範疇」了，更不敢說，「這個『一陰一陽之謂道』是《周易》全書的一個基本觀點」⑯。既是《周易》全書的基本觀點，自然包括《易經》在內。在一般人的心目中，以為我國「陰」、「陽」概念最早出之於《易經》。但如果對《易經》、《易傳》作了一番研究以後，而得出上述的結論，則就不夠實事求是了。

《易經》中「⚊」、「⚋」符號，後來都稱其為「陽爻」和「陰爻」，但其原來的意義是否代表「陰」與「陽」，在《易經》中找不到根據。郭沫若先生說：「八卦的根柢我們很鮮明地可以看出是古代生殖器崇拜的孑遺。畫⚊以像男根，分而為⚋以象女陰。」⑰這個論斷是比較符合「⚊」、「⚋」的原始意義的，也與當時社會發展以及思維發展水平相適應。最近在湖南度家崗遺址中，出土了各種式樣的石箭鏃、石斧、陶紡輪，還出土了男性崇拜的石祖，即男性生殖器。就是一個證明。隨着社會的發展，人們抽象思維水平的提高，才由生殖器崇拜，而推演出男女、陰陽、剛柔、天地等觀念來。

---

⑯《簡論《周易》的「一陰一陽之謂道」的學說》，《文史哲》一九七八年第二期，第七六頁。

⑰《周易時代的社會生活》，《中國古代社會研究》，人民出版社一九五四年版，第二六頁。

依據古代文獻資料，卜辭中儘管已有東、南、西、北、中的五方觀念⑱，但還不見金、木、水、火、土的記載，即還沒有作爲五種物質意義上的「五行」觀念。金、木、水、火、土雖然已是對具體事物的抽象，如銅是金、柳樹是木，黃土是土等等，而畢竟是人類日常生活中隨時碰到的現象，帶有極大的自然性質。而「陰」、「陽」概念，其抽象水平恐怕要較「五行」高一些。從人類抽象思維發展的水平來說，或與「五行」觀念同時產生，或出現在「五行」觀念之後，這種可能性都是存在的。

據《國語·周語上》記載，約在西周末年（公元前七八〇年，周幽王二年）「陰陽」概念就出現了。「伯陽父曰：『周將亡矣！夫天地之氣，不失其序。若過其序，民之亂也。陽伏而不能出，陰遁而不能烝，於是有地震。今三川實震，是陽失其所而鎭陰也。陽失而在陰，川源必塞。」源塞，國必亡。是說「天地之氣」是有一定秩序的，「陰陽」作爲「天地之氣」，也是有秩序的，如果破壞了「陰陽」的秩序，便會發生地震。他從「陰陽」的運動中來尋找自然界變化的原因。這裏包含有合理因素。但伯陽父認爲，由「陰陽」失序而地震，由地震而周將亡，又陷入了傅會。

《國語·周語下》也記載：「是故聚不陁崩，而物有所歸，氣不沉滯，而亦不散越，是以民

---

⑱ 參見《粹》九〇七，《前》八、一〇、三，《佚》三四八。

生有財用，而死有所葬。……故天無伏陰，地無散陽，水無沉氣，火無災燀，神無閒行，民無淫心。」在這裏，「陰陽」概念與「氣」是聯繫在一起論述的。

《國語．越語》中還記載了范蠡論陰陽的問題：「范蠡曰：臣聞古之善用兵者，嬴縮以爲常，四時以爲紀，無過天極，究數而止，天道皇皇，日月以爲常，明者以爲法，微者則是行。陽至而陰，陰至而陽。日困而還，月盈而匡。古之善用兵者，因天地之常，與之俱行，後則用陰，先則用陽，近則用柔，遠則用剛。後無陰蔽，先無陽察。」世界上各種現象的變化，猶如「陰陽」相反相成而相互流轉。用以指揮戰爭，就會取得勝利。

然而，《國語》約成書於春秋末年戰國初年，《周語》只能是作者據當時所掌握的材料而作的，它可能反映西周末年的思想。但比《易經》要晚，這是無疑的。

《左傳》中也有關於「陰陽」的記載：

「周內史叔與聘於宋，宋襄公問焉，曰：『是何祥也？吉凶焉在？』對曰：『今茲魯多大喪，明年齊有亂，君將得諸侯而不終。』退而告人曰：『君失問，是陰陽之事，非吉凶所生也。吉凶由人。吾不敢逆君故也。』」⑲ 叔與認爲，降隕石並不是天降災祥和吉凶，而是自然界本身「陰陽」失調的緣故。

醫和則用「陰陽」來解釋疾病，他說：「天有六氣，降生五味，發爲五色，徵爲五聲，淫生

⑲《左傳》僖公十六年。

六疾。六氣曰陰、陽、風、雨、晦、明也。分爲四時，序爲五節，過則爲菑：陰淫寒疾，陽淫熱疾，風淫末疾……。」[20]把「陰陽」看作是「六氣」。疾病就是「六氣」對人體影響的結果。

梓愼則用「陰陽」來解釋日食和天象變異的成因：「秋七月，壬午，朔，月有食之。公問於梓愼曰：『是何物也？禍福何爲？』對曰：『二至二分，日有食之，不爲災，日月之行也。分，同道也，至，相過也。其他月則爲災，陽不克也，故常爲水。』」[21]又載：「夏五月，乙未，朔，日有食之。梓愼曰：『將水』。照子曰：『旱也。日過分而陽猶不克，克必甚，能無旱乎？陽不克莫，將積聚也。』」[22]

梓愼對於自然現象，也用「陰陽」來解釋：「春無冰。梓愼曰：『今玆宋、鄭其飢乎！歲在星紀，而淫於玄枵，以有時菑，陰不堪陽，蛇乘龍；龍，宋、鄭之星也，宋、鄭必饑。」[23]

《左傳》以「陰陽」來解釋隕石、日食、水旱、冰霜、疾病等現象，而不歸之於天命，不失爲理性思維的萌芽。但他們用「陰陽」相勝、相克的道理來解釋自然、社會現象的時候，又把「陰陽」神秘化了。然而，《左傳》雖相傳爲春秋時魯太史左丘明所作，但也有人認爲是漢代劉

[20]《左傳》昭公元年。
[21]《左傳》昭公二十一年。
[22]《左傳》昭公二十四年。
[23]《左傳》襄公二十八年。

歆所增竄。但從《左傳》所保留的古史資料來看，不是漢代的作品，其成書約在春秋末年，戰國初年。它比《易經》後出。可見，「陰陽」概念是《易經》之後產生的。

《易傳》中亦有關於「陰陽」的記載：

「潛龍勿用，陽在下也」[24]。

「潛龍勿用，陽氣潛藏」[25]。

「履霜堅冰，陰始凝也，馴致其道，至堅冰也。」[26]

「陰雖有美含之，以從王事，弗敢成也，地道也，妻道也，臣道也，地道无成，而代有終也。」[27]

「陰疑於陽必戰，爲其嫌於无陽也，故稱龍焉，猶未離其類也，故稱血焉。」[28]

「泰，小往大來，吉亨，則是天地交而萬物通也，上下交而其志同也。內陽而外陰，內健而外順，內君子而外小人，君子道長，小人道消也。」[29]

---

[24] 《乾卦》·《初九象辭》。

[25] 《乾卦》·《文言》。

[26] 《坤卦》·《初六象辭》。

[27] 《坤卦》·《文言傳》。

[28] 《坤卦》·《文言傳》。

[29] 《泰卦》·《彖辭》。

「否之匪人，不利君子貞。大往小來，則是天地不交而萬物不通也，上下不交而天下无邦也。內陰而外陽，內柔而外剛，內小人而外君子，小人道長，君子道消也。」[30]

「一陰一陽之謂道，繼之者善也，成之者性也。……生生之謂易，成象之謂乾，效法之謂坤，極數知來之謂占，通變之謂事，陰陽不測之謂神。」[31]

「陽卦多陰，陰卦多陽，其故何也？陽卦奇，陰卦耦；其德行何也？陽一君而二民，君子之道也；陰二君而一民，小人之道也。」[32]

「子曰：乾坤其易之門邪。乾，陽物也；坤，陰物也。陰陽合德而剛柔有體，以體天地之撰，以通神明之德。」[33]

「昔者聖人之作易也，幽贊於神明而生蓍，參天兩地而倚數，觀變於陰陽而立卦，發揮於剛柔而生爻，和順於道德而理於義，窮理盡性以至於命。」[34]

---

[30] 《否卦》．《彖辭》。
[31] 《周易．繫辭上．第五章》。
[32] 《周易．繫辭下．第四章》。
[33] 《周易．繫辭下．第六章》。
[34] 《周易．說卦傳．第一章》。

「昔者聖人之作易也，將以順性命之理，是以立天之道，曰陰與陽；立地之道，曰柔與剛；立人之道，曰仁與義。兼三才而兩之，故易六畫而成卦，分陰分陽，迭用柔剛，故易六位而成章。」[35]

《易傳》論「陰陽」共十二處，除《乾卦・文言》和《坤・初六・象辭》是用「陰陽」來解釋自然現象以外，其餘十條，都是用「陰陽」來解釋社會領域中的上下、內外、君民、君臣、君子小人、奇耦、一二等關係的，明確宣揚社會等級、倫理關係。它與《左》、《國》相比，有明顯的特點：第一、《左》、《國》論「陰陽」，主要是以「陰陽」觀念來解釋地震、日食、水旱、疾病等自然現象，具有批判天命論、批判星占學的意義，包含着否定天命的無神論思想的萌芽；而《易傳》論「陰陽」，主要是講社會道德倫理，較少涉及自然。第二、《左》、《國》以「陰陽」爲運動變化、相勝相克；而《易傳》雖講變化、變易，但以君與臣、君子與小人、內與外的地位，是不可改變的、固化的。如果顚倒了這種關係，便是「小人道長」、「君子道消」，乃是《易傳》作者所反對的。從此可見，《易傳》思想或與《左》、《國》相似，而甚至比《左》、《國》更具理論性。因此，《易傳》的著作年代大致與《左》、《國》相近，《象》、《象》、《說卦》可能比《左》、《國》稍早，而《繫辭》可能稍晚[36]。

[35]《周易・說卦傳・第二章》。

[36] 我不同意《易傳》成書於戰國秦漢之際說。

上述，從《左》、《國》、《易傳》中考察了「陰陽」學說的產生，下面再考察一下「陰陽」學說與「道」的關係。《易經》中沒有陽的概念，沒有「一陰一陽之謂道」的命題，也沒有作爲抽象的哲學概念的「道」。但「道」字四見：

「復自道，何其咎，吉。」[37]

「隨有獲，貞凶。有孚在道，以明，何咎。」[38]

「復，亨。出入无疾。朋來无咎。反復其道，七日來復。利有攸往。」[39]

「履道坦坦，幽人貞吉。」[40]

「復」，《說文》：「復，往來也」，即有往而重來的意思。「道」：《說文》：「一達謂之道」。「復自道」，「反復其道」，是說往來在道上；「孚」，讀作俘，甲骨文作[illegible]，彳象道路，「孚」象用手抓人，即用手抓來的俘虜，故《說文》：「俘，軍所獲也」。「有孚在道」，是說有俘虜在道上走。可見，此三處「道」，都是指具體的「道路」而言，而不是抽象的哲學概念，或「對於事物運動變化的規律——『道』的探索和解釋」。[41]

---

[37] 《小畜·初九》爻辭。《荀子·大略篇》、《呂氏春秋·務本篇》、《春秋繁露·王英》均有引。

[38] 《隨·九四》爻辭。

[39] 《復》卦辭。

[40] 《履·九二》爻辭。

[41] 《簡論《周易》的「一陰一陽之謂道」的學說》，《文史哲》一九七八年第二期，第七六頁。

「道」作為抽象的哲學概念，出現在春秋時期，范蠡「天道皇皇」的「道」，含有運行規律的意思，但還沒有作為哲學的最高範疇。老子把「道」作為其哲學的最高本體，而且是萬物運動變化的總法則[42]。老子拋棄了早期原始的「五行」說，吸收了《左》、《國》中有關陰陽矛盾、轉化、統一的思想，把它納入到總法則——「道」的範疇之內。他說：「道生一，一生二，二生三，三生萬物。萬物負陰而抱陽，沖氣以為和。」[43]是說「道」派生萬物以後，萬物就包含着「陰陽」對立的兩個方面，「陰陽」既與「道」合而為一，又為「道」所產生。

《易傳·繫辭》中的「道」，顯然與《易經》中作為道路的「道」不同，而與老子所說的「道」相似。所謂「一陰一陽之謂道」、「陰陽不測之謂神」。這個「道」，已是一個抽象的哲學概念。它主要是指宇宙萬物的規律，並以一陰一陽的相互作用來表示。在這裏，「陰陽」也被抽象化了，它不是作為一個具體事物的「陰陽」對立兩個方面，而是作為一切對立雙方的體現者；萬物的一切運動變化，都以「陰陽」的對立變化為其依據。《繫辭下》說：「日往則月來，月往則日來，日月相推而明生焉。寒往則暑來，暑往則寒來，寒暑相推而歲成焉。往者屈也，來者信（伸）也，屈信（伸）相感而利生焉。」這就是「陽至而陰，陰至而陽」[44]的意思。

[42] 見拙作：《略論老子》，《哲學研究叢刊》，《中國哲學史集刊》第一期。

[43] 《老子》第四十二章。《淮南子·天文訓》解為：「道始於一，一而不生，故分而為陰陽，陰陽和合，而萬物生。故曰：『一生二，二生三，三生萬物』。」「二」可作「陰陽」解。

[44] 《國語·越語》。

如果要在哲學史的研究中，堅持嚴格的歷史性，就不能把古代哲學家所沒有和不可能有的思想、原理、觀念硬掛到它們的名下，不能把《易傳》「一陰一陽之謂道」的學說掛在《易經》名下。否則，不僅模糊了《易經》思想的本來面目，爲研究《易經》思想製造困難；而且於認識人類歷史、人類思想發展軌迹設置種種障礙，帶來繁重的撥雲去霧的工作。這是因爲，每一時代的理論思維，從而我們時代的理論思維，都是一種歷史的產物，在不同的時代具有非常不同的形式，並因而具有非常不同的內容。我們爲什麼把不同時代的、不同形式和內容的理論思維混淆起來，而給自己的研究製造種種困難和障礙，爲什麼不按照歷史發展的本來面目去認識歷史呢？

# 儒家人學探析

中國儒家重實踐理性、重人際關係的研究。因此，較早提出了人的學說，可稱爲「人學」。所謂人學，是指關於人的本質、價值、需要以及人與自然、社會關係的學說。據此而對儒家人學作初步的探討。

## 一、人的發現史的歷程

中國先秦時期，曾出現兩股具有深遠影響的思潮：一是天（「天道」）的思潮，一是人（「人道」）的思潮。前者是指客體而言，後者是指相對於客體的主體而言。中國約在商代甲骨文中，天和人兩字都已出現。天的本義是人的頭。《說文》：「天，顛也。」吳大澂說「天，人所戴也。」甲骨文作[illegible]、[illegible]，《毛公鼎》作[illegible]，都突出人的頭部。章太炎說：「天爲人頂，引申之爲蒼蒼者。」天由人而衍生❶，是人自己虛構的超自然力量的主宰者。人，甲骨文作亻或𠆢，卜辭：「貞其於一人□（禍）。」❷象人側立之形。《說文》：「人，天地之性，最貴者也。此籒文象臂脛之人。」「性」，段玉裁《說文解字注》：「古文以爲生字。」指人是天地間有生命事物中最寶貴的。儒家人學，是殷周以來人的思想的發展，亦是春秋以來人的思潮的結晶。

中西對於人是什麽問題的探索，都曾是思想家、哲學家關注的中心。中國古代思想家、哲學家都非常重視人，因而較早地發現了人，展開了人的發現史的歷程。

首先，中國古人基於直覺的思維，發現了人與動物在形體上的差異，提出了人是「二足而無毛」的動物，這是在人與動物平等比較的基礎上，人試圖從動物中分離出來的自我意識的產生。這種自別於動物的意識，對於人獸不分來說，是一巨大的進步。荀子認爲，僅從形體上來認識人獸區別，並沒有抓住人獸之別的關鍵，重要在於有「辨」，即人與人之間的上下、貴賤、長幼、親疏之分。他說：「人之所以爲人者，非特以二足而無毛也，以其有辨也。今夫狌狌形笑亦二足而無毛也，然而君子啜其羹，食其胾，故人之所以爲人者，非特以其二足而無毛也，以其有辨也。」❸由人際關係而構成人類社會的原則、規範、倫理等，是人之所以爲人的標誌，「夫禽獸

❶參見陳柱：《釋天》，《說文解字詁林》一上，一部。
❷《殷虛文字甲編》二一二三片。
❸《非相》，《荀子新注》，中華書局一九七九年版，第五五—五六頁。「形笑」，俞樾曰：「楊倞注『形笑』爲『能言笑也』，爲望文生義，笑疑當作狀。」今從俞樾。

有父子而無父子之親，有牝牡而無男女之別，故人道莫不有辨」❹。這種觀點與亞里士多德認爲人是社會的動物有相似之處，人是有「人道」的動物。這是從自然中發現了人，把人從動物中解放出來，是人的第一次覺醒。儘管後來柳宗元在《封建論》中提到：「彼其初與萬物皆生，草木榛榛，鹿狉狉，人不能搏噬，而且無毛羽，莫克自奉自衞」❺。但其理論思維水平並沒有超過荀子很多。反之，有從人的動物性方面，認爲人獸沒有差異，「人者，裸蟲也，與夫鱗毛羽甲蟲俱焉，同生天地，交炁而已，無所異也」❻。人與動物一樣，是一氣所生，並非上帝的創造。人獸之別不在於「二足而無毛」，而在於「有夫婦之別，父子兄弟之序，爲棺槨衣衾以瘞藏其死，於是有喪葬之儀，……有羣臣之分，尊卑之節」❼。認爲人是社會的動物，「人謂朋友九族也」❽，是合羣的、有社會組織的動物。

其次，發現了人與動物在功能上的差別，提出了人是能「智慮」的動物，卽會思想的動物。在遠古時代，人與禽獸沒有區別，人還是本能的人。「太古時，裸蟲與鱗毛羽甲雜處，雌雄牝

---

❹ 同上，第五六頁。

❺ 《柳宗元集》，中華書局一九七九年版，第七〇頁

❻ 《聖過》，《無能子》卷上，中華書局一九八一年版，第一頁。

❼ 同上，第二頁。

❽ 《憲問》，《論語集解》引孔注。

牡，自然相合，無男女夫婦之別，父子兄弟之序，夏巢冬穴，無宮室之制，茹毛飲血，無百谷之食，生自馳，死自仆，無奪害之心，無瘞藏之事，任其自然，遂其天眞，無所司牧，濛濛淳淳，其理也居且久矣。」[9]人作爲「有七尺之骸、手足之異，戴髮含齒，倚而趣者，謂之人，而人未必無獸心」[10]的動物，儘管還具有一定的動物性，但他與動物已有根本的區別，這就是有聰明思慮。因此在《大戴禮記·曾子天圓》中說：「倮蟲之精者曰聖人」。《樂緯·稽耀嘉》：「倮蟲三百六十，聖人爲之長。」王充與《大戴禮記》、《樂緯》有異，認爲倮蟲「之精」、「之長」是人，「夫倮蟲三百六十，人爲之長。人，物也，萬物之中有智慧者也」[11]。把聖人降爲人，人是萬物中有智慧、有思想的動物。後來，唐代王眞說：「靈於萬物者謂之最靈，靈於最靈者謂之聖人。」[12]聖人具有超人的智慧，但劉禹錫仍然認爲「人，動物之尤者也」，「動類曰蟲，裸蟲之長，爲智最大」[13]。《無能子》記載：「裸蟲中繁其智慮者，其名曰人。」[14]人是動物中最高

[9]《聖過》，《無能子》卷上，第二頁。
[10]《黃帝篇》，《列子集釋》卷二，中華書局一九七九年版，第八三頁。
[11]《辯祟篇》，《論衡校釋》卷二十四，商務印書館版，第一〇〇七頁。
[12]《道德經論兵要義述》第一章。
[13]《天論》上、下，《劉賓客文集》卷五。
[14]《聖過》，《無能子》卷上，第二頁。

級的動物，與裸蟲比較，智慧最發達，能感覺、能思維。但由於孟子以人的思維器官是「心」，後人沿襲這個說法，甚至把思維與思維器官等同起來，所以，以人是會思維、有智慧的動物，就是人是有心的動物。「有心爲之，人也。」⑮

所謂有「智慧」的動物，一是指人具有認識客觀事物的功能，「人是有識之目」⑯；二是指「以法限鱗毛羽甲諸蟲，又相教播種以食百穀，於是有耒耜之用，構木合土以建宮室，於是有斤斧之功」⑰。有計劃、有智慮地去創造事物，改造自然，改善人的生活條件，使人的智慮對象化、物化；三是指「繁其智慮者，又於其中擇一以統衆，名一爲君，名衆爲臣」⑱。構成了人類社會的等級秩序、政治結構。這就是說，人不僅是會思想的動物，而且是政治的動物。「智慮」是人的特有功能，是其它動物所不能具備的。

再次，人是會「言語」的動物。語言是交換思想、情感、信息的工具，是人與動物區別的標誌。《無能子》從自然主義出發，認爲言語並非人所獨有，他說：「夫自鳥獸迨乎蠢蠕者，號鳴啅噪，皆有其音，安知其族類之中非語言耶？人以不喻其音，而謂其不能言，又安知乎鳥獸不

⑮《庚桑楚》，《莊子集釋》卷八上，郭象注。
⑯《學而》，《論語》皇侃疏。
⑰《聖過》，《無能子》卷上，第二頁。
⑱同上。

喻人言，亦謂人不能語言耶？則其號鳴啅噪之音必語言爾，又何可謂之不能語言耶？」⑲人和動物都有感受系統和反應系統，羣居動物之間不僅有交際，而且有與機體相適應的交際工具，這就是信號，動物能對細微的信號變化作出反應，但不能發出有意義的分音節有聲語言。《無能子》觀察到這一點，而作出「智慮語言，人與蟲一也」的結論。但是他沒有看到，即使是能學會說話的鸚鵡，也僅是它的發音器官無意識的重覆，並不知所學語言的意義和運用語言進行交際。人與動物的根本區別，並非是「形質」，而是只有人才能把信號改造成有意義的符號，這是《無能子》所不能理解的。然而，提出把言語作爲人與動物區別的標誌，是對於人的理性解釋，具有歷史意義。

社會交往作爲溝通人與人、人與社會之間物質、能量、信息變換的途徑，成爲人和社會自調節的基本方法。但任何一種交往都是一種有中介的活動，是借助於一定媒體進行的。如果說人們之間的能力變換以勞動產品爲交往中介，那麼，人們之間的情感交流則是以語言符號系統和隱喩語言符號系統爲中介的。隱喩語言符號系統是指以動作、姿勢、表情來傳達思想、情感的啞語方式。比如風俗習慣系統的行爲、禁忌；視動符號系統的手勢、面部表情、體態變化等；目光接觸系統的目光表情、目光交鋒及適時視線廻避等⑳。隱喩語言符號系統一般只有在共同的傳統文化

⑲《聖過》，《無能子》卷上，第一頁。

⑳有的學者把此稱爲「非語言符號系統」，筆者不同意這個看法，因爲動作、姿勢、表情也是一種語言符號形式。筆者稱之爲「隱喩語言符號系統」。

背景、心理結構、感知方式、思維方法或彼此雙方熟知對方的傳統文化背景、心理結構的條件下，才能彼此理解和接受。但隱喻語言符號系統一般只能在直接交往中實現，具有很大的局限性，是語言符號系統的補充形式。就此而言，與人體語言相似，人體語言指不是直接文字語言，而是以動作、姿勢、體態、表情等方式交換信息的手段，可包括在隱喻語言符號之中，這也是人與動物的區別標誌。

第四，從人與動物在社會交往中的各種關係的總和來考察他們的區別，提出了人是社會的動物。荀子認爲，人之所以區別於動物，是因爲人是合羣的動物；然而，動物也羣居，如螞蟻、蜜蜂等等。人是按一定的「禮義」的原則，即等級和分工關係組織起來的社會動物。他說：「力不若牛，走不若馬，而牛馬爲用，何也？曰：人能羣，彼不能羣也。人何以能羣？曰：分。分何以能行？曰：義，故義以分則和，和則一，一則多力，多力則強，強則勝物。」㉑人之「勝物」，是因爲人是按上下、貴賤、長幼、親疏關係組織起來的統一的社會的人，倘若不按照「禮義」之分來組織社會，人就不能「勝物」。「故人生不能無羣，羣而無分則爭，爭則亂，亂則離，離則弱，弱則不能勝物。」㉒羣而無分，就沒有區別；沒有差別，就沒有等級；沒有等級，就沒有秩

㉑《王制》，《荀子新注》，第一二七頁。

㉒同上。

序；沒有次序，就會發生混亂，就產生離散和衰弱。

第五，人是能勞動的動物。人的「二足無毛」形體的改變，人的智慮、言語能力的發展，都是與人的實踐活動、勞動緊密聯繫的。墨子認識到這一點，提出了「力」（勞動、活動）是人之所以爲人的本質因素。「今人固與禽獸麋鹿蜚鳥貞蟲異者也。今之禽獸麋鹿蜚鳥貞蟲，因其羽毛，以爲衣裘；因其蹄蚤，以爲絝屨；因其水草，以爲飲食。故唯使雄不耕稼樹藝，雌亦不紡績織紝，衣食之財，固已具矣。今人與此異者也，賴其力者生，不賴其力者不生。」㉓所謂「力」是指農民的「耕稼樹藝，多聚叔粟」，農婦的「紡績織紝，多治麻絲葛緒綑布縿」等體力勞動，卽「以筋力用者謂之人」㉔；也指王公大人的「聽獄治政」、士君子的「亶其思慮之智，內治官府，外收斂關市山林澤梁之利，以實倉廩府庫」的腦力勞動。人依靠自己有計劃、有目的的實踐活動，而獲得人類生存和發展所需要的生活資料，但動物依靠其本能，這是人之所以爲人的根本特徵。

第六，人是有道德理性的動物。理性是指人所特有的一種本質力量或主體能力，是一種人類本性或人類要求。它與人的自我意識相聯繫，是對外部世界合理性、眞理性、完美性以及平等、

---

㉓《非樂上》，《墨子閒詁》卷八。「蚤」，畢沅注：「蚤卽爪假音」。「唯」舊本作「惟」，蘇時學注：「惟當作雖。」今從畢、蘇說。

㉔《仲長統傳》，《後漢書》卷四十九。

正義、人權等的要求。用道德來界定理性，是指理性的道德內涵。孔子認爲，人與禽獸的區別就在於人具有道德理性。譬如拿「孝」來說，「今之孝者，是謂能養，至於犬馬，皆能有養；不敬，何以別乎？」㉕孝的最基本要求是奉養父母，這是連禽獸也能做到的。人之所以爲人，不僅能奉養，而且能尊敬父母。「敬」作爲人類獨有本性或要求，便是一種道德理性的動物。後來，王夫之在批判宋明時的一些哲學家把動物（蜂蟻等）社會化或道德理性化時說：「人之所以異於禽獸者，其本在性，而其灼然終始不相假借者，則才也。故惻隱、羞惡、恭敬、是非，唯人有之，而禽獸所無也。人之形色足以率其仁義禮智之性者，亦唯人則然，而禽獸不然也。」㉖道德理性是人區別於禽獸的標誌。把惻隱、羞惡、恭敬、是非四端與仁、義、禮、智四德聯繫起來，對人作價值評價，古已有之。「人猶仁也。」㉗《釋名·釋形體》說：「人，仁也。仁生物也，故《易》曰：『立人之道，曰仁與義』。」《廣雅·釋詁四》亦說：「人，仁也。」孟子說：「仁也者，人也。」㉘人、仁相互規定。可見，人、仁已不可分離。卽使是人的喜、怒、哀、樂、愛、惡、欲之情，如細察之，人亦自殊於禽獸。

中國古人對人的種種規定或描述，是中國人對人的自我發現、自我認識的結果；是中國人把

㉕《爲政》，《論語集注》卷一。
㉖《孟子·告子上篇》，《讀四書大全說》卷一〇，中華書局一九七五年版，第六八〇頁。
㉗《顏淵》，《論語》皇侃疏。
㉘《盡心下》，《孟子》卷七。

自身從自然的奴役下解放出來和從人獸不別的野蠻原始狀態下超越出來的歷程。它是人的覺醒。這個覺醒不僅推進了先秦人的思潮的發展，而且影響整個中國文化思想的進程，成爲中國人深層的心理結構、價值取向、思維方式、行爲規範等。

## 二、人的自我意識的覺醒

如果說西方亞里士多德是從自然中發現了人，把人從自然的奴役下解放出來，而有人的自覺，那麼，人文主義者和宗教改革家是從宗教神學中發現了人，把人從宗教神學的奴役下解放出來，然後又回到了自然，回到了理性。這就是說，要麼把人看作自然的生物體、感受體，像機器那樣；要麼把人看成由意志、思想、理性創造的獨立主體等等。中國先秦明顯地經歷了人的第一次發現，至於第二次發現，中西有鮮明的差異，中國沒有出現政教合一的環境，沒有出現神權凌駕王權之上的形勢，相反神權受王權的支配，甚至接受王朝的封賞。各宗教在王權的協調下，基本上和平相處，相互融合，但沒有形成一統的宗教。儘管如此，也有把人看成是語言的動物或理性的動物的主張，與西方對人的第二次發現有相近似之處。

中國人自我意識產生，標誌着人與自然、動物的分離，也標誌着人對於禁錮人類靈魂的超人力量衝擊。中國從西周末到春秋戰國時期，之所以有人的自我意識的覺醒，是與當時出現的疑天、怨天、恨天、詛天的思潮相聯繫。在《詩經》的《大雅》、《小雅》中就有突出的反映，譬如《節南山》記載了「昊天不傭，降此鞠訩，昊天不惠，降此大戾」的思想，批判上帝和天不施恩惠，凶虐殃民。對於超人力量的否定，便是人對自我力量的發現，「夫民，神之主也」㉙，「神聰明正直而壹者也，依人而行」㉚，「吉凶由人」㉛。在天、神聰明的氛圍中，突出了人的地位，人成爲自己的主人，民成爲國家的根本。中國的「人學」思想，就是在人的自我發現，自我意識產生的背景下，醞釀形成的。

在中國古代人學的探索中，曾有規範型和元哲學型之分，孔子和管子屬於規範型，老子和孟子屬於元哲學型。然而，都與中國以宗法家庭擴大型爲中心而建構的經濟、政治相聯繫。家庭既是龐大國家、社會的基礎細胞，又是人際、社會各種縱橫關係的核心網絡。宗法家庭首要條件是主體人的存在，所以中國既貴人（人的價值），人爲萬物之靈，又重如何做人，處理好人際關係。這裏的人，是作爲主體而進入了哲學的思考，便表現爲孔子的「仁學」和管子的「人本」等。

孔子的仁學，核心是講人，人是有主體人格的人，而不是某種要素的附庸。因此，仁是人的

㉙《左傳》桓公六年。
㉚《左傳》莊公三十二年。
㉛《左傳》僖公十六年。

哲學昇華，而這個哲學昇華的過程，也就是人的主體性賦予的過程。所以，孔子的仁學，也可稱爲人學。其內涵有這樣一些方面：

其一、仁者愛人。《論語》記載：「樊遲問仁。子曰：『愛人』。」[32]「節用而愛人，使民以時。」[33]「君子學道則愛人，小人學道則易使也。」[34]既講治國要愛護老百姓，又講治邑、君子學道要有愛人的心理，在這裏的人並沒有給予身份、地位和名分的限定，其外延應包含一切人在內。邢昺在《疏》中曾說：「愛人者，言泛愛濟衆是仁道也。」是一種泛愛的仁學（「人學」）精神。從個體出發，要有愛他人的心理；從羣體出發，要有愛他羣體的人的心理。它是處理人與人之間關係的行爲規範或道德標準。這樣，許愼在《說文解字》中說：「仁，親也，從人，從二。」從字義上看，仁是人與人之間的相互親愛。段玉裁注曰：「人耦（偶），猶言爾我親密之詞。」親愛、親密，都是仁所表現的一種行爲模式，愛是由主體出發而施於客體的活動、行爲之中。在這種活動和行爲中，並不意味着既定的功利目的和特有的已有條件，以及外在的差等。從這個意義上說，愛人是人的自我發現和自我覺醒，自我肯定和自我尊重，亦是人的自我實現和自我完善。

---

[32]《顏淵》，《論語集注》卷六。

[33]《學而》，《論語集注》卷一。

[34]《陽貨》，《論語集注》卷九。

其二，爲仁由己。愛人雖意味着由主體而及於客體，但要求從主體做起，樹立主體的人格。「克己復禮爲仁，一日克己復禮，天下歸仁焉。爲仁由己，而由人乎哉？」[35]「己」非指私欲，而是指個體自己。約束、克制自己，就是要發揮人的自調節意識，使人的視、聽、言、動各方面活動行爲，都合禮的要求。如果說「仁者愛人」，是「由己及人」的外推型價值取向，那麼，「爲仁由己」是「克己復禮」的內向型的價值取向。「爲仁由己」強調從個體做起，從主體的內心修養做起，這是內聖的道路。用「禮」來規定自己，從正面而言，要具備剛強、果決、樸質、不輕言的品德，「剛、毅、木、訥，近仁」[36]。從負面而言，「巧言令色，鮮矣仁」[37]！這是與仁的道德規範和實踐相違的，亦是仁的自我修養所不應具的。正負兩方面的應然不應然的價值判斷，體現了仁的道德標準。

從「爲仁由己」的角度來看，「克己復禮爲仁」是講克己，克己便意味着成己，復禮意味着復己。這是因爲人都具有自利自愛之心，若不克己，就會把他人看成實現自己自利自愛的攔路虎，非去之而不可，便會去損害他人的利益，而成己利。從倫理道德上講，這樣便陷溺爲小人了，便不是成己。克己與愛人，構成了成己、立己的兩個方面，愛他人，便是克制自己自利自愛

---

[35]《顏淵》，《論語集注》卷六。

[36]《子路》，《論語集注》卷七。

[37]《學而》，《論語集注》卷一。

的最佳方法，只有愛人，才能克己；克己愛人，才能成己成人。「爲仁由己」，強調從己做起，這是貫串《論語》和孔子一生實踐的精義、眞諦所在。「爲仁」以克己爲先，克己踐禮卽是功夫，「夫子循循善誘人，博我以文，約我以禮。」㊳在學文、約禮的具體人倫日用中，內外交成，以實現克己成己。從己做起，凡事需求諸己，「君子求諸己，小人求諸人」㊴。人我關係中有了矛盾，「躬自厚而薄責於人」，反省自己，而少責備別人；有任務當前，自己盡力去做，而不計較他人；自我心性修養，要發揮自我能動性。當然，在行爲規範中「求諸己」，是基於「求諸己」的高度自覺認識，因此，孔子強調「爲己」之學。「古之學者爲己，今之學者爲人。」㊵朱熹《論語集注》引程頤「古之學者爲己，其終至於成物。今之學者爲人，其終至於喪己」話後，加了一個按語：「聖賢論學者用心得失之際，其說多矣，然未有如此言之切而要者，於此明辨而日省之，則庶乎其不昧於所從矣。」像聖賢那樣用心自己的心性修養，「修己以敬」，「修己以安人」㊶，修己、克己然後成己成物。若裝飾模樣給人看，不能克己愛人，最後不能成己成物，而喪己喪物。「爲己」之學，便是從各個方面，從好學、多問、多見的反思中，達到「爲仁由己」

㊳ 《子罕》，《論語集注》卷五。
㊴ 《衞靈公》，《論語集注》卷八。
㊵ 《憲問》，《論語集注》卷七。
㊶ 同上。

的實現。人而爲仁還包括「與於詩」、「成於樂」[42]，以詩和樂來陶冶性情、操行。人的主體地位與道德修養、審美情趣相聯繫。這樣，主體才能體現仁的精神。

其三，欲仁得仁。仁作爲人與人之間的關係，其基本義理是從自我修養到家庭、社會、天下，而塑造「五美」的境界。孔子說：「能行五者於天下爲仁矣。」五者便是恭、寬、信、敏、惠。「恭則不侮，寬則得衆，信則人任焉，敏則有功，惠則足以使人。」[43]恭卽恭敬，君子待人接物處處表現莊嚴恭敬，而體現仁，這是應然的道德價值判斷。恭順過度，近於僞善和諂媚，「巧言、令色、足恭，左丘明恥之，丘亦恥之」[44]，便是不應然的道德價值判斷；寬卽寬厚，以此治理國家，對待人民，便能做到「在邦無怨，在家無怨」，而得到人民的擁護；信指誠實無欺，「與朋友交，言而有信」，「敬事而信」，「謹而信」，從正面說明人的講話、交友、治國都要講信用，不講信用，便不能取得別人的信任；敏指勤勞敏捷，對於從事一切活動的人來說，要自己起帶頭作用而永不懈怠，這樣才能取得事業上的成功；惠卽仁愛恩惠，給人民以好處而無所耗費。這五者便是人而爲仁的必要素質，也是仁的內在道德要求的實現。

主體人內在地蘊涵着仁的道德規範，仁又可以轉換成主體的審美意識，卽依美的體驗、美的

---

[42] 《泰伯》，《論語集注》卷四。

[43] 《陽貨》，《論語集注》卷九。

[44] 《公治長》，《論語集注》卷三。

需要去體認客觀對象的心理能力，也就是在美的意識支配下的心理活動的外化或對象化。孔子在回答子張「何如斯可以從政矣」說：「尊五美，屏四惡，斯可以從政矣。」所謂「五美」是指「惠而不費，勞而不怨，欲而不貪，泰而不驕，威而不猛。」它與「四惡」相對，即「不教而殺謂之虐，不戒視成謂之暴，慢令致期謂之賊，猶之與人也，出納之吝，謂之有司。」[45]孔子所說的「五美四惡」，是主體人在自身活動或道德實踐中直觀自身，是反射在對象之上的人自身的實踐和生活、理想和力量。主體與對象由於審美的中介而趨於統一，於是欲仁而得仁。

孔子仁者愛人，爲仁由己，欲仁得仁，是關於仁應怎樣的規定，而非仁是什麼的回答。人應該怎樣成爲一個人，也就是人應怎樣才合乎仁，仁學是人學的表現。管子的人學精神，直接表現爲「人本」思想。「夫霸王之所始也，以人爲本，本理則國固」[46]。「人本」思想是對人的價值的自我覺醒，在這裏「人本」與家邦型的國家聯繫在一起，把個體人限定在家族羣體之內，「齊國百姓，公之本也。」無人無以出師征伐，無人無以富國強兵，諸侯羣雄競爭霸主，不以人爲本，任何事情都談不上。管子「人本」的規定：一是以人爲人。人與禽獸分離以後，每個人是否在自我意識和自我實踐上都能把人作人看待，經歷了一個較長的、艱苦的過程。「人衆而不親，

[45] 《堯曰》，《論語集注》卷十。
[46] 《霸言》，《管子集校》第二十三。

非其人也」，譬如對人實行爲獸的統治，把人不作人看待，使「本亂則國危」[47]。人與人之間應相互尊重，這是治國的根本原則；二是要順人心，尊重人的意志，注意人心向背。「政之所與，在順民心；政之所廢，在逆民心。」[48]爲政的根本，在於治理好國家，國家的治或亂，其根本在於順逆人心。人心、人的意志在一定條件下，有着決定的作用；三是要滿足人的需要。「民惡憂勞，我佚樂之。民惡貧賤，我富貴之。民惡危墜，我存安之。民惡滅絕，我生育之。」[49]不僅不能去做人所厭惡的事，而且要根據人的需要和意願，去改善人民的憂勞、貧賤、危墜、滅絕，使之佚樂、富貴、存安和生育。管子「人本」的內涵，已從人之所以爲人轉換成人與人之間的關係，把人作人看，關懷人的價值，尊重人格，尊重人的自我意志，滿足人的需要等，這些都是屬於人應該怎樣做的規定，是規範性的人學。

孔子從內聖的自我仁的修養，到家庭仁的體現，再到外王仁行天下的過程，都貫穿着愛人而人人互愛的人道精神，而與管子的人本精神相通同。假如說孔子和管子的人學，着眼於人與人之間的互愛，而昇華爲仁，那麼，老子卻反對外在的形式上的仁，卽二人之間的仁的規範，而凸現

---

[47] 同上。

[48] 《牧民》·《管子集校》第一。

[49] 同上。

一人。「是以聖人執一，以爲天下牧」[50]。強調一人的自我作用，主張「自賓」、「自勝」、「自化」、「自知」，只有主體反觀自我，才能體認道的內涵，達到返樸歸眞的境界；從返樸歸眞出發，才能建構主體人的自我與社會，自我與自然的內在聯繫。主體自我便要做到「致虛極，守靜篤」[51]，不給予人某種先在的成說，而是使主體自然而然地體驗人的自由境界。對於這種自由境界的嚮往，就是人的本性。人的本質就是恢復人的嬰兒之未咳的狀態。

孟子在「楊墨之言盈天下」之際，辟楊墨，倡仁義，爲儒家人學的發展作出了歷史貢獻。孟子強調主體自我修養，由盡心、知性而知天，建構一種主體人與客體自然的內在聯繫。在這一點上，老子與孟子有殊途同歸之妙。況且孟子在發揮孔子仁的時候，沒有停留在規範型的規定上，而是做了元哲學型的探討，提出了仁的本質是什麼，而不是應該怎樣，即以什麼代替了應該，這就是說，孟子沒有停留在孔子把仁作爲調節人我關係的原則和方法，即「所當然」上，而是追求「所當然」的「所以然」。「所以謂人皆有不忍人之心者，今人乍見孺子將入於井，皆有怵惕惻隱之心，非所以內交於孺子之父母也，非所以要譽於鄉黨朋友也，非惡其聲而然也。由是觀之，無惻隱之心，非人也；無羞惡之心，非人也；無辭讓之心，非人也；無是非之心，非人也。」[52]

---

[50] 《老子》帛書，河上公本第二十二章。

[51] 《老子》帛書，河上公本第十六章。

[52] 《公孫丑上》，《孟子集注》卷三。

人這種對人和物的惻隱、羞惡、辭讓、是非之心，是人的本然之性，是人人所先驗地具有的，是仁愛的發端和根本。這就爲仁學（人學）尋求了一個內在的根據。

孟子的仁，就是人的哲學昇華，是人的本質的體現。這就是說，仁的本質就是人，無人就無所謂仁；人又蘊含着仁，無仁，人的本質便無以表現。「仁也者，人也。」[53]「仁，人心也；義，人路也。」[54]人在爲仁的實踐中體現了主體的本然或固有性質，比如孟子所說的「仁義禮智，非由外鑠我也。我固有之也。」[55]於是便從仁中發現了人及人的本質，從仁學中確立了人學。

從思維發展的角度來看，當人還沒有意識到「人之所以異於禽獸者幾希」的「幾希」時，便沒有人的自覺，也不能認識人的自身本質。相反，只有當人超越了自然人、本能人，而進入哲學的門檻，人的本質才被發現。這裏並不是說孔子對於仁的規範型的規定不含哲學意味，恰恰相反，仁本身便是哲學的昇華。歷來講儒墨之爭，便以爲墨子批判孔子的仁學，其實是批判「禮」對「仁」的反滲透的制約作用，「禮」的親親原則便給仁的「泛愛衆」以限定。這種親親原則，是血緣宗族關係的內在本質，孔子把人限定在血緣宗族內。墨子認爲，這樣的愛便以親疏、差等

---

[53] 《盡心下》，《孟子集注》卷十四。

[54] 《告子上》，《孟子集注》卷十一。

[55] 同上。

爲先在條件了。從「仁者愛人」的表層結構來看，與墨子的「兼相愛」並無差別，如果愛有差等，便會出現「各愛其家，不愛異家」，「各愛其國，不愛異國」56的弊端，這就是有「別」；愛有別，便相惡；相惡，便相互賊害；相賊害，便破壞愛人精神。墨子鑒於此而提出「兼相愛」的主張。「兼愛」就是「愛無差等」、「不辟親疏」。就此而言，墨子實質上是對孔子仁學的「泛愛衆」的發揚，是仁的博愛精神即「兼愛」精神的全面闡述，是仁的普遍性形式的凸現。孔墨「愛人」與「兼愛」之辯，實乃互補互濟57，而構成中國人學的重要內涵。

孔、墨、孟在人與仁的相互定義中，強調了人的本質的道德價值，他們都以人的道德價值來揭示、肯定人的價值，而有忽視人的知識價值和審美價值的傾向，表現爲道德價值中心說。比如《易・說卦傳》載：「立天之道，曰陰與陽；立地之道，曰柔與剛；立人之道，曰仁與義」。以仁與義作爲人道的本質內涵，雖然仍具有道德價值中心論的味道，但《易・繫辭傳》說：「有天道焉，有人道焉，有地道焉，兼三才而兩之故六，六者非它也，三才之道也。」天、地、人三才，人的價值是在與天地的關係中定位，便有把人在自然和社會中的方位或定位需要，作爲人的價值的意思。這似乎把道德價值中心說撕開了一個小口，然而，荀子又說：「水火有氣而無生，

56 《兼愛上》，《墨子閒詁》卷四。
57 墨子說：「兼卽仁矣、義矣。」（《兼愛下》，《墨子閒詁》卷四）。

草木有生而無知，禽獸有知而無義，人有氣有生有知亦且有義，故最爲天下貴也。」[58]從水火──→草木──→禽獸──→人，這是從無生命物體進化到有生命物體，從植物進化到動物，由動物進化到人。每一個進化階段的本質特徵是：氣──→生──→知──→義，標誌人的本質特徵的是義，即道德價值。

中國人學是豐富的，孔、孟、荀從仁學中建立了人學；道家在道大、天大、地大、人大「四大」基礎上，從道的自然中發現了人；墨家從「兼愛」中構築了人學；法家從「利己」中發現了人的自我價值。如果說孔子的人學，更多是指人的類價值，即羣體價值，那麼，楊朱的「重生貴己」，則是人的個體價值的發現。然而，由於後來中國罷黜百家，獨尊儒術，不重視甚至批判楊朱的個體獨立人格和個體價值，也沒有正確發揚他的個體意識、個體價值的思想，因而式微了。

在獨尊儒術的氛圍中，董仲舒發揮儒家人學。他把人與我和仁與義聯繫起來，進一步明確了人我關係的特點、性質、功能和內涵。「春秋之所治，人與我也。所以治人與我者，仁與義也。以仁安人，以義正我，故仁之爲言人也，義之爲言我也，言名以別矣。」[59]「我」字甲骨文中已出現，初意是以戈自衛或以戈服人。我在與人對言時，是指個體自我。這就是說，我是對於自我

---

[58]《王制》，《荀子新注》，中華書局一九七九年版，第一二七頁。

[59]《仁義法》，《春秋繁露》卷八。

身體、思想、財產的獨立意識。當然，在這裏獨立只具相對意義。仁是愛人，不在愛我；若厚愛自我，就不會仁愛他人；義是正我，不在正人；倘若自我不正，就不能正人。仁義是強調人我關係的道德原則，而主體是我，我對人的愛，就是仁；我對我的正，就是義。無主體我，就不能構成我與他人、仁與義的完整關係。其實孔孟「仁學」（「人學」）已包含着人與我的關係，只不過沒有像董仲舒這樣明確說明人我與仁義的關係而已。董仲舒人學，發展了儒家人學的倫理道德方面，人學成為人我關係之學。「仁者，所以理人倫也，故王以為治首。」[60]而與政治相結合。

宋明理學家結束了唐末五代以來人學的危機，這種危機是社會危機的反映。任何社會到了一定的階段、時期，都會出現危機，問題是如何對待危機，如果把危機作為社會進步和發展的促力，發揮社會自組織、自調節功能，社會就會出現新的生機和活力。宋代統一了中國，科技進步，經濟繁榮，然外患迭起，國力不強。雖想一統思想，但仍繼承唐代對儒釋道三家思想採取兼容並蓄的方針，從而促進了思想的多元發展，學派林立，羣星燦爛。理學家以繼孔孟「往聖之絕學」自詡。他們高揚儒家仁學，是對於五代仁學淪喪的復興；他們倡導人學，是對於人的價值和人格的重新肯定。宋明人學具有兩個明顯的特點：

其一，在「天地萬物與吾一體」中，凸現了人的地位。張載說：「乾稱父，坤稱母，予兹藐

[60] 《詣丞相公孫弘記室書》，《全漢文》卷二十四。

焉，乃混然中處。故天地之塞，吾其體；天地之帥，吾其性。民吾同胞，物吾與也。」[61]人人皆我兄弟，萬物皆吾同伴，天地萬物與吾一體。這種不分物我、人我，不分內外、上下，與物同體的精神境界，在外觀上是物包容了人我，是人的主體的消融；在實質上是人的擴大，把人和物納於自我之中，使自然世界僅存一個「大我」。這是人的自然化，自然的人化。自然、社會因人的存在而存在，因人的存在而獲得其生存的意義。人在自然、社會中具有特殊的意義。同時人通過修身去欲，把自我融合到社會各階層和宇宙自然之中，像愛自我一樣去愛天下之人、之物，使一己之小我融於社會宇宙之中。理學家倡導「天地萬物與吾一體」或「一體之仁」的價值觀念，其主要旨趣在於心性的自我修養和精神境界的陶冶，而很難於現實的實行。這種只長於價值的合理性，而短於規則的合理性，在實踐中便顯露了疏闊迂腐的破綻，爲一些有識之士所擯斥或批評。就連後來的朱熹都這樣說：「泛言同體者，使人含糊昏緩，而無警切之功，其弊或至於認物爲己者有之矣。」[62]未免流入空談而不切實用，廣大而不講精微。

其二，在「仁者，天地生物之心」中，突出了「生」的作用和功能。人是有生命的物質體，「生」是活動和延續的基礎。人的大德是仁，「仁」具有「生」的意思。朱熹說：「天地以生物

[61]《正蒙，乾稱篇》，《張載集》，中華書局一九七八年版，第六十二頁。

[62]《仁說》，《朱文公文集》卷六十七。

為心者也，而人物之生，又各得夫天地之心以為心者也。故語心之德，雖其總攝貫通，無所不備，然一言以蔽之，則曰仁而已矣。」[63]以生的意思便是仁，人德之仁亦是生的意思。以生的意思重新說明人，人便承擔了生生不息的涵義，和超越死物、僵物的內容。應該說以生界說仁，是對於人的生命的關懷。儘管理學家主張「存天理，滅人欲」，有扼殺自然本有生命精神之失，但明清之際的思想家批判地改造了理學家的思想，以仁為調節人我生命活動的調節器。戴震這樣說：「仁者，生生之德也；『民之質矣，日用飲食』，無非人道所以生生者。一人遂其生，推之而與天下共遂其生，仁也。言仁可以賅義，使親愛長養不協於正大之情，則義有未盡，亦即為仁有未至。言仁可以賅禮，使無親疏上下之辨，則禮失而仁亦未為得。」[64]人我共遂其生，就是要求滿足人在情欲、物質、精神生活方面的需要，戴震把仁說成達情遂欲，便以人的活生生的生命精神批判「存天理，滅人欲」的教條；把仁還原為「人倫日用」，便以世俗化的功能排除了「一體之仁」的清談。以「共遂其生」來統一仁、義、禮，並以「共遂其生」為尺度，來衡量仁、義、禮的價值，這是對於人的生命價值的重視。

儒家人學的建構是與哲學的建構同步的，只有把人升入哲學的「神殿」，才能發現人的本

[63] 同上。

[64] 《仁義禮智》，《孟子字義疏證》卷下，中華書局一九六一年版，第四十八頁。

質；只有把人當作主體，把人活動的對象當作客體，有了主體與客體的分別，主觀與客觀的差異，才有哲學的思維。雖然孔子的思想，並非嚴格意義上哲學體系的建立，但卻是一個總滙式的人文思想體系的建構，其中有哲學思想。中國哲學有豐富的人學思想，天人、性命、心物、形神關係問題[65]是人學的開展式，有着人學在認識領域的歷史足迹。

人類不斷塑造自己的人身和人心，對於這個塑造歷程的哲學昇華，就表現爲人學。

## 三、處理人際關係的理論形態

人類社會的最基本、最普遍的關係，就是人我關係，它是一切人際關係的出發點和歸宿點。在人我關係中，我構成關係的主體，人構成關係的客體。然而，在我以外的個體人，都有他的「自我」或主體，以他的自我爲中心，又可構成一系列人我關係。因此，人我關係是一個複雜的總體。他的複雜性就在於：從其先在性來說，有不同的身體、年齡、性別、強弱、高矮、姿態、美醜的差別；從其後在性來看，有氣質、情感、性格、操行、智愚等的不同；從社會性而言，有

---

[65] 參見拙著《中國哲學範疇發展史》（天道篇），第一、十六、十八章，中國人民大學出版社一九八八年版。《中國哲學邏輯結構論——中國文化哲學發微》，中國社會科學出版社一九八九年版。

民族、國家、宗族、尊卑、貧富以及受教育、風俗、習慣、信仰等等的差異。從而構成了複雜的人我關係系統。

主體我是人我關係交往活動的中心，但在歷時性的過程中，這種關係受到血緣的、階級的、宗法的、宗教的制約，「我」的自主性受到了削弱，但我在艱苦奮鬪歷程中，仍然是一個自明、自宰、自動的主體。這就是說，人在實踐中必須把自己對象化於他的創造物中，才有可能把自己作爲活動者與自己活動的結果區別開來，而有「自我」與「我的」概念的分化，即自我在對象性關係中（我與他人，我與自然，我與社會）、對象化產品中對自身及其與對象世界關係的意識。這樣，便有自我意識、自尊意識、自重意識、自立意識的覺醒，人我關係也有了眞實基礎。中華民族在其五千年的文明史中，積累、總結而形成了豐富的人我關係的理論形態，並在各種理論形態基礎上，概括了人我關係的規範，譬如儒家的愛人論、法家的爲我論、墨家的兼愛論、道家的無我論等等。他們都從一個側面或方面闡述了人我關係的理論模式，構成了中國古代多樣化的人我關係規範，使中國文化呈現異彩。

儒家的愛人論，是中國古代人學中關於處理人際關係的主要理論形態。儘管歷代統治者尊奉儒家學說，但不一定眞正實行「愛人」。因此，名與實、言與行之間，總有差異，甚至背道而馳。「仁者，愛人」，自孔子倡導，經孟子發揮，墨子的補充、修正，而成爲中國兩千多年來人學中處理人際關係的占主導地位的理論形態，成爲中華民族發展繁榮和內在的凝聚力、外在的同化力的理論根據。中華民族之所以有這樣悠久的文明史，就是「愛」字。在中國歷史上誰講愛而行愛，誰就得到人民的擁護，而掌握天下；誰丟掉了愛，誰就失掉人民，失掉天下。歷史上的有識之士，對此都有深邃的認識和傳世的名言。

孔子以「愛人」界說「仁」，「仁」就是二人，是指我與人而言的。「愛人」的人，包括一切人，卽他所說的「泛愛衆」，衆就不是愛個別人，或某一階級、集團的人，而是人這個族類；也不以血緣關係爲限定，只愛有血緣關係的親族，而包括無血緣關係的「小人」、「野人」、「庶人」，以至奴隸。據記載，從盤庚遷殷到帝辛亡國的二百七十三(公元前一三九五～一一二三)年間，共用人祭一三〇五二人，另一一四五條卜辭未記人祭的具體人數[66]。孔子提倡愛人，便是對這種把人不當人看的不仁行爲的抗議，是人的地位、價值的高揚。《論語．鄉黨》篇記載：「廄焚，子退朝，曰：『傷人乎?』不問馬」。在五個奴隸加一束絲才夠一匹馬的價錢的情況下，孔子不問馬而問傷着養馬人沒有，是「泛愛衆」思想的具體表現。當然，孔子的「仁者，愛人」，也受到禮的「親親」原則的制約，故說「克己復禮爲仁」。在以往的論著中，都以仁愛與禮相牴牾，其實，在人我關係的活動中，主體是我，是主動者；客體是人，是受動者。我愛人的時候，一方面是我的智力、情感、財富、氣力的付出；另一方面，亦是自我的實現。他所得到的

[66] 參見胡厚宣《中國奴隸社會的人殉和人祭》，《文物》一九七四年第八期。

是自我道德、價值、人生意義的提高，即以「成我」爲補償。如果不克制，約束人對自己的自愛自利之心，依禮而行，就會把他人看作自愛自利的對立物，而不做自我智力、情感、財富的付出，「克己」就是對自愛自利的限制，而提倡「己欲立而立人，己欲達而達人」[67]，「立人」、「達人」，都是自我付出。有了自我付出，便能做到立已立人，達已達人，成已成人。從這個意義上說，「仁者愛人」與「克己復禮爲仁」，蘊含着更深刻的統一。總的來看，孔子講的「愛人」，猶如韓非所說：「仁者，謂其中心欣然愛人也。其喜人之有福而惡人之有禍也，生心之所不能已也，非求其報也。」[68]仁愛的具體表現就是：對他人有福就高興，有禍就不高興，是一種喜人幸福的親愛慈悲心理和情感，並由對自己的愛而推及於人，而無任何外在的條件。

如果說孔子的「愛人」，是講怎樣去做才算愛人，即是一種處理人我關係的原則、方法、規範，提出人學的「所當然」問題，那麼，儒家後學深化了孔子的仁愛論，回答了「所當然」的「所以然」問題。孟子認爲，「愛人」的「所當然」的「所以然」就是一種「不忍人之心」。這就是說，愛人首先是一種心理的、情感的內心世界，這種對人對物的惻隱、慈悲的同情之心，是人的本然之性，而非外鑠的人性，它是愛人的根本或內驅力。這樣，孟子就爲孔子的「愛人」論找到了內在的根據，並使它更加具有普遍意義。因爲人人都有「不忍人之心」，無人可逃。這是

[67] 《雍也》，《論語集注》卷三。

[68] 《解老》，《韓子淺解》，中華書局一九六〇年版，第一四〇頁。

孟子對孔子「仁愛論」的發展之一。

其二，孟子認爲，「愛人」是分層次、深淺的。「君子之於物也，愛之而弗仁；於民也，仁之而弗親；親親而仁民，仁民而愛物。」[69]對於不同的對象，人施於不同的愛的情感。對天下萬物，是人對物的一種愛的情感，而不是仁的情感；人對人是一種仁的情感，當然仁也是一種愛，是人與人之間的情感交流的形式，它是較之人對物更深的愛；人對自己的父母兄弟姐妹及宗族、親戚是一種親的情感，親也是一種愛，它比之人對人的愛又更深沉一些。孟子所說的愛雖有差別，但又統一。只有親愛親人，才會去愛人；只有愛人，才會去愛萬物，愛由親而推及萬物。

其三，孟子所說的仁愛，不僅分層次、深淺，而且要分先後緩急。「仁者無不愛也，急親賢之爲務。……堯舜之仁，不徧愛人，急親賢也。」[70]仁是人對人的愛，作爲具有仁愛情感的人，沒有什麼不愛的。從物——人——親，雖愛的深淺程度有差別，但都是一種愛；從先後次序上說，人是先愛親人和賢者，因爲親賢以外的人，他不認識，也無交往。從這個意義上說，一個人做不到同時去愛一切人。孟子這種愛有差等、先後說，亦是當時社會現實的反映，但現實的並非合理的，合理的並非現實的。在存在貧富貴賤、等級倫理的社會裏，「泛愛衆」的博愛精神，是每一個人必須具有的心理、情感，這是出發點和內心的根據，沒有此，就沒有了講愛的前提，一

---

[69] 《盡心上》，《孟子集注》卷十三。

[70] 同上。

切愛都無從說起，這是對人的普遍要求；但每一個人在具體處理人我關係時，又不能也不可能不分對象地、同時間地去愛一切人。就此而言，堯舜又是「不偏愛人」的。孟子仁愛思想的後一層意思被後世統治者宣揚和效法，影響深遠。

與儒家孔子並稱顯學的墨家墨子，曾「學儒者之業，受孔子之術。」[71]他對孔子的仁愛論作了分析地揚棄，棄其分親疏、分層次、分先後、分差等的思想，而揚其「泛愛衆」的博愛精神，主張「兼愛」。「兼愛」就是對分親疏、層次、等差、先後這種「別愛」（「偏愛」）的否定，也是對世俗自我實現中自愛自利這種偏愛的否定。他激烈地批評儒家根據當時社會上大國與小國、大家與小家相攻亂，君臣不惠忠、父子不慈孝等等矛盾和衝突而有差等、先後的愛，是一種偏愛（可稱爲善的偏愛），它是社會「別相惡，交相賊」的根源。這是因爲，當我的親與人的親發生衝突，我之家與人之家發生矛盾的時候，我與人或人之親之間的愛就會遭到破壞，而產生一種相賊害的人我關係。同時，只愛自己、自家、自國，而不愛他人、他家、他國，也是禍亂天下的根源。「子自愛，不愛父，故虧父而自利；弟自愛，不愛兄，故虧兄而自利；臣自愛，不愛君，故虧君而自利，此所謂亂也。」[72]這種只自愛的偏愛，它不僅賊害了一般的人我關係，而且破壞了人我關係中至親至近的父母兄弟的親愛關係，這種偏愛可稱爲惡的偏愛。因此，墨子大聲疾呼，

[71] 《要略》，《淮南鴻烈》卷二十一。
[72] 《兼愛中》，《墨子閒詁》卷四。

強烈主張要「相愛」、「兼愛」。這種愛不是單方面的愛，而是相互的愛；不是分親疏、差等的愛，而是普遍的、平等的愛。這便是以「相」易「己」，以「兼」易「別」。這是孔子與墨子的「別愛」和世俗「愛己」的區別所在，也是墨子對於儒家思想的修正。

墨子「相」以易「己」，「兼」以易「別」的思想，要求人我之間的愛要消除利己、利親、利家、利國的自利之心，超越人我、血緣、宗族、交情的一切界限，這便是無條件的、普遍的愛，這在邏輯上稱其為「周愛」。「愛人，待周愛人，而後為愛人；不愛人，不待周不愛人，不周愛，因為不愛人矣。」[73]所謂「周」，俞樾注：「周猶徧也」。這是墨子人學的處理人我關係的最高原則。這種「周愛」，就是視人之國猶我之國，視人之家猶我之家，視人之身猶我之身，視人之親猶我之親，像愛自我的國、家、身、親那樣去愛別人的國、家、身、親；並要求「周愛」從自我做起。墨子及後學的「周愛」思想，雖然排除了人我關係的一切外在條件、因素，淨化了人我的一切複雜關係，描述了人我關係的理想境界，而具有超時代的空想意義。儒墨並不完全對立，而是在深層上的互滲、互補。

漢代董仲舒就是在這個基礎上講愛的，他主張處理人我關係的原則應該是：「仁以愛人，不在愛我」。「是故《春秋》為仁義法，仁之法在愛人，不在愛我；義之法在正我，不在正人。我

[73] 《小取》，《墨子閒詁》卷十一。

不自正，雖能正人，弗予爲義；人不被其愛，雖厚自愛，不予爲仁。」[74]人與我是由兩個方面構成的，應提出兩方面的要求：從我對我來說，是以義來約束自己，修養自己，而不是對人的要求；從我對人來說，是以仁來愛人，而不是對我的自愛要求。只有把「正我」與「愛人」既相分別，又相統一，才能眞正做到愛人。董仲舒把先秦孔孟的人我複雜關係，簡化爲仁與義的人我關係，卽「愛人」與「正我」關係，成爲後世人我關係的規範。

宋明理學家發展了儒墨的仁愛論，使儒家人學達到了一個高峰。理學家把愛物(包括自然)、愛人、愛親統一起來，作爲一體結構的精神境界。張載說：「惟大人爲能盡其道，是故立必俱立，知必周知，愛必兼愛，成不獨成。」[75]立必立我立人，知必知我知人，愛必愛我愛人，成必成我成物。這種「兼愛」思想在《西銘》中作了發揮。他以一種「仁民愛物」的與物、與人一體的心態和精神，對一切人和物都「應該」像兄弟或同伴一樣相親相愛。這裏的「應該」的「所以然」，張載作了回答：「以責人之心責己則盡道，……以愛己之心愛人則盡仁，所謂『施諸己而不願，亦勿施於人』者也。」[76]人生來都是兄弟，都是平等的。天地分父母，乃指陰陽男女，而非不兼愛。只有愛我愛人，才是仁的一體精神境界。

---

[74] 《仁義法》，《春秋繁露》卷八。

[75] 《正蒙·誠明篇》，《張載集》，中華書局版，第二十一頁。

[76] 《正蒙·中正篇》，《張載集》，第三十二頁。

如果說張載回答了「應該」愛和「應該」之「所以然」的問題，那麼，周敦頤回答了怎樣「仁民愛物」的問題。他說：「愛曰仁。」[77]「君子悉有衆善，無弗愛且敬焉。」[78]善無不學，而使衆善，惡無不勸，不棄一人於惡，這便是仁而愛。周敦頤把對每一個人的勸惡從善，看作是實現仁愛的必要過程。周、張的思想，爲後來的朱熹所發揮。朱熹有鑒於「近來學者不肯以愛言仁」[79]的情況，對於周敦頤以「愛」界說「仁」很欣賞。他曾主張「仁主於愛」，也引起當時人的誹議：「某嘗說仁主乎愛，仁須用愛字說，被諸友四面攻道不是。」[80]可見對孔子「仁者愛人」有不同的理解。特別是漢以來，由於對性情問題的諸多看法，而不理解性情是一種從心態到實現的過程，即從「未發」到「已發」的辯證關係。因而，朱熹把性情與仁愛聯繫起來，「愛乃仁之已發，仁乃愛之未發」[81]。愛猶如人的喜怒哀樂的心理或情感，它們屬於人的內心精神世界。喜怒哀樂「未發」爲性，「已發」是情。所以，朱熹把愛的「未發」叫做「仁」，愛的「已

[77] 《通書·誠几德》，《周子全書》卷七。
[78] 《通書·愛敬》，《周子全書》卷九。
[79] 《答吳晦叔》，《朱文公文集》卷四十二。
[80] 《朱子語類》卷一一七。
[81] 同上。

發」叫做「愛」。根據這個理解，朱熹把仁規定爲「愛之理，心之德」[82]。所謂仁爲「愛之理」，是指「仁之爲性，愛之理也」，仁就是關於愛的道理和原則。並喩仁爲「果仁」的仁，是生命的核心部分。人與萬物有共同的生命現象，人對生命之愛，便產生一種認同感。這種共同的生命，正是溝通人與天地萬物的中介。這裏雖屬無類邏輯的比附，但卻找到了人與天地萬物一體的根據。

儒家人學思潮，起自先秦，經歷漢、魏晉、隋唐，而宋元明清，延續不斷。每一個歷史階段，都有所發展，而構成中國古代人學發展史燦爛的一頁[83]。它是儒學思想發展的重要方面，也是儒學具有生命力的活水之一。

---

[82]《學而》，《論語集註》卷一。

[83] 參見拙著《新人學導論——中國傳統人學的省察》第一章，職工教育出版社一九八九年版。

# 孔子「天道觀」中的無神論思想

## 一、三不智

孔子是否有自然觀，他以什麼語言和形式來表示他對世界的看法？歷來就有爭論。從《論語》、《左傳》和《國語》中所記載的孔子的言行來考察，圍繞着春秋時期哲學上論爭的中心問題——「天道觀」，表現了他的無神論思想因素。當然，是不徹底的，但不能說孔子沒有自然觀。

孔子的「天道觀」是與其政治觀相聯繫的。當春秋時期，社會處於「禮壞樂崩」的氛圍中，孔子既肩負着發揚傳統文化的使命，又適應着損益舊禮樂而開出新世紀的任務。在思想上開始衝擊「天命」、「鬼神」的束縛，而強調人爲的作用。正如墨子所評論：「儒以天爲不明，以鬼爲不神，天鬼不說，此足以喪天下。」（《墨子．公孟篇》）「皆以疑惑鬼神之有與無之別，不明乎鬼神之能賞賢而罰暴也。」（《墨子．明鬼下》）孔子能在當時「天命論」占統治地位的情況下，懷疑鬼神，敬鬼神而遠之，不言怪力亂神，表示了掙脫「天命論」枷鎖的一種勇氣和精神。

孔子首先對祭祀、天人感應以及求神問卜持懷疑和不相信的態度。他認爲，虔誠於天命鬼神、求神祭祀是「不知（智）」的，只有持否定的態度才「知大道」。《左傳》文公二年載有：

仲尼曰：「臧文仲，其不仁者三，不知者三。下展禽，廢六關，妾織蒲，三不仁也；作虛器，縱逆祀，祀爰居，三不知也。」

一不知，「作虛器」：

《論語·公冶長篇》有這樣的記載：子曰：「臧文仲居蔡，山節藻梲，何如其知也？」「蔡」，就是大龜，《左傳》襄公二十三年杜預注：「大蔡，大龜也。」唐陸德明《經典釋文》：「大蔡，龜名也。」可知古人把大龜叫做「蔡」。

殷周以來，「凡國之大事，先簭而後卜。」（《周禮·春官》）祈求「天」的旨意。人們通過卜筮的途徑，預知「天意」，以便按照「天」的意志辨事。所以卜筮就成爲溝通天人之間的唯一通道。因爲卜筮用龜，並且認爲龜越大越靈，這樣龜也就成爲神物。所以魯國大夫臧文仲替大龜蓋了一間屋，這間屋有雕刻着像山一樣的斗拱和畫着藻草的樑上短柱，簡直可以同太廟媲美，漢鄭玄說：「山藻節梲，天子之廟飾皆非文仲所當有之。」孔子認爲，這樣來奉養大龜，相信天命，求神問卜，便是「不知（智）」。朱熹注曰：「藏龜之室，而刻山於節，畫藻於梲也，當時以文仲爲知。孔子言其不務民義，而諂瀆鬼神如此，安得爲知。」（《論語集註》卷三）這個注釋是符合孔子原意的。

卜筮的結果，代表着「天」的意志。由於統治者以天的兒子自任，行使「天」的意志，因此，在當時的國家機構中專設卜官，《周禮・春官》記載：「占人掌占龜，以八 占八頌，以八卦占之八故，以眡（同視）吉凶。」孔子否認龜爲神物，否定把人事的吉凶禍福同「天」聯繫起來，提出了吉凶由己，而不在「天」的思想：

子曰：「南人有言曰：『人而無恒，不可以作巫醫』，善夫！」不恒其德，或承之羞。子曰：「不占而已矣。」（《論語・子路》）

「巫醫」，《論語稽求篇》❶、《論語偶記》❷都認爲《禮記・緇衣篇》作「不可以爲卜筮」，故「巫醫」當作「卜筮」。俞樾《羣經平議》：「巫醫古得通稱，此云不可以作巫醫，醫亦巫也。《廣雅・釋詁》曰：『醫，巫也。』是其證也。……蓋古者卜筮之事，亦巫祝掌之，《禮記・緇衣篇》，南人有言曰：『人而無恒，不可以爲卜筮，古之遺言與？彼言卜筮，此言巫醫，其義一也。」可知「巫醫」，是古代掌管求神問卜的官吏。這段話的意思是，南方人有句話說：人假如沒有恒心，連巫醫都做不了，這句話說得好呀！《周易・恒・九三》爻辭說：三心二意翻雲覆雨，總可能招致羞恥。孔子又說：「這話的意思是叫無恒心的人不必去占卦罷了。」因爲他只能有凶，不能有吉。

---

❶《論語稽求篇》，清毛奇齡撰，《皇清經解》本或《西河集》本。

❷《論語偶記》，清方觀旭撰，《皇清經解》本。

這是說，人的吉凶禍福，不是什麼「天」的命令，而是人自己的行爲，人們不需要向人間以外的主宰者求救，人們自己可以掌握自己的命運，這樣就必然地排斥了「天」對於人事的支配作用，表示了對「天」的超人間力量的否定。

二不知，縱逆祀：

《左傳》文公二年記載：

> 秋，八月，丁卯，大事於大廟，躋僖公，逆祀也。於是夏父弗忌為宗伯，尊僖公，且明見曰：「吾見新鬼大，故鬼小，先大後小，順也；躋聖賢，明也。明、順，禮也。」君子以為失禮，禮無不順，祀，國之大事也，而逆之，可謂禮乎。子雖齊聖，不先父食久矣。

這段話有這樣二層意思：其一，逆祀，杜預注：「僖是閔兄，不得爲父子，嘗爲臣位，應在下，令居閔上，故曰逆祀。」按照古代祭祀禮的規定，雖然僖公是閔公的兄長，可是僖公卻是閔公的臣子，所以祭祀的時候，先升閔公後升僖公牌位，現在升僖先閔，不合禮法。這裏逆祭主要是講禮，所以似乎同反對祭祀無關。其實不是這樣；其二，因爲掌宗廟祭祀的宗伯認爲：「新鬼大，故鬼小。先大後小，順也。」以鬼大鬼小作爲先僖後閔的理由，可見，他們是承認鬼的存在的，孔子卻抓住了不合禮這個被當時統治者所遵循的行爲規範作爲武器，用來反對祭祀鬼神，這是很巧妙、很智慧的。

三不知，祀爰居：

《國語・魯語上》有一段比較詳細的記載：

> 海鳥曰爰居，止於魯東門之外二日，臧文仲使國人祭之。展禽曰：越哉，臧孫之為政也。夫祀，國之大節也。而節，政之所成也，故慎制祀以為國典，今無故而加典，非政之宜也。……今海鳥至，己不知，而祀之以為國典，難以為仁且知矣。夫仁者講功，而知者處物，無功而祀之非仁也，不知而不問非知也。

「爰居」是海鳥，不是什麼神物，自己不知道又不虛心問別人的臧文仲，卻鬧了笑話，以爲是神，命令國人去祭祀。這一方面說明他無知，另方面也說明他是一個道地的有神論者。展禽按照事物的本來面貌來解釋「爰居」是海鳥，反對把海鳥當神物來祭祀，並批評臧文仲不知，這同孔子的論斷一樣，似無神論者。

同時，展禽批評臧文仲，也是運用了非常高明的辦法，他假借維護國家「大節」與「國典」，來批評臧文仲的不知，反對祭祀，這正是借舊傳統來破除舊傳統的方法。這是在社會改制的轉變時期的一些進步思想家所採取的方法。之所以這樣，一方面他們不敢於針鋒相對地與傳統思想作鬬爭；另一方面，假借舊傳統來反對舊傳統較易使人接受，恐不能由此說孔子借「逆祀」、展禽借「國典」，就是保守或相信祭祀、鬼神。

那麼，什麼是孔子所稱贊的「知」呢？

《左傳》哀公六年記載：

是歲也，有雲如衆赤鳥，夾日以飛三日。楚子使問諸周大史。周大史曰：「其當王身乎！若禜之，可移於令尹、司馬。」王曰：「除腹心之疾，而寘諸股肱，何益？不穀不有大過，天其夭諸？有罪受罰，又焉移之？」遂弗禜。

初，昭王有疾，卜曰：「河為祟。」王弗祭。大夫請祭諸郊，王曰：「三代命祀，祭不越望。江、漢、雎、漳，楚之望也。禍福之至，不是過也。不穀雖不德，河非所獲罪也。」遂弗祭。孔子曰：「楚昭王知大道矣。其不失國也，宜哉！《夏書》曰：『惟彼陶唐，帥彼天常，有此冀方，今失其行，亂其紀綱，乃滅而亡。』又曰：『允出茲在茲。』由己率常，可矣。」

「有雲如衆赤鳥，夾日以飛三日」，這個天象的變異，周太史認爲，這是不祥的象徵，必有禍患應在楚昭王身上，如果進行禳祭（杜預訓「禜」爲禳祭），可以把災禍轉移到大臣的身上。楚昭王不相信這套神話，他進行了駁斥。他說：大臣和我，好比一個人的心和胳臂腿，免除我的心病而轉移到我的胳臂腿上，這有什麼益處呢？如果說我有錯誤，得罪了天，我受天罰就得了，又何必轉移給別人呢？因此就不禳祭。又一次楚昭王有病，卜官說，是河神在作祟，如果禳祭，可以免除疾病，楚昭王還是不祭，這時卿大夫也急了，請求楚王郊祀，昭王還是不相信鬼神作祟。並說：夏、商、周三代規定祭祀的辦法，諸侯祭祀不超過自己境內山川星辰，江、漢、雎、漳等水在楚國境內，楚國可以祭祀，我雖沒有德行，但我並沒有得罪河神，河神爲什麼要降禍罰我呢？

是說，我同河神是兩不相干，井水不犯河水，也不必禳祭。楚昭王三次不禳祭，態度堅決。太史卜官之言，大夫的勸告，都不聽，並進行了駁斥，否定了天象變異、山川星辰之神同人事吉凶禍福的關係。可說是無神論。

孔子對楚昭王的言行非常稱贊，他認爲楚昭王「知大道」，做得很好。並以昭王不信天命、不爲鬼神所惑是使政治清明的原因。如與墨子的批評相對照，更可看出問題的實質。墨子說：「爲人君臣上下者之不惠忠也，……皆以疑惑鬼神之有與天之別，不明乎鬼神之能賞賢而罰暴也。」（《墨子．明鬼》）孔子以不禳祭爲「知大道」，而墨子以鬼神爲賞賢罰暴，兩者態度是很鮮明的。接着，孔子又引經據典：唐堯按照「天常」，才有此冀州地方，今失去了它的「常道」，淫亂了國家的紀綱，所以到了夏桀（按杜預注）時就滅亡了。於是孔子又說：確實，自己的禍福，都是自己幹出來的，所以，孔子最後總結說：只要自己掌握了自然的規律，就可以不致亡國了。這裏的「率常」，就是指「天常」。林堯叟注：「人能信由己出，以帥天常，可以不亡矣。」所以，孔子這裏所說的「天」，只能理解爲客觀存在的自然，「天常」就是自然的規律性，「天命」，就是一種自然的必然性，而不是有意志的人格神——天的命令。

從上述孔子所反對和稱頌的態度、言行來看，他的無神論思想因素是很明顯的。所以他對別人在有神論基礎上提出的問題，絲毫也不感興趣，而且採取了厭惡和不耐煩的態度。《論語》記載：「子不語怪、力、亂、神。」（《述而》）「或問禘之說。子曰：不我也。」（《八佾》）又載：

「季路問事鬼神，子曰：『未能事人，焉能事鬼？』敢問死？曰未知生，焉知死。」（《先進》）這是對鬼神的懷疑和否定。僅就此而言，他的無神論思想可謂鮮矣。

## 二、神即人

那麼，神到底是什麼呢？孔子以自己的認識和語言予以說明。他認爲「神」，實是人。《國語・魯語下》載有：

吳伐越，墮會稽，獲骨焉，節專車。吳子使來好聘，且問之仲尼曰：「無以吾命。」賓發幣於大夫，及仲尼，仲尼爵之。既徹俎而宴，客執骨而問曰：「敢問骨何為大？」仲尼曰：「丘聞之，昔禹致羣神於會稽之山，防風氏後至，禹殺而戮之，其骨節專車，此為大矣。」客曰：「敢問誰守為神？」仲尼曰：「山川之靈，足以紀綱天下者，其守為神，社稷之守，為公侯，皆屬於王者。」客曰：「防風氏何守也？」仲尼曰：「汪芒氏之君也，守封隅之山者也，為漆姓，在虞、夏、商為汪芒氏，於周為長翟，今為大夫。」客曰：「人長之極幾何？」仲尼曰：「僬僥氏長三尺，短之至也。長者不過十之，數之極也。」③

吳國攻陷越國的會稽後，獲得一塊骨，一節就可裝一車。吳國以爲神物，便請問孔子，骨爲什麼

③《史記・孔子世家》記載同此。

有這樣大？孔子回答說：過去夏禹會羣神於會稽山，防風氏這個神遲到，禹把防風氏殺了，他的骨很大，一節可裝一車。

「羣神」，韋昭注：「謂主山川之君爲羣神之主，故謂之神。」這解釋合乎孔子原意。吳人又問：誰爲神❹？孔子回答：「守山川之祀爲神，守社稷無山川之祀的，直爲公侯，都來屬於王。」神也不過是個諸侯、公侯一樣，只管理一個地方的事，但又都來屬於王。接着，孔子回答了防風氏這個神是什麼的問題。是汪芒氏的君主，守封、隅二山，姓厘，在虞、夏、商叫汪芒氏，在西周爲長翟，現在爲大夫。可見，防風氏這個神，實質上就是現在的一個卿大夫，即是人。神只不過是人的抽象的反映。許多神的全部自然屬性和社會屬性都轉移到一個萬能的神身上，而這個神本身又只是抽象的人的反映。也就是說神等於完美的人的形象。孔子卻把神化了的人的本質，還原於人的本質。神只不過是能夠被我們所感覺到的現實生活中的人而已，這樣，「超世界力量」的神也就不能存在了。

同時，孔子認爲防風氏這個神，也只是汪芒氏的君主，管兩個山，如卿大夫相似，而沒有賦予它主宰世界萬物和賞善罰惡的權利，神的眞正的作用就完全被剝奪無遺了，神不僅不能同人的吉凶禍福有什麼相感應的關係，而且，他自己也只不過是個普通的人而已。

---

❹《史記・孔子世家》「敢問誰守爲神」作「誰爲神」。

## 三、以自然釋自然

如何對待自然界的異常現象，是無神論者與有神論者論爭的重要問題。孔子是用自然本身來解釋異常現象發生的。

《左傳》哀公十二年記載：

冬，十二月，螽。季孫問諸仲尼。仲尼曰：「丘聞之，火伏而後蟄者畢，今火猶西流，司曆過也。」

《左傳》哀公十四年記載：

春，西狩於大野，叔孫氏之車子鉏商獲麟，以為不祥，以賜虞人，仲尼觀之，曰：「麟也。」然後取之。❺

《國語・魯語下》載有：

仲尼在陳，有隼集於陳侯之庭而死，楛矢貫之，石砮，其長尺有咫。陳惠公使人以隼如仲尼之館問之。仲尼曰：「隼之來也遠矣，此肅慎氏之矢也。昔武王克商，通道於九夷百

❺《史記・孔子世家》記載同。

蠻，使各以其方賄來貢，使無忘職業。於是肅慎貢楛矢石砮，其長尺有咫，先王欲昭其令德之致遠也，以示後人，使永監焉。故銘其括曰：『肅慎氏之貢矢』，以分大姬，配虞胡公而封諸陳。古者分同姓以珍玉展親也。分異姓以遠方之職貢，使無忘服也。故分陳以肅慎氏之貢，君若使有司求諸故府，其可得也。」使求，得之。金櫝如之。❻

冬天，十二月發生蝗蟲的災害，季孫以爲是怪異，如按星占家的解釋，是天降災禍於人間，其國或某人要遭受禍患了。可是孔子卻說從火星看不見後到驚蟄時，才沒有蝗蟲，現在火星還西流；當然還有蝗蟲，這是曆官的錯誤。周曆十二月，等於夏曆（即現在農曆）十月，杜預說：「火伏在今十月。」那麼，夏曆十月，就應該沒有蝗蟲，可是現在還發生蝗蟲，豈不是怪異嗎？孔子對此，並不如神學家那樣，從自然界以外去尋找超人間的主宰者，而是從自然界本身，從曆官對於月份計算的正確與否去找，是因爲曆官少算了一個閏月，這樣在夏曆九月發生蝗蟲災，就不是什麼怪異現象了。

魯哀公在大野巡狩，替叔孫氏趕車的鉏商獲一隻麟，大家以爲這是不祥的東西，孔子卻認爲是一種叫麟的動物，並不是什麼不祥的東西，所以給了別人又把牠要回來。

孔子在陳，有鷙鳥死在陳惠公的院子裏，身上帶着一支木幹石鏃的箭，長一尺八寸。神學家

❻《史記·孔子世家》記載略爲簡單。

們預言，這是要發生災禍的徵兆，必與人事相應。固然，魯莊公十四年，申繻把內蛇與外蛇相鬪，內蛇死這件事同鄭厲公自櫟侵鄭，鄭子（公子嬰）被傅瑕所殺聯繫起來，說明是感應。可是，孔子以他淵博的歷史知識否定了這種天人相應的迷信，他依據事實本身，不加任何外來成分，說明在周武王滅商以後，各地諸侯或邊疆的少數民族都來進貢，肅愼氏進貢了楛矢石砮，周武王就叫它爲肅愼氏之箭，後來把它分給嫁與虞胡公的長女，虞胡公封在陳國，所以陳國有這種箭。孔子進一步指出，如果不信，叫人去府庫去找，一定可找到。果然，在府庫中找到了這種箭，這樣陳侯院子裏有被木幹石鏃（長一尺八寸）射死的鷙鳥，也就不奇怪了。

這裏，孔子用事實解釋了神奇，用自然現象本身解釋了怪異。這是對自然界本來面目的樸素的了解，不附加以任何外來的成分。孔子也正是把自然看成一種自然而然的東西，如說：「天何言哉，四時行焉，百物生矣，天何言哉！」天不言語，四時百物自然而然地依照它本身的規律運行和生長，天命與神是不能干預的。

孔子由於其知識的豐富和博學，故對客觀自然現象有一個較正確的認識。能在「天命論」文化思想十分濃厚的環境中，重視人的主觀能動作用，重視人的力量。他說：「人能弘道，非道弘人。」（《論語・衞靈公》）人力可以影響自然、社會。這就把神學家們所不能掌握的超人間的神力，降爲被人所掌握的自然力或社會力。神靈在這裏便失去了作用。當自然力受到事實的支配時，神也就消失了。

上述可見，孔子雖還殘留有「天命論」思想，但他對於祭祀、天人感應、求神問卜的否定，以及敬鬼神而遠之、還神爲人、不信怪異等，都表現了他的理性的文化精神和他對「天命論」思想的衝擊。儘管這僅是剛剛由有神論轉化而來的無神論思想的幼稚、粗陋和不成體系，但孔子開出了中國文化的新路向，揭開了先秦仁學（人學）思潮的序幕。

# 孔子、老子關於心的思想及其對中國心學的影響

## 一、孔子倫理道德意識之心

孔子論及「心」範疇和關於「心」的思想，在《論語》中凡六見。其涵義歸納起來，有兩層：1.指人的主體意識。如「七十而從心所欲不逾矩」❶、「飽食終日，無所用心，難矣哉！」❷、「有心哉，擊磬乎！」❸中的「心」，即指主觀願望、要求、意願，含有主體意識的意思。「心」又具體指天帝、君王和臣民的主體意識，如「簡帝心」❹，指帝王的意識、上天的意志，「天下之民歸心焉」中的「心」指臣民的意識。2.指道德倫理意識。如「從心所欲不逾矩」、「其心三月不違仁」❺之「心」，即指符合一定的倫理規範，不任意超越違背它。這種心即道德

❶❷❸❹❺《論語》的《爲政》、《陽貨》、《憲問》、《堯曰》、《雍也》。

倫理意識。

孔子說：「吾十有五而志於學，三十而立，四十而不惑，五十而知天命，六十而耳順，七十而從心所欲不逾矩」。孔子指出人在少年、青年、中年、老年時期思維有不同的特點。老年時期，思維已趨成熟，能隨心所欲，使言行不越出一定的規矩。如果說一個人在少年、青年時期的思維還不成熟的話，那麼到了中年、老年時期，相對來說，就比較成熟了，言行也就能由必然進入較多的自由。當然，這也不是絕對的。少年、青年時期，雖然思維不成熟，但卻敢於創新，敢想敢做，有可取的方面；而人到了老年，雖然思維有成熟的一面，但一般來說，也有囿於成見，固守舊的思維定式而難以開拓、創新的一面，這也是不應忽視的。

一部中國思想史、哲學史，好比一個人一樣，也是一個思維由低級階段走向高級階段、由不成熟走向比較成熟的發展過程。先秦時期的思想界，儒、墨、道、法、名家、陰陽，百家爭鳴，好比青年人意氣風發，敢於立異、勇於創新一樣。而經過兩漢的大一統和魏晉南北朝時期的分裂，以及隋唐時期儒、道、釋的相互論爭、相互吸收、融合，到了宋明時期，則達到比較成熟的階段。其重要標誌，是程朱道學，尤其是陸王心學的形成。筆者以爲，中國心學的產生、形成、發展，從一個側面反映了中國封建社會哲學、思想由不成熟走向比較成熟。換言之，伴隨著儒、道、釋三家哲學而產生、形成、發展的中國心學，是中國封建社會哲學、思想進入比較成熟階段的寫照。從這個意義上說，孔子關於少年、青年、中年、老年各個發展階段思維各有不同特點的

論述，對中國哲學史、思想史有十分重要的啓示。❻

## 二、老子的虛靜自然之心

中國哲學史、思想史離不開儒、道、釋三家。而先秦儒家、道家又離不開孔子、老子。中國心學也是一樣，它與儒、道、釋三家結下不解之緣，尤其是與孔、老哲學的產生、形成、發展息息相關。本文不擬對孔、老思想作全面的分析比較❼，僅就孔子、老子關於「心」的思想進行比較，這對於弄清孔、老思想對中國心學發展的貢獻，或許是有益的。

孔子哲學以「仁」爲最高範疇，老子哲學以「道」爲最高範疇，各從不同側面探索了社會、自然的所以然。故論「心」均不多。《老子》八十一章，論「心」只有六章，共計七條。老子論心，歸納起來，有三方面涵義：第一、心爲虛靜自然的心態、心理特徵。「衆人皆有餘，而我

❻ 梁漱溟說：「人類在其個體生命一面固然隨著身體從幼小成長起來的同時而有其心理之開展成熟的過程。……社會發展過程中，正亦有其身的一面和心的一面之可見，並且亦是隨著身一面的發育成長而心一面開展成熟的。」（見《人心與人生》，學林出版社一九八四年九月出版，第一五頁）。

❼ 參陳鼓應《老子與孔子思想比較研究》，《哲學研究》一九八九年第九期，第三〇頁。

獨若遺。我愚人之心也哉！」❽這種若有所失的「愚人之心」，就是表示與衆不同的心態、心理特徵。第二、心爲主體思維。老子說：「居善地，心善淵，與善仁，言善信，政善治，事善能，動善時。夫唯不爭，故無尤。」❾思考問題、結交朋友、治理政事、言行舉措，都善於處置，不與世相爭，這樣就能應對裕如，沒有過失。這裏的「心善淵」，是指思維的縝密與深沉。「馳騁田獵，令人心發狂」❿，「心使氣曰強。物壯則老，謂之不道，不道早已」⓫，從負面說，如果思維不縝密、不深沉，就容易受田獵諸事的紛擾，心緒狂亂，好勝逞強，必然導致悲慘的結局，產生不好的後果。這種「善淵」、不「使氣」、不「發狂」之心，固然有對有道之人的虛靜自然的心態的描述，更主要的是指思維、意識的成熟和處世的老練。第三、心爲統治的心術。「聖人恒無心，以百姓之心爲心。」⓬聖人沒有私心，百姓的心就是自己的心。這反映了老子同情人民疾苦的政治傾向。當然，老子也說：「是以聖人之治也，虛其心，實其腹，弱其志，強其骨，恒使民無知無欲，使夫智者不敢爲也。」⓭可見老子不僅主張「聖人無心」，而且也主張要使百姓無思無爲、無知無欲，以便維護社會一定的統治秩序。這裏的「心」實際上是一種統治術，是封建統治者的愚民政策之所本。孔子「民可使由之，不可使知之」的思想與此是相通的。

❽❾❿⓫⓬⓭《老子》第二〇、八、一二、五五、四九、三章。

老子的「心」範疇，主要爲心理特徵、主體思維和統治的心術，而孔子的「心」範疇，主要指主體思維、道德倫理意識。二者在主體思維上有一致性，在「心術」上有相通之處，而老子的虛靜自然的心態、心理特徵與孔子的道德倫理意識則有明顯的區別。這是因爲老子哲學崇尚自然，但也不能不涉及世間之事，故而對社會心理、人們的心態以及如何維繫社會的安寧都有深刻的認識；而孔子哲學則重社會倫理道德，對世事採取積極投入的態度。

老子、孔子關於心的思想，對後世都發生了深刻的影響。老子「虛其心」、「聖人無心」的思想，對玄學家王弼「以無爲心」⑭，郭象「無心而任乎自化」⑮，道教學者葛洪「心遺萬物」⑯，唐代道士成玄英「虛其心室，乃照眞源」⑰，柳宗元「無心乃玄功」⑱，清魏源「身在心中」、「徹悟心源」⑲的思想都有深遠的影響。而孔子的道德倫理意識之心，則對於孟子「仁義禮智」四端根於心論，佛教的「心善惡論」，唐韓愈「以先王之道爲心」，北宋張載「中心安

---

⑭《王弼集校釋．老子道德經注》下篇。
⑮郭象《莊子注．應帝王》。
⑯葛洪《抱朴子外篇》卷四九。
⑰成玄英《莊子疏．人間世》。
⑱《柳宗元集．酬賈鵬山人郡內新栽松寓興見贈二首》。
⑲《魏源集．默觚上．學篇五》。

仁，無欲而好仁」[20]，陸九淵的「仁即此心」[21]，王守仁的「良知者心之本體」[22]，乃至譚嗣同的「仁爲天地萬物之源，故唯心，故唯識」[23]等思想都有深刻的影響。

通過孔、老「心」範疇和關於心的思想的比較，可以看出，以孔子、老子爲代表的儒家與道家思想，都是中華民族傳統文化的重要組成部分，對於中華民族社會心理、文化哲學、倫理道德思想的形成和發展，都有十分重要的、長遠的影響。

## 三、孔老心學的歷史地位

考察孔子、老子關於「心」的思想對於中國心學的發展，可以全面地了解孔、老關於心的思想歷史地位。

心學歷來有各種各樣的界說。北宋張載所謂「爲天地立心」，明中葉湛若水「千聖千賢皆心學」[24]，王守仁所謂「聖人之學，皆心學也」[25]，明末劉宗周所謂「在虞廷謂之中，在周頌謂之

[20]《張載集·正蒙·中正篇》。
[21]《象山先生全集·與曾宅之》。
[22]王守仁《傳習錄》中。
[23]譚嗣同《仁學》。
[24]湛若水《格物通·正心中》。
[25]王守仁《象山文集序》。

敬，在孔門謂之仁，在後儒謂之太極、謂之天理、謂之良知，皆此心之精神」㉖。這些都是從廣義上界說心學，以心學爲中國聖賢（主要指儒家）的精神、核心思想。從狹義上說，心學指陸九淵、王守仁所創立的以心爲最高範疇的哲學學派。筆者認爲，中國心學是中國哲學關於心的範疇和心的思想所組成的思想體系，是儒、道、釋三家關於心的思想、學說的體系。這是介於廣義與狹義之間的界說，是基於對儒、道、釋三家在中國思想史、哲學史上的歷史地位的理性分析而作的界說。

縱觀中國思想史、哲學史，並對儒、道、釋三家加以橫向比較，可以看出，中國心學是循著下列思路前進的。殷周至先秦，多以「心」爲思維的主體，即思維的器官。甲骨文、金文的心字象心房之形，就是表示心爲思維的器官。孔子「心不踰矩」，孟子「心之官則思」㉗，「盡其心者，知其性也，知其性則知天矣」㉘，荀子「人何以知道？曰心。心何以知？曰虛壹而靜」㉙，揭示了心爲思維主體和道德倫理意識，心具有思維、認識功能等涵義，奠定了心學發展的基礎，制約著心範疇的發展方向㉚。老子道家提出「虛其心」、「心善淵」、「聖人無心」，這裏的「心」不含本體的意義，但對後世以虛靜自然的心爲本體有很大的影響；其蘊含「心術」的思想

㉖ 劉宗周《劉子全書・章復元先生集序》。
㉗㉘《孟子・告子上》、《盡心》。
㉙《荀子・解蔽》。
㉚ 參成中英《中國哲學範疇問題初探》、《中國哲學範疇集》，人民出版社一九八五年版，第八八頁。

則受到法家的重視，從而得到發展。老子之「心」可謂「虛心」。漢儒董仲舒認爲「人受命於天」，天之「出災害以譴告之」，是「天心之愛人君」[31]，以有意志的「天」來限制君主的意志，其心可謂「天心」。魏王弼說：「天地雖廣，以無爲心。聖王雖大，以虛爲主」[32]，以虛無之心爲天地的本體，開以本體論心的先河，可稱爲「無心」。隋唐時期，中國佛教吸取道家「虛心」、玄學「無心」的思想，主張「三界唯心爾，離一心無別法」[33]，系統地提出以心爲本體的思想。唐代道教學者成玄英主張「無心之心」[34]、「心境兩空」[35]，融合道家、佛教心的思想，使心成爲道教修養心性的重要範疇。南宋理學家朱熹以理爲最高範疇，同時提出「心包萬理，萬理具於一心」[36]、「心與理一」即「道心」的思想。與朱熹同時的陸九淵，主張「吾心便是宇宙」[37]、「心即理」[38]。明中葉王守仁也說「心外無理，心外無事」，「無心外之理，無心外之物」[39]，更徹底地以「心」爲最高範疇，建立起完整的心學體系。明末劉宗周調和朱、陸，強調「天下無心外之理」，並主張「人心」與「道心」的統一，「離卻人心，別無道心」[40]。這是他的「心

[31] 董仲舒《對賢良策》三、一。
[32] 《王弼集校釋·老子道德經注》下篇。
[33] 窺基《成唯識論述記》卷三。
[34][35] 成玄英《莊子疏·德充符》、《齊物論》。
[36] 《朱子語類》卷九。
[37][38] 《象山先生全集·雜說》、《與李宰二》。
[39] 王守仁《傳習錄》上。
[40] 劉宗周《劉子全書·會錄》。

性一體」論。清末康有爲主張「腦與心合爲思」㊶。民主革命的先行者孫中山認爲心「爲萬事之本源」㊷，主張精神與物質「二者本合爲一」㊸，標誌著心範疇逐步爲近代哲學範疇「精神」所代替。隨後，心學在西學東漸中逐步受到影響。

中國心學的發展揭示了「心」範疇包含以下五方面基本涵義：⑴心爲思維的主體。「心之官則思」、「心腦合一」雖然不完全符合現代科學關於腦是思維的器官的思想，但它模糊地認識到心是具有思維功能的主體，包含有眞理的顆粒㊹。⑵心爲虛靜自然的心態、心理特徵。老子的「虛心」，《列子》和張湛注以「寂然無想」爲心㊺，元吳澄以「無欲故靜」爲「萬世心學之綱要」㊻等均含此義。⑶心爲主體的意識。「盡心知性知天」論，「心知道」論，都揭示了心的思維、認識功能。⑷心爲道德倫理意識。孔子「心不逾矩」，孟子「仁義禮智」四端根於心的思想，朱熹「道心」，劉宗周「心性一體」的思想，都揭示了心的道德倫理意識屬性。這與心的主體思維、意識的涵義是緊密相聯繫的。⑸心爲宇宙、萬物的本體。王弼關於天地「以無爲心」、佛

㊶ 康有爲《孟子微》卷二。

㊷㊸ 《孫文學說——行易知難（心理建設）》、《軍人精神教育》。

㊹ 古人誤把心作爲思維的器官，至明代藥物學家李時珍《本草綱目·木部辛夷》提出「腦爲元神之府」的論斷，始得糾正。參張立文《中國哲學範疇發展史（天道篇）》第一六章，中國人民大學出版社一九八八年一月版。

㊺ 張湛《列子注》卷四。

㊻ 吳澄《吳文舍集·靜虛精舍論》。

教關於「三界唯心」、宋明理學「心外無物」、「吾心便是宇宙」等命題，都包含心爲宇宙、萬物的本體的涵義。

由上可知，中國心學大體上可以分爲五個階段：⑴初創階段：老子、孔子、孟子、荀子；⑵形成階段：魏晉玄學、隋唐佛教、道教強盛時期；⑶發展時期：宋明時期，陸王心學；⑷批判總結階段：清末、近代；⑸現代繼續發展，現代新心學派的出現以及在港臺的展開。也就是說，中國心學發端於老子、孔子、孟子、荀子，中經魏晉玄學、中國佛教、道教，到宋明時期達到高潮，日臻成熟，至近代受到西學的影響、衝擊，從而受到改造。中國心學不是獨立的學科，也不是某一個學派所創立的思想，而是儒、道、釋三家創立、論爭、融合過程中所形成的關於心範疇和關於心的思想的學說體系。可以說，中國心學是中國思想史、哲學史、中國心理學幾個學科交叉的學說體系[47]。

## 四、心的思維經驗敎訓

綜觀中國心學的發展過程，大體上可以總結出如下幾條思維經驗敎訓。

---

[47] 梁漱溟說：心理學「是介於科學與哲學之間的一種學問」。見《人心與人生》，第一五頁。可參考。

1.心作爲主體的思維、意識，由於受「天人」關係的制約，而分爲至高無上的天的意志和從屬於天的人的意識；而人的意識在長期的封建社會中，則主要表現爲君主的意識與臣民的意識。孔子「簡帝心」與「從心所欲」之心卽指天帝的意志與臣民的主體意識。儒家、道家「以百姓之心爲心」、「心不違仁」的道德倫理意識，則包括君主的意識與臣民的意識。而道教的「無心之心」、佛教的「心體空無」的思想，則反映了士階層以及臣民中的隱逸思想與出世思想。先秦時期，儒家由重視天帝的意志進而重視人的主體意識。漢儒董仲舒以天帝的意志「天心」來限制君主的主體意識。魏晉時期臣民的主體意識逐步抬頭，故玄學大力推崇和發展老子「聖人恒無心，以百姓之心爲心」的思想。隋唐時期，隨著佛道思想的發展，隱逸思想又把人的主體意識引向宗教信仰、從此岸世界引向彼岸世界的道路上去。直至宋明時期，宋儒強調「天理」，又以君主的主體意識進一步壓抑臣民的意識，而明王守仁不以聖人之是非爲是非，又表現了臣民主體意識的某些覺醒。至辛亥革命推翻了帝制，特別是「五四運動」舉起「民主」、「科學」兩大旗幟，才使臣民的主體意識眞正覺醒。可見，從天帝、神的意志→人的意識，從君主的意識→臣民的意識，這是心範疇的發展的一個長期反復的過程，也是中國心學受到實踐改造的過程。

2.人心、道心之辨，始於《荀子・解蔽》：「人心之危、道心之微」。從心中區別出人欲與道心，卽人們的非道德意識與道德意識、人們的欲求與理性思維，宏揚人類的道德意識，這是社會的一種進步，但到後來也出現了片面強調「道心」，而壓抑臣民的主體意識與人們的基本欲求的傾向。陸、王反對程、朱以天理、人欲來區分道心、人心，認爲「心一也，人安有二心」[48]，「人心之得其正者，卽道心，道心之失其正者卽人心」[49]。明李贄「人卽道也，道卽人也」[50]，明末清初王夫之認爲人心、道心「互藏其宅而交發其用」[51]，從總體上則比較正確地反映了把人心、道心統一起來的趨勢。

3.心範疇在今天雖然基本上被腦、精神、思維、心理等範疇代替，但仍有其一定的生命力。「公道自在人心」、「出於公心」、「人心所向，大勢所趨」、「民心不可侮」等等，都反映了心範疇的一些基本涵義仍有一定的價值。尤其是心作爲主體思維（表現爲領袖的思維與人民羣衆的思維）、虛靜自然的心態、心理以及道德倫理意識等涵義，經過現代自然科學、哲學及現代心理學的改造，將對中國傳統文化向着現代社會的轉變發揮積極的作用。當然，這與心範疇的古義已大大不同了。繼承和改造老子、孔子以來的「心」範疇和中國傳統的心學，使之別開生面，是擺在我們這一代人面前的艱巨而又有意義的使命[52]。

---

[48] 《象山先生全集・語錄上》。

[49] 王守仁《傳習錄》上。

[50] 李贄《明燈道古錄》卷下。

[51] 見王夫之《尚書引義》卷一，《船山全書》第二册，第二六二頁。

[52] 梁漱溟說：「心爲主宰之義，以主動、宰制分析言之，是一種方便。」見《人心與人生》，第一六頁。

# 老子哲學邏輯結構探析

在中國傳統文化思想中，以眞善美與假惡醜爲相互聯繫，而又相互對待的，老子對此有深刻的論述。老子哲學在本世紀六〇年代初，有一次比較廣泛的討論，及至現在，亦爲學術界所重視。就學術觀點而言，有主張老子唯物論，或認爲唯心論，也有既非唯物論，也非唯心論，老子哲學就成爲說不清楚的渾沌。本文試圖從老子思想體系的內在邏輯結構中，剖析其哲學思想。

## 一、老子以「無為」為核心的政治思想

### ㈠「無爲」反映老子所代表的集團利益

哲學往往被限定在一定的範圍內，與一定的經濟相聯繫。經濟雖在這裏並不重新創造出任何東西，但影響著現有思想資料的改變和進一步發展的方式，而且這一作用多半是間接的。對哲學發生最大的直接影響的，則是政治、法律和道德等。現從老子的政治哲學談起。

老子說：「五（吾）是以知無爲〔之有〕益也。不〔言之〕教，無爲之益，〔天〕下希能及之矣。」❶又說「〔聖人無爲〕也，〔故〕無敗〔也〕；無執也，故無失也。」「無爲」，便是老子政治思想的核心。

在等級社會中，每一個人都在一定等級中生活，一個人的思想自覺不自覺地與一定等級生活相聯繫，並同該等級、集團的利益發生關聯。即使這樣，在一個等級中，由於種種主觀和客觀的原因，其政治主張、哲學思想也有差異。因此，在一個等級、集團中，也分爲各種不同的政治派別和思想流派。老子的「無爲」政治思想，可以作如是觀。

老子約生活在春秋末年，作過東周的小官（守藏史）。現行《老子》書分上下兩篇，《道經》爲上篇，《德經》爲下篇。一九七三年在湖南長沙馬王堆三號漢墓出土的古帛書中，發現了兩部寫本《老子》，都以《德經》在前，《道經》在後。《老子》書大概完成於戰國時期，大體上可代表老聃的思想。

春秋戰國之際，我國處於由一種制度向另一種制度的轉變時期，等級、集團之間的矛盾和鬪爭極度激化，平民起義，國人暴動，滙成了一股不可阻擋的洪流，震撼著貴族的統治。奴隸制生產關係的主要表現形式——井田制以及維持奴隸主貴族統治的世襲等級制度開始破壞。在政治制

---

❶ 引文據馬王堆出土《老子》帛書甲、乙本，以甲本爲主，帛書中的異體、假借字加（），補文以〔〕標出。下引帛書，不再標明。

度上，原來標誌和維護等級上下、血緣親疏隸屬關係的奴隸制的禮樂典章打破了，要求地主階級政治權力的「刑鼎」出現了。這就破壞了貴賤上下的等級秩序，打亂了血緣關係受爵的「親親」制度，主張以戰功受爵的「尙賢」制度，從而動搖了貴族的統治。

在思想意識形態領域，出現了與天命論相對立的怨天、罵天、恨天的無神論的異端思想。早在《詩經》中就有記載：「昊天不平」，「昊天不傭」❷，「天命不徹」❸，指責上天不平、不均又不明白；「昊天疾威」❹，「天之方虐」❺，責難上天殘暴和正在施暴虐；「亂匪降自天」❻，「下民之孽，匪降自天」❼，否定上帝支配一切的作用。到了春秋時期，隨著地上王權的動搖，「天命論」也動搖了。提出了「夫民，神之主也」❽，以及「天道遠，人道邇，非所及也」❾的思想，激烈地衝擊著當時占統治地位的天命思想。

---

❷《詩經．節南山》。
❸《詩經．十月之交》。
❹《詩經．召旻》。
❺《詩經．板》。
❻《詩經．瞻卬》。
❼《詩經．十月之交》。
❽《左傳》桓公六年。
❾《左傳》昭公十八年。

面對著社會經濟基礎、上層建築方面的變革，老子卻表現了他的不滿。他認爲變革是「〔法物茲章〕，而盜賊〔多有〕」，人們依照「法」辦事越多越明顯，盜賊就越多；「民多利器，而幫家茲（滋）昏」，搞的「鑄刑鼎」等利器越多，國家就越紊亂。如果我們把這段話拿來與晉國貴族叔向反對子產「鑄刑鼎」的信中的話：「民知有辟，則不忌於上，並有爭心，以徵於書，而徼倖以成之，弗可爲矣！」⑩「亂獄滋豐，賄賂並行，終子之世，鄭其敗乎？」⑪兩相比較，何其相似！

因此，老子把當時的社會變革統統歸咎於「有爲」。他說：「百姓之不治也，以亓（其）上有以爲〔也〕」⑫。把百姓難以治理的原因歸之於「有爲」。在他看來，「〔其政閔閔，其邦屯屯〕；其正（政）察察，其邦夬（缺）夬（缺）。」⑬意思是：國家政治昏濁，老百姓就純厚；國家政治清明，老百姓就蒙昧。這就是說，政治越「有爲」，其結果就越壞。所以，他認爲，「將欲取天下而爲之，吾見其弗〔得已，天下，神〕器也，非可爲者也。爲者敗之，執者失之。」想

---

⑩《左傳》昭公六年。

⑪同上。

⑫「不治」通行本作「難治」；「亓」卽其，《說文》訓「下基」之丌字，帛書甲本《德經》作亓，《道經》作其，也可證「亓」卽「其」。

⑬「邦」各本作「民」，避漢高祖劉邦諱改。缺文據乙本補。

要取得天下而有所作爲，我看是得不到的。「天下」好比神器，不可以依靠「有爲」就要失敗，要持有它就會失掉。豈不是對當時所謂「有爲」的變革的不滿嗎？老子以「無爲」爲最好的政治，顯然是作爲「有爲」的對立面而提出的。「無爲」就是無所作爲，卽不要打破原有的典章制度，而有爲的變革。可見，「無爲」是老子所代表的等級、集團利益的反映，是反對「有爲」的等級、集團的政治主張。

### ㈡「無爲」政治思想的內容

老子「無爲」政治的思想內容是什麼？

他說：「我無爲也，而民自化。我好靜，而民自正。我無事，而民〔自富〕。我欲不欲，而民自樸。」就是說，不搞變革，百姓自然歸化；保持原樣不動，百姓自然端正；經濟上不搞新措施，百姓自然富裕；不講物質欲望，百姓自然淳樸。因此，他在《德經》一開頭就說：「上德無〔爲而〕無以爲也。」《道經》第二章說：「是以聲（聖）人居無爲之事，行〔不言之教〕。」所謂「聖人」，卽「上德」的人，老子心目中具有最高道德境界的人，是不搞什麼新變革的人。老子的「無爲」無疑是與「有爲」政治的相對待，它的基本內容就是在政治上、經濟上否定「有爲」政治。

「無爲」政治的另一個重要內容，就是要使人民「無知無欲」。他說：「是以聲（聖）人之

〔治也：虛其心，實其腹，弱其志〕，強其骨。恒使民無知無欲也。使〔夫知不敢弗爲而已，則無不治矣。〕」」⓮就是說，空虛他們的思想，讓他們光吃飯幹活，而削弱他們的鬭志；永遠使其「無知無欲」。這樣，國家沒有治理不好的，這就是所謂「聖人之治」啊！反之，如果老百姓知道的東西越多，就越難統治，「民之難〔治〕也，以其(智)也」；知慧多了，奇談怪論和奇怪的事情就會層出不窮，「人多知（智），而何（奇）物玆（滋）〔起〕。」因此，用開發「民智」來治理國家，就是國家的禍害；與此相反，不用「智」來治理國家，那就是國家的幸福。「故以知（智）知邦，邦之賊也；以不知（智）知邦，〔邦之〕德也。」這就是治理國家的「稽式」，「恒知稽式，此胃（謂）玄德」。永遠遵照這個治國的原則，就是人們所講的最高的道德。

所以，他把有智慧，作爲人們產生奸詐虛僞的根源，「知（智）快（慧）出，案有大僞」。這實是「愚民」的主張。他說：「爲道者，非以明民也，將以愚之也。」作爲一個統治者，不是使人民明白很多事情，而是使其「無知」，只有「無知」才能「無欲」；只有「絕聲（聖）棄知（智）」，才能「民利百負（倍）」他甚至要人民回到沒有任何知識和欲望的嬰兒一樣的狀態，「若〔嬰兒未咳〕。」

當然，在等級社會裏，統治階級眞的「無爲」是不可能的，所謂「無爲」只不過是一種說法

⓮ 缺文據乙本補，通行本作：「使夫知者不敢爲也，爲無爲」。

而已，否則既不能維持其統治，也不能一天生活下去，它實是貴族爲掩蓋其「有爲」的面紗。「無爲」的眞義，是要非貴族和平民、國人「無爲」，而老子所代表的等級、集團是要「有爲」的。試舉幾例：

第一，所謂「不爭」。他說：「善爲士者不武，善戰者不怒，善勝者弗〔與〕，善用人者爲之下，〔是〕胃（謂）不諍（爭）之德。」這是說善於作「士」的，不逞其勇敢；善於打仗的，不顯其強健；善於克敵制勝的，不與其交鋒；善於用人的，甘居之下，這就叫不與人爭的「德」。在春秋末期，等級、集團、階級鬪爭十分尖銳。而有「勇武」、「善戰」和「勝敵」的，是正在揭竿而起的奴隸、平民和新興地主階級的變革鬪爭。而老子這種說教，顯然是無價值的。在老子的骨子裏，豈不是「〔人之道，爲而弗爭〕」，「夫唯不爭，故莫能與之爭」嗎？這裏，「弗爭」是爲了「爲」；「不爭」，是爲了不能與之「爭」，這就是「無爲而無不爲」的意思。因此，「不爭」是針對奴隸和地主階級的「有爲」說的；而其自己則是要「爲」，要爲維護自己等級而「爭」的。

第二，所謂「不戰」。他說：「以道佐人主，不以兵強〔於〕天下。〔其事好還，師之〕所居，楚朸（棘）生之。」這是說以「道」輔佐國君的人，不依兵力逞強於天下，用兵是很快可看出結果的，軍隊駐過地方，便長滿了荊棘。還說：「夫兵者，不祥之器〔也〕……故兵者非君子之器也。」把軍隊看作不吉祥和不是「君子」所用的東西。我們知道，歷史上的戰爭，既有正義的戰爭，也有不正義的戰爭。春秋末期，地主階級通過獎勵耕戰政策來打擊貴族，這是進步的戰爭。老子這樣不滿於戰爭，有其維持安定的一面，也有就是反對地主階級通過戰爭來取代貴族制，以「不戰」來挽救原來貴族的崩潰。

第三，所謂「樂殺人」。他說：「夫樂殺人，不可以得志於天下矣。」以殺人爲樂的人，就不可能得志於天下。在春秋時期，由於階級鬬爭的激烈，出現了臣「弑」君、子「弑」父等奪權的鬬爭。老子所謂的「樂殺人」，就是指這種情況。他認爲，這些人是不會「得志」的，也是不會有好結果的。

第四，所謂「不上（尚）賢」。他說：「不上(尚)賢，（使民不爭）。」這就是不准新興階級和小生產者（代表小生產者的墨子是主張「尚賢」的）要求打破貴族等級的「親親」制度，而主張推行「尚賢」制。老子則是要爲維護「親親」而爭的。

凡此種種，歸根結底，就是要奴隸、平民不反抗貴族集團統治的「無爲」。而老子所代表的舊貴族的「無爲」，則是「無所不爲」。這就是其「無爲」政治的實質。

## ㈢「無爲」的理想社會

老子的「無爲」政治要把人們引導到那裏去？一言以蔽之，就是「小邦寡民」。他說：「小邦寡民，使十百人之器毋用，使民重死而遠送（徙）。有車周（舟）無所乘之，有甲兵無所陳

〔之。使民復結繩而〕用之。甘其食，美其服，樂其俗，安其居。粼（鄰）邦相壁（望）；雞狗之聲相聞，民〔至老死不相往來〕。」老子為人們所描繪的這幅理想藍圖到底是什麼社會？是原始公社式的理想國嗎？

第一，在老子為人們所描繪的理想社會裏，有「聖人」和「侯王」等統治者的存在，又有被「聖人」、「侯王」統治壓迫的「民」的存在。《老子》書言「聖人」者三十多處，言「王」者亦三十處左右。他說：「〔道大〕、天大、地大、王亦大。國中有四大，而王居一焉。」「王」是可與「道」、「天」、「地」相當的四大之一。又說：「若何萬乘之王，而以身巠（輕）於天下？」「侯〔王得一〕而以為正。」「是以聖人之欲上民也，必以其言下之；其欲先〔民也〕，必以其身後之。」在這裏，「聖人」、「侯王」顯然處在「上民」、「先民」的「萬乘之王」的地位。在有的地方，老子又稱其為「人主」、「社稷之主」。他說：「以道佐人主……」，「受邦之訽（詬），是胃（謂）社稷之主」。反之，「民」是被「愚之」的。

第二，在這個「小邦寡民」的理想社會中，還有貴賤上下等級制度的存在。他說：「胃（謂）侯王毋已貴〔以高將恐蹶〕。故必貴而以賤為本，必高矣，而以下為基。夫是以侯王自胃（謂）〔曰〕：孤寡不槖（轂），此其賤〔之本〕歟，非〔也〕？」「侯王」者「高」、「貴」，「民」者「下」、「賤」；「高」者統治「下」者，「賤」者被統治於「貴」者。於是，「高」與「下」、「貴」與「賤」，便構成了社會的等級關係。

第三，在這個理想社會中，也有「大邦」和「小邦」的區別。他說：「大邦者，下流也，天下之牝，天下之郊（交）也。……（故）大邦者不過欲兼畜人，小邦者不過欲入事人。」又說：「〔治大國〕若亨（烹）小鮮〕」。從這裏可以看出，「大邦」與「小邦」的關係，不是相互平等、相互尊重的關係，而是「取」與「取於」以及「兼畜人」與「入事人」的關係，它實際上是一種隸屬和被隸屬、統治與被統治的國家關係。

這種有「聖人」、「侯王」與人民相對待，有「貴賤」、「高下」等級制度存在和「小邦」、「大邦」區別的理想社會，顯然不是什麼原始公社，它實質上是被老子理想化了的西周初期貴族等級社會的寫照。周初約有一千八百多個諸侯國，僅河南就有二十一國。各諸侯國國君依次被封爲公、侯、伯、子、男等，並以周天子爲共主，他們之間很少往來，人民之間更沒有什麼接觸。老子的理想社會，就是這種現實情況在他腦子裏的歪曲反映。在奴隸制向封建制轉變的時候，在面臨走封建制道路還是走舊貴族老路，以及國與國兼併戰爭，而逐漸趨向統一的嚴峻關頭，老子以他的「小邦寡民」的理想社會，維持原來小國的狀態，而不期望統一的大國的出現。

## ㈣「無爲」和「仁」的同與異

老子是舊貴族利益的代表，孔子也是貴族利益的代表，爲什麼老子反對孔子的「禮」呢？

在社會制度大變革的轉折時期，老子的「無爲」和孔子的「仁」在對待社會發展道路和恢復西周以來制度等問題上，其根本利益是一致的，這就是「同」。但在如何對待社會發展和現實制度的變革的具體方法、策略等問題上有分歧，這就是「異」。老子政治思想的核心是「無爲」，孔子政治思想的核心是「仁」。在老子看來，「仁」所含的「復禮」、「孝悌」、「正名」等內容，在所謂「禮壞樂崩」的時代，是不能維護舊貴族制度的崩潰的。如果你超越匡正「名分」的不「正」，那末，就越陷入「有爲」，其結果反而招來更多的混亂。因此，老子在《德經》的第一章就說：「〔夫禮者，忠信之薄也，而亂之首也。〕……是以大丈夫居其厚而不居其泊〔薄〕」。「禮」是忠信不足和大亂的禍首，是爲大丈夫所不採的。並認爲「故大道廢，案有仁義」，「六親不和，案有畜（孝）玆（慈）」。老子直接指責了孔子的「仁義」和「孝慈」。他認爲，在當時「仁義」、「孝慈」已遭破壞的情況下，是不能繼續實行了。只有拋棄「仁義」，百姓才自然而然地恢復「孝」、「慈」。他說：「絕仁棄義，民復畜（孝）玆（慈）。」從這裏可以看出：

首先，老子和孔子對「禮」的規定和理解是不同的。如果說孔子認爲「禮」是貴族制的一整套上層建築的話，那麼，老子僅認爲「禮」是忠信不足的表現，是「失仁而後義，〔失〕義而〔後禮〕」，以「仁」與「義」都是可以拋棄的。

其次，在老子看來，孔子的「仁」、「義」，就是「有爲」。只有否定「仁義」，才能做到「無爲」，只有做到「無爲」，才能自然地恢復「孝、慈」。這就是「聖人多（終）不爲大，故能〔成其大〕」的意思。

再次，從等級根源上看，老子是代表已經式微的貴族利益，他們已經失去了原有的地位和財產，貴族制的禮樂典章對他們來說，已經成爲虛文。因此，他對「禮」表示了厭倦。孔子是代表正在失落而又肩負着開出新文化的使命，他們還是有作爲的階級，貴族制度的禮樂典章制度雖受破壞，但還可用來維護人際關係和社會秩序的作用。於是，他們企圖在損益原有「禮」的基礎上，以適應社會變革的需要。

但老子和孔子的「異」，乃是同一個等級、集團、階級內部不同派別的分歧，這種情況，在歷史上是屢見不鮮的。

## 二、老子以「道」（「無」）為本原的哲學邏輯結構

### ㈠「道」（「無」）是物質，還是觀念？

一切歷史上的論爭，無論是在政治、宗教、哲學的領域中進行的，還是在任何其他意識形態領域中進行的，實際上只是各社會等級、集團、階級的論爭或多或少明顯的表現。比較直接反映春秋時期這個論爭的老子「無爲」政治，又如何被他進行著哲學的論證？

明末清初的王夫之在《老子衍・自序》中說：「入其壘，襲其輜，暴其恃，而見其瑕。」他在

批判宋明理學的同時，揭示了老子哲學之失，但他並沒有抓住要害。現在，既有現代科學世界觀的指導，又有古帛書《老子》的出土，這就爲研究老子思想提供了新的可能條件。只要我們對老子哲學思想進行一番深入剖析，就不難發現，老子哲學的最高範疇是「道」（「無」）。「道」（「無」）的一個重要特徵是「有」；「二」「三」，即「陰陽」、「天地」等矛盾是用以表示「有」的；「道」借助於「有」以派生「萬物」。老子說：「天〔下之物生於有，有生於無〕，〔道生一，一生二，二生三，三生萬物。〕」我們將其簡化一下，即「道」（「無」）——「有」（「二」、「三」）——「萬物」，或「萬物」——「有」——「無」。這就是老子宇宙生成論的圖式，也是他的哲學邏輯結構。抓住這個骨架，有助於搞清其哲學體系的面貌。

先講「道」（「無」），「道」字《老子》凡七十三見。

「道」（「無」）是世界萬物的最後的根源，是老子哲學的出發點和終結點。在老子看來，「道」（「無」）先天地生，即「道」（「無」）在「物」先。他說：「有物昆（混）成，先天地生。綉（寂）呵繆（寥）呵，獨立〔而不改〕，可以爲天地母。吾未知其名，名之曰道。」⑮有一個東西混混沌沌，它先天地生，無聲無形；它獨立而不改變，是生天地的母親。我不知道它的名稱，就叫它爲「道」吧！那麼，先天地生的那個「道」（「無」）是「物」呢？還是「非物」？

---

⑮ 通行本「昆」作「混」。《說文》：「昆，同也」，與「混」義同，亦作掍。「混」是假借字。

我們且來看看老子對「道」（「無」）的規定吧！

——「道」（「無」），就是「虛無」。老子說：「〔道沖，而用之有弗〕盈也。瀟（淵）呵始（似）萬物之宗。」⑯傅奕本「沖」作「盅」，俞樾說：「《說文》皿部，『盅，虛器也』。老子曰：『道盅而用之』。盅訓虛與盈正相對，作沖者，叚字也。」薛惠也說：「沖，不盈，皆虛也，道之體本虛」。這就是說，「道」不是什麼物質的元素，而是虛無，正因其虛無，所以它的作用無窮無盡。猶如派生萬物的老祖宗。他說：「無名萬物之始也，有名萬物之母也。」把「無」作爲世界萬物的開始和最高的本源。世界上形形色色自然物的形成，都是物質的種種表現形態，它是一種物質向另一種物質的運動或轉化。這就是說，物質世界任何自然物的產生，都是從「有」到「有」，而不是從「虛無」（「道」）生「有」。老子宣揚的「無」（「道」），在當時人所認識的物質世界中是不存在的，它只能作爲老子頭腦中一種觀念而存在著。

——「道」（「無」），就是無形無象。他說：「道之物，唯望（恍）唯忽。〔忽呵恍〕呵，中有象呵，望（恍）呵忽呵，中有物呵。滯（幽）呵鳴（冥）呵，中有清（精）吔〈呵〉。」高誘注：「忽恍，無形貌也。」《老子》第十四章對「忽恍」也有一個解釋：「是胃（謂）無狀之狀，無物之〔象、是胃（謂）沕（忽）望（恍）〕。」可見「忽恍」就是無形無狀。這是說，

---

⑯「呵」，通行本作「兮」，缺文據帛書乙本補。

「道」這個東西，無狀無象，其中「有物」、「有象」、「有精」。如果說「道」中「有物」、「有象」、「有精」，那麼，「道」本身並不是「物」、「象」、「精」，顯然它們不是一個東西。恰恰相反，「道」是先「物」、「象」而存在的，「象帝之先」，「道」就成爲「物」、「象」、「精」的先在者。這種「道」（「無」）在先，物在後的觀點，實際上就是宣揚「道」脫離物而先於物，離物而先於物，按照莊子的意思就是「非物」，後來宋明理學家張載、朱熹等人都把他們所說的「理」，即「實理」，與佛、道的虛、空對立起來，並作爲理學與佛、道的根本區別之一，也就是對於無、虛的批判。按照中國傳統思維習慣，「無」是無形無象、看不到、摸不着的意思，又先於天地萬物，便是非物。

——「道」（「無」），就是看不見、聽不到、摸不著的實存。他說：「視之而弗見，名之曰[illegible]（微）。聽之而弗聞，名之曰希。捪之而弗得，名之曰夷。三者不可至（致）計（詰），故園（而爲一）。一者，其上不攸，其下不物（忽）。尋呵不可名也。」⑰這個「視之弗見」、「聽之弗聞」、「捪之不得」的東西，既不可名，又淡而無味。他說：「談（淡）呵其無味也，（視

---

⑰《說文》：「捪，撫也，摹也」。「夷，平也」。「捪」與「夷」義不相應，應按通行本改「夷」爲「微」，將「視之而弗見」句改「微」爲「夷」。「園」，乙本作緍」。通行本作「混」。園從束從□，疑是《說文》部首之橐字，在此讀爲梱，完木未折也。「攸」，乙本作謬。《莊子・天下篇》，「謬悠之說」，成玄英疏，「謬，虛也。悠，遠也。」疑「攸」當作「攸」讀爲悠，意爲謬悠虛遠。

之」，不足見也；聽之，不足聞也；用之，不可既也。」這個「道」（「無」）是爲人的感覺所不能感知的，又不爲我們感覺所反映的東西。物作爲客觀實存的哲學範疇，這種客觀實存是人通過感覺感知的，爲我們的感覺所複寫、攝影、反映。老子的「道」（「無」）既然不能爲我們的感覺所複寫、攝影和反映，它不是別的，只能是超感覺的東西，也就是老子所說的「復歸於無物」的「無物」。

總之，「道」（「無」）是先天地生的「虛無」，是存在於「物」先的無形無象，是不爲人們感覺所反映的客觀實存。它是客觀世界萬物（「有」）的總根源。這種老子自己頭腦中的「虛無」概念，沒有任何內在差別的存在，它事實上只是思想虛無的對偶語，所以是眞正的虛無。《老子》的道還有道路之意，引伸爲原理、原則、規律、行爲準則等義。

那麼，這個看不見，摸不着，無形無象的「道」（「無」）是否是「原子」或「自然」呢？

古希臘原子論者留基波和德謨克里特，他們在論證原子論時，首先批判了「無」能生「有」論。他說：「沒有任何東西從無中來，也沒有任何東西在毀壞之後歸於無」，接着他們論證了沒有虛空的存在，原子雖看不見，但它在宇宙中運動着，存在着。他說：

虛空是非存在，並且在存在之中絲毫沒有什麼是非存在。……因為真正的存在是絕對充滿的；可是這充滿不是一，而是由無數微粒（原子——引者）構成的。……因為很少，所以是看不見的，這些微粒在虛空中運動（因為虛空是存在的）。

「因此而形成一些複合物：火、水、氣、土。」[18]在古希臘羅馬哲學中，凡認為「無」能生「有」的，一般是為上帝創世說作論證的。這就是說，物體世界產生於精神、產生於神的說法會得出世界是從無中創造出來的說法。因此，「道」（「無」）和「原子」完全是兩碼事。

在中國，則有墨子及其後學對「無」能生「有」這個命題的批判。他說：「無，若無馬，必有之而後無」[19]。但莊子卻繼承了老子「有生於無」的思想，他說：「夫昭昭生於冥冥，有倫（有形）生於無形。」[20]在「有」與「無」問題上展開了實質上是哲學論爭，給後來的哲學以深刻的影響。「有」與「無」問題成為魏晉以後哲學論爭的重要問題之一。

所謂「道」是「自然」，是根據老子這樣一句話：「人法地，（地）法（天），天法（道，道）法（自然）。」在這裏，「道法自然」句，不能理解為「道」是物質的「自然」。如果以「道法自然」為「道」就是物質的「自然」，那麼，就會陷入邏輯的自相矛盾，重複歷史的錯誤[21]。

[18]《古希臘羅馬哲學》第九六、九七頁。

[19]《墨子・經說》。

[20]《莊子・知北游》。

[21]公元六二五年（唐高祖李淵武德八年）沙門慧乘和道士李仲卿辯論儒、釋、道三教次序，涉及到「道」

在《老子》書中，「自然」十數見，試舉幾處：

「希言自然。飄風不冬（終）朝，暴雨不冬（終）日」；

「夫莫之⿰白寸（爵），而桓自然也」；

「成功遂事，而百省（姓）胃（謂）我自然」；

「能輔萬物之自〔然，而〕弗敢為」。

統觀全書，「自然」就是「自然而然」，即「無爲」的意思，它同物質的自然或自然界，涵義有差異。

還應當指出，老子的「道」（「無」）也是造物主的別名，神的觀念的變種。不過，老子生在春秋末期，各種統治、麻痺人民的思想工具都在動搖。用「天」的觀念吧，「天」已不行；

---

是否是最高本體問題。李仲卿答慧乘的問難說：「道是至極之法，更無法於道者。」〔慧乘〕難曰：「《老經》自云：『人法地，地法天，天法道，道法自然。』何意自違本宗，乃云更無法於道者?若道是至極之法，遂更有法於道者，何意道法最大，不得更有大於道者?」答曰：「道只是自然，自然即是道，所以更無別法能法於道者。」〔慧乘〕難曰：「道法自然，自然即是道，亦得自然還法道不?」答曰：「道法自然，自然不法道。」難曰：「道法自然，自然不法道，亦可道法自然，自然不即道?」答曰：「道法自然，自然即是道，所以不相法。」難曰：「道法自然，自然即是道，亦可地法於天，天即是地。然地法於天，天不即地，故知道法自然，自然不即道。若自然即是道，天應即是地。」於是仲卿在座，周慞神府，抽解無地，忸報無答。（唐道宣：《集古今佛道論衡》卷丙）。

「天命不祐」㉒用「神」吧，神已不靈，「吉凶由人」㉓；由龜筮吧，龜筮是象數，「龜，象也；筮，數也。」㉔因此，老子提出了一個抽象的、神秘的「無」（「道」），作爲萬物的生成的根源，來代替「天」、「神」。這是老子哲學的創造，也是他的貢獻。若自然界是被派生的，它只能是由某種比自然界更巨大、更豐富、更廣闊、更有力的東西派生出來的，只能是某種先在的、異在的東西，因爲要生自然界，就必須有一個超越於自然界而存在的，即存在於自然界以外的東西，從西方哲學的術語來表達，這種東西就叫作神。「道」（「無」）就是被老子變換了名稱與形態的「神」，只不過更虛無、更模糊而已。在《老子》書中，有五處是講有人格的「神」或「天」的：

「夫天道無親，恒與善人。」

「天將建（救）之，女（如）以茲（慈）垣之。」

「天之所亞（惡），孰知亓（其）故。」

「〔天網⿰衤圣⿰衤圣，疏而不失〕。」㉕

---

㉒《左傳》昭公元年。

㉓《左傳》僖公十六年。

㉔《左傳》僖公十五年。

㉕「⿰衤圣⿰衤圣」，通行本作「恢恢」，河上公注「甚大」。按《說文》：「⿱夂圣，大也」，故「⿰衤圣」讀爲「⿱夂圣」

「是胃（謂）配天，古之極也。」[26]

「天」道對人無所偏愛，它永遠幫助善人。把「天」看作有意志的神，這與西周「以德配天」思想相一致；如第一條是講「天道觀」的話，那麼，「天將建（救）之」，這是以「天」爲救世主了。「天」要拯救誰，就以慈來保祐它；「天」對於人的好惡，是神秘莫測的；這個「天」不僅活靈活現、有好有惡，可謂人的模樣的神，而且神通廣大、主宰世界萬物，網孔雖稀，從不漏失。因此，人們做事，都要符合「天」意，這是古來的準則啊！這種有神論觀念，是支配着人們日常生活的外部力量在人們頭腦中的虛幻的反映，在這種反映中，人間的力量採取了超人間的力量的形式。老子宣揚超人間的力量形式——「天」。從中可以窺見老子是怎樣變「天」爲「道」（「無」）的思想痕迹。

老子道（「無」）的實質在於：把心理的東西作爲最初的出發點；從心理的東西引出自然界，然而再從自然界引出普通的人的意識。因此，這種最初的「心理的東西」始終是把沖淡了的神學掩蓋起來的抽象概念。例如，任何人都知道什麼是人的觀念，但是脫離了人的和在人出現以前的觀念，卻是人們頭腦中的一種虛構。老子的「道」（「無」）就是從抽象的觀念引出自然界，就是這樣的一種虛構。

---

[26] 甲本脫「配」字，今據乙本補。

## (二) 辯證法思想及其被「道」(「無」)的體系所窒息

上面剖析了老子哲學體系「道」(「無」)——「有」——「萬物」中的「道」(「無」),現在,我們來講「有」(「二」、「三」)。

「道」是老子哲學邏輯結構的起點,它在自我流行的過程中,首先安置自身,這就是「一」。然後把自身與自身對置起來,這就是「有」(「二」、「三」)。在這裏,我們且撇開歷代注釋家對「二」、「三」的種種解釋,但「道」(「無」)在自身流行中,老子的辯證法思想獲得了發展。在老子看來,無論在自然界還是在社會中,普遍存在着矛盾。於是,在《老子》書中提出了諸如美——醜、有——無、長——短、難——易、高——下、剛——柔、善——惡、禍——福、強——弱、生——死、勝——敗、貴——賤、華——實等對待矛盾概念有七、八十對之多。這是老子對於當時自然與社會的認識,也是對時代精神的把握。

老子認爲,矛盾着的雙方是相互統一、相互聯繫、相互依存的。他說:「有、無之相生也,難、易之相成也,長、短之相刑(形)也,高、下之相盈也,意(音)、聲之相和也,先、後之相隋(隨),恒也:」㉗這裏「有無」、「難易」、「長短」、「高下」、「聲音」、「先後」

---

㉗ 通行本無「恒也」。

等，都以其對待方面爲自己存在的前提，同處在一個統一體中。這就是說，沒有「有」，也就無所謂「無」；沒有「長」，也就無所謂「短」；沒有「難」，也就無所謂「易」……。這都包含相輔相成的意思。譬如，關於「有、無之相生」，老子解釋說：「州〔楅（輻）同一轂，當〕其無，〔有車〕之用（也）。然（埏）埴爲器，爲其無，有埴器〔之用也。鑿戶牖〕，當其無，有〔室〕之用也。」形象生動地說明了車、陶器、窗戶等「有」與「無」的矛盾統一關係。關於「難、易之相成」，他說：「圖難乎〔其易也，爲大乎其細也〕。天下之難作於易，天下之大作於細。」難事開始於簡易，大事開始於微細。關於「高、下之相盈」，他說：「九成之臺，作於羸（蔂）土。」九層的高臺，從一筐筐的泥土築起。這顯然是老子哲學中自然的、直觀的辯證法思想。

老子基於對矛盾的認識，還看到了自然和社會是變化的。他說：「曲則金（全），枉則定（正），窪則盈，敝則新，少則得，多則惑。」這是說，委曲能變保全，彎曲能變直，低窪的能變盈滿，舊的能變新，少取能變多得，多取能變迷惑。矛盾雙方的一個方面是可以向其相反的方面轉化的，事物不能永遠處在一種形態之中：「飄風不多（終）朝，暴雨不多（終）日。孰爲此？天地〔而弗能久，有（又）兄（況）〕於人乎？」狂風刮不到一早晨，暴雨下不了一整天，天地尚且不能持久不變化，何況人呢？這種矛盾雙方相互轉化的現象不僅自然界有，社會中也存在。他說：「𥚃（禍），福之所倚；福，禍之所伏。」這就是說，災禍緊靠着幸福，幸福又潛伏着災禍。「禍」與「福」不是絕對的，是相互轉化的。在一定的條件下，壞的東西可以引出好的結果。

老子的辯證法的思想，是當時社會發展、變革過程在他頭腦裏的反映。「社稷無常奉，君臣無常位」㉘，這就是當時社會實際狀況的寫照。老子從社會等級、階級的激烈變動中，看到了「金玉盈室，莫之守也」的情況，使他能夠提出關於矛盾和矛盾轉化的思想。

然而，老子在講矛盾相互統一、相互依存時，卻忽視了矛盾的鬬爭性；在講矛盾相互轉化時，又忽視了矛盾轉化的條件，這是老子辯證法的缺陷。

對於任何一個具體的事物說來，對立的統一是有條件的、暫時的、過渡的，因而是相對的。老子雖羅列了許多矛盾相互依存、相互統一的現象，但他不講矛盾的這一方面克服另一方面，或另一方克服這一方面。他說：「〔故〕恒無欲也，以觀其眇（妙）；恒有欲也，以觀其所噭。兩者同出，異名同胃（謂），玄之有（又）玄，衆眇（妙）之〔門〕」㉙。「恒有欲」，「恒無欲」，不僅同出，連旨趣也一樣；不僅沒有爭，同是玄之又玄，所不同者「異名」而已。老子出於貴族的既得利益和需要，他不講矛盾的平衡、均勢和靜止的破壞或打破。因此，他強調矛盾的「守中」與「和」。他說：「多聞數窮，不若守於中」。「故知足不辱，知止不殆，可以長久。」多聽就會迷惑，知識滿足就不會困辱，知道適可而止就不會衰敗，不如保持「中」。從

---

㉘《左傳》昭公三十二年。

㉙ 甲乙本有兩「也」字，通行本無「也」字。

「陰」「陽」的矛盾說來，不是矛盾的鬪爭，而是「和」。他說：「〔萬物負陰而抱陽〕，中氣以爲和。」所以，他反對矛盾雙方的鬪爭。「夫唯不靜（爭），故無尤」。唯有「不爭」，才不會有過錯。「非以亓（其）無諍（爭）與？故〔天下莫能與〕諍（爭）。」所以，他認爲「爲人之道也」是不爭的。〔故天之道，利而不害；人之道，爲而弗爭。〕」這是針對奴隸、平民的反抗而說的。他所謂的「不爭」的「人之道」就是主張和諧、調和。在這裏有條件的相對的同一性和無條件的絕對的鬪爭性相結合，構成了事物的矛盾運動。老子只講有條件的相對的同一性，主張「中」、「和」、「不爭」；而否認鬪爭的絕對性，否認同一性的鬪爭性的結合。這當然是不全面的。

矛盾着的對待雙方互相鬪爭的結果，無不在一定條件下互相轉化。在這裏，條件是重要的。沒有一定的條件，鬪爭着的雙方都不會轉化。老子籠統地、抽象地講矛盾向其相反的方面轉化，而不講這種轉化的條件。譬如，他說：「〔故柔勝剛，弱〕勝強，天〔下莫不知，而莫能〕行也。」又說：「爲者敗之，執者失之。物或行或隨，或炅（熱）或〔吹，或強或挫〕，或坏（培）或橢（墮）。」這裏「柔」與「剛」，「弱」與「強」、「爲」與「敗」、「執」與「失」的轉化都是沒有條件的；同樣，「行」或「隨」、「執」或「吹」、「強」或「挫」、「培」或「墮」，對待雙方的轉化也是無條件的。無條件便喪失了對待雙方的聯結的中介或溝通的橋樑，無此，就無以轉化。

誠然，他更沒有講通過積極的鬬爭去促進事物的轉化。因此，這種轉化不是前進的矛盾運動，不是新質的產生和舊質的死亡的運動過程，不是由低級到高級、由簡單到複雜的發展運動，而是一種的「復歸」，卽循環運動。所以，他說：「〔反也者〕，道之動也。」又說：「〔大（老子強爲『道』名之爲『大』——引者）〕曰筮（逝），筮（逝）曰〔遠，遠曰反〕。」就是說，「道」（「無」）的運動，就是「道」（「無」）本身的反歸。於是，老子又把它叫做「〔復歸於樸〕」或「復歸於無極」。這種「復歸」，也稱爲「歸根」，他說：「萬物旁（並）作，吾以觀其復也。夫物云（芸）云（芸），各復歸於其〔根，曰靜〕。情（靜），是胃（謂）復命。復命，常也。知常，明也。」萬物雖然各色各樣（「有」），但終究要復歸到老根，卽「道」（「無」）那裏去，這就叫做「靜」，或叫做「復命」。永遠「歸根」、「復命」，就叫做「常」。這樣，老子便從矛盾轉化的無條件性而走向循環論。他認爲發展是減少和增加，是重複的、沒有發展和創新的。

總之，當「道」（「無」）在自身的流行過程中，自己把自己對置起來，從而產生形形色色的萬物以後，就需要「復歸」於「道」（「無」），卽「道」（「無」）自身跟自身的結合。這樣，事物的活生生的前進運動或發展運動就被循環所窒息了。

老子的循環運動觀點是與他以「道」（「無」）——「有」（「二」、「三」）——「萬物」爲骨架的哲學邏輯結構相聯繫的。雖然，老子提出了一些辯證法的合理因素，但不能貫徹到底，最終被窒息在「道」（「無」）的哲學邏輯結構中。只要我們把「天下之物生於有，有生於無。道生一，一生二，二生三，三生萬物」；「尋尋呵不可名也，復歸於無物」。用簡明的圖式加以表述，就可以看得更清楚：

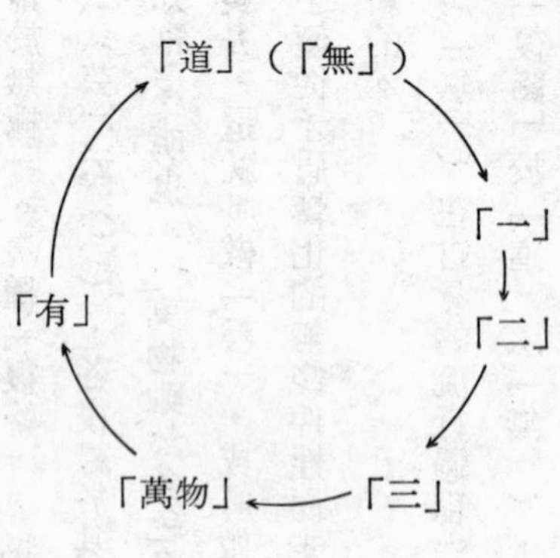


這說明：

第一，從「道」（「無」）開始的運動，通過「一」、「二」、「三」等演化過程，生成了世界萬物；「一」生成了萬物以後，就開始了「復歸」，最終復歸到「無」（「道」）。

第二，當「道」（「無」）演化到「二」、「三」、「萬物」等階段的時候，老子不僅承認事物的矛盾，而且承認矛盾雙方的相互轉化。因此，提出了可貴的辯證法的合理因素。但只要

「復歸」到「道」（「無」），矛盾及其運動就內化爲「道」（無）自身，「道」（「無」）本身是相對的絕對，所以說「歸根曰靜」。

第三、在從「道」（「無」）到「道」（「無」）的流行過程中，一切矛盾的轉化、變化、發展都可以展開，但只能在這個「道」（「無」）——「道」（「無」）的範圍內循環往復，以至於無窮。

第四、老子的哲學體系，是一個從「道」（「無」）——「道」（「無」）的哲學邏輯結構。在這個結構中，一切辯證法合理因素，要與這個循環運動的體系發生矛盾，在自然界和生活中，是有着「發展到無」的運動。不過「從無開始」的運動，倒是沒有的。運動總得是從某個東西開始的。老子「從無開始」的運動，儘管是老子頭腦裏的虛構，但蘊含着天才的猜測。實際上「道」（「無」）是矛盾運動的內化。內化與止息就是「靜」，而「靜」不以矛盾運動爲條件，使「靜」與「動」割裂開來，而成爲絕對「靜」，以便論證原有貴族既得利益的恒「常」不變。這就是老子循環運動體系與其「無爲」政治之間的聯繫。

### (三)「以道（『無』）觀物」的體認

上述，我們揭示了「道」（「無」）——「有」（「二」、「三」）的演化過程，世界萬物也就從「道」（「無」）中派生出來了。這樣，似乎「道」（「無」）——「有」（「二」、

「三」)——「萬物」就完成了。但是，人們如何認識由「道」(「無」)所生成的世界萬物，還沒有解決。在主體和客體的關係問題上，老子仍然沿着把自己跟自己對置起來的顚來倒去的途徑認識。他提出了「以道(『無』)觀物」、卽從「無」(「道」)到「物」的體認理路。他認爲，認識的宗旨，是體現由他創造出來的那個「無」(「道」)中，不需要去認識別的東西。

認識究竟怎樣發生？一般來說，人們在實踐過程中，首先是感性認識，感性材料積累多了，就飛躍爲理性認識，這就是由客觀物質變主觀精神的階段，但認識沒有完了，還需要有精神變物質的第二階段。老子認識論的特點是，既否定感性認識，也否定理性認識，而要人們回到「無知無欲」的狀態。

老子體認論的第一特點是：「塞其閟，閉其門」，否定感覺經驗。他說：「塞其閟(閟)，閉其門，終身不堇(勤)。啓其閟，濟其事，終身〔不棘〕」[31]高誘注：「兌，耳、目、鼻、口也。」河上公注：「兌，目也；門，口也。」就是說，把眼、耳、鼻、口等感覺器官堵塞起來，關閉起來，不同外物接觸。這樣，一輩子就不會出弊病，犯錯誤；如果用眼、耳、鼻、口等感官去感覺外界事物，獲得對事物的體認，那麼，一輩子就不可救藥。他說：「五色使人目明〈盲〉，……五味使人之口噣(爽)，五音使人之耳聾。是以聲(聖)人之治也，爲腹不〔爲目〕。」眼

---

[30] 「閟」，乙本作「⿰土兌」，通行本作「兌」，訓穴。「⿰土兌」從土，兌聲。「閱」，《說文》段玉裁注云：「古假閱爲穴，《道德經》，塞其兌，閉其門，兌卽閱之省。」⿰土兌閱音同義通。

睛看五色，就會眼瞎；耳朵聽五音，就會耳聾；嘴巴嘗五味，就會傷口。否定人的感官與客觀外界相接觸。

人們知道，客觀外界的現象只有通過眼、耳、鼻、舌、身等感官，才能攝影到人們的頭腦中來，產生感性認識；如果閉目塞聽，同客觀外界根本絕緣，當然，是無所謂認識的，它只能進行一種冥冥內省。然而任何知識的來源，在於人的身體感官對客觀外界的感覺，否認了這個感覺，否認了直接經驗，否認親自參加變革現實的實踐，就不可能獲得認識。老子否認這個感覺，否認直接經驗，無疑使他陷入先在論的體認論。

老子不僅反對直接感覺經驗，也反對間接的感覺經驗。於是，他提出了「〔絕學無憂〕」的主張，否定一切學習，拋棄一切學問。這樣，就不會有憂慮。

老子與其他思辨哲學家一樣，他的思維方法就在於，它把感覺不是看作意識和外部世界的聯繫；而是看作隔離意識和外部世界的屏障、墻壁。感覺本來是意識和外部世界的直接聯繫，是外部刺激力向意識事實的轉化，老子切斷了這個聯繫，否定了這個轉化，就使他的認識陷於片面。

老子認識論的第二特點是，「棄智」，即否定理性認識。他說：「知（智）快（慧）出，案有大僞」。就是說，人們有了智慧，就會產生大虛僞。怎樣避免「大僞」的出現呢？老子認爲，最好的方法是「絕聲（聖）棄知（智）」，拋棄一切的聰明和才智，這樣才能有利於百姓。而「民利百負（倍）」，如果人們有了聰明和才智，不僅老百姓很難治理，也是國家的禍害。因此，他主張，「脩除玄藍（鑒），能毋疵乎？」，把內心掃除乾淨，清除染物，而沒有瑕疵，才能深入靜觀，而體驗「道」（「無」）。於是，人們的認識就達到最高境界。這就是老子所說的「若〔嬰兒未咳〕」，「比於赤子」，「聖人皆咳之」。聖人的作用，在於使人閉起各自的耳目感官，使天下人都回到像還不會笑的嬰兒那樣渾渾噩噩，既無所求，也無所爲，什麼也不懂的「無知無欲」狀態，就是所謂得「道」（「無」）。如果能保持這種狀態，才是「〔含德〕之厚〔者〕」。合乎「道」（「無」）的本性，而不背離「道」（「無」），卽所謂「恒德不鷄（離），復歸嬰兒」。要人退回到無知無欲的動物的狀態，拋棄人類已獲得智慧，這事實上是不可能的。歷史的進步，人類的智慧的發展，是不會回到愚昧的。人類智慧每一進步，都是離愚昧愈來愈遠。

老子認識論的第三特點是，「不行」，卽否定實踐。他說：「不出於戶，以知天下。不規（窺）於牖，以知天道。其出也彌遠，其〔知彌少〕。」這就是說，不出門，全知天下事，不看窗外，能認識天道，出門走得越遠，接觸外界越多，知道的東西就越少。這樣，老子就完全否定了實踐在認識中的作用，卽使這個實踐是個人的生活實踐，他也加以否定。而把知識說成是先天就有的。「秀才不出門，全知天下事」，在技術不發達的古代只是一句空話，在技術發達的現代雖然可以實現這句話，然而眞正親知的是天下實踐着的人，那些人在他們的實踐中間取得了「知」，經過文字和技術的傳達而到達於「秀才」之手，秀才乃能間接地「知天下事」。但是，老子從他先在論的體認論出發，主張「不行」，但說：「〔是以聖人不行而知，不見而名，弗〕

爲而〔成〕」。聖人「不行」就有知識，不去觀察就能判斷，不去做就會成功。在這裏，他完全顚倒了「知」與「行」的辯證關係，誇大了「知」的作用，而否定「行」，實際上是以「知」代「行」。其思維方法仍然是，以主觀和客觀相分裂，以認識和實踐相脫離爲特徵。

老子的「以道（「無」）觀物」，是「道」——「有」——「萬物」中一個環節，並以此作爲基礎和出發點。他認爲，人們做到「以道觀物」，必須「守靜」。他說：「至虛極也，守情〔靜〕表也。」「表」，乙本作督，通行本作篤。《淮南子・道應訓》引作篤。「表」爲「篤」之誤。要使心靈盡量地虛寂、堅守着清靜。這樣，才能「以道觀物」，卽「吾以觀其復也」，以「道」（「無」）來觀察萬物的循環往復；從「道」（「無」）出發，來認識世界萬物的奧妙。此外，老子還認爲，認識的最高境界是要人民回到「無知」的渾沌狀態，把人民掌握知識，看做是民「難治」的根本原因，他說：「民之難〔治〕也，以其知（智）也」。可見，老子「無知」的認識論是與其「無爲」政治相聯繫的。

從上述「道」（「無」）——「有」（「二」、「三」）——「萬物」的哲學體系的剖析中，我們可以說，老子的哲學是系統的、成體系的。如果說孔子建構了中國第一個仁學哲學體系，那麼，老子則建構了中國第一個自然哲學體系。儘管孔子也講「天何言哉？四時行焉，百物生焉，天何言哉？」有自然哲學的意味，但無系統的闡述。老子雖否定仁義，但也不排拒道德倫理，而主張回歸自然。構成了儒、道哲學的互補。

# 墨子以三表爲核心的認識論

墨子（約公元前四七五—三九五年）姓墨，名翟。他活動的時代，相當於春秋戰國之交。在社會急劇變革時期，各人從各個不同的角度、方面、層次對當時社會問題作出了不同的回答。因而，形成了各種學派，並出現了「百家爭鳴」的局面。在各個學派中，儒、墨成爲「世之顯學」，或儒、墨相絀，或墨、楊相誹，進行辯論。這就使得衡量言論、理論的眞假、是非標準問題，突出了起來。墨子著重探討了這方面的問題。

關於言論、理論的眞假、是非標準，墨子說：「必立儀，言而毋儀，譬猶運鈞之上，而立朝夕者也。是非利害之辨，不可得而明知也。」❶「言」是「言論」或「理論」。「儀」，《說文》：「度也」。即度量的標準。「運鈞」，《淮南子》高誘注：「鈞，陶人作瓦器，法下轉鈞者。」

❶《墨子・非命上》。《非命下》：「凡出言談，則必可而不先立儀而言，若不先立儀而言，譬之猶運鈞之上，而立朝夕焉也。」此「言」即「言談」、「言論」、「理論」的意思。

卽作陶器時不斷旋轉的輪子。就是說必須有一個衡量言論、理論「是」、「非」、「利」、「害」的標準，才能分辨何爲「非」，何爲「是」，何爲「利」，何爲「害」？這個標準「無以異乎輪人之有規，匠人之有矩也。今夫輪人操其規，將以量度天下之圜與不圜也，……是以圜與不圜，皆可得而知也。此其故何？則圜法明也。匠人亦操其矩，將以量度天下之方與不方也。……是以方與不方，皆可得而知之。此其故何？則方法明也。」❷「規」與「矩」是輪人和匠人衡量、檢驗圓與不圓，方與不方的標準（「法」）。人們之所以知道這是「圓」，那是「方」，就是有這麼個「圓」的「法」和「方」的「法」。

在墨子看來，必須有一個標準，非此別無他「法」。他說：「譬猶立朝夕於員（運）鈞之上也，則雖有巧工，必不能得正焉。」❸這就好比把測日影以定時刻的晷（古代定時的儀器）放在運轉的輪上一樣，卽使技術很高明，也不能求得正確的時刻。因此，他把「立儀」，又稱爲「立義法」❹，就把標準的意思說得更清楚了。

言論或理論的標準是什麼？

墨子說「言必有三表。何謂三表，子墨子言曰：有本之者，有原之者，有用之者，於何本

---

❷《墨子・天志中》。
❸《墨子・非命中》。
❹《墨子・非命中》：子墨子言曰：「凡出言談由文學之爲道也，則不可而不先立義法。」

之？上本之於古者聖王之事；於何原之？下原察百姓耳目之實；於何用之？廢（發）以爲刑政，觀其中國家百姓人民之利。此所謂言有三表也。」❺「表」，《說文》：「表，上衣也，从衣毛，古者衣裘，故以毛爲表。褾，古文表，从麃。」褾與灋（法）字形近。《墨子・非命中》、《非命下》都作「言有三法」。「法」《說文》作「灋」，「刑也」。段玉裁注：「刑者，罰辠也。《易》曰：利用灋人以正法也。引申爲凡模范之偁」。「模」、「范」都有標準的意思。

值得注意的是，墨子在這裏提出了「事」、「實」、「利」作爲衡量言論、理論的眞假、是非標準。

第一，關於「事」，墨子說：

「上本之於古者聖王之事」❻

「考之天鬼之志，聖王之事」；❼

---

❺《墨子・非命上》。《非命下》說：「是故言有三法，何謂三法？曰：有考之者，有原之者，有用之者。惡乎考之？考先聖大王之事；惡乎原之？察衆之耳目請（情）；惡乎用之？發而爲政乎國，察萬民而觀之，此謂三法也。」

❻《墨子・非命上》。

❼《墨子・非命中》。

「考先聖大王之事」。❽「事」就是過去「聖王」所做的事情。他說：「聖人以治天下爲事者也，必知亂之所自起，焉能治之，不知亂之所自起，則不能治。」❾就是說，「聖人」爲治理國家，一定要考察清楚「亂」是怎樣產生的，然後才能治理好國家，它好比治病一樣，一定要知道病是怎樣產生和生病的原因，才能對癥下藥治好病。這個「事」，就是爲「治天下」，而去考察，去實行，並針對「亂之所自起」的實際，治理好國家。因此，墨子說，「仁人之所以爲事者，必興天下之利，除去天下之害，以此爲事者也。」❿這就是「事」的內涵。

可見，「事」是指過去「聖王」的行爲活動所直接實現的歷史事實或歷史實際，是他們在解決國家治亂過程中所獲得的歷史經驗。

以這個歷史事實或歷史實際作爲衡量言論、理論的眞假是非標準，就是墨子所說的第一表。譬如拿「天命」來衡量，這在當時「執有命者」看來，「天命」乃是一個不可動搖的「眞理」。他們認爲：「命富則富，命貧則貧，命衆則衆，命寡則寡，命治則治，命亂則亂，命壽則壽，命

---

❽《墨子・非命下》。
❾《墨子・兼愛上》。
❿《墨子・兼愛中》。

夭則夭命，雖強勁何益哉！」⓫「貧富」、「衆寡」、「治亂」、「壽夭」，都是由「天命」決定的，人們自己是無能爲力的。顯然是天命決定論。

那麼，「治」「亂」由天命決定的，這個言論、理論是否符合歷史實際呢？「尙（上）觀於聖王之事，古者桀之所亂，湯受而治之。紂之所亂，武王受而治之。此世未易，民未渝，在於桀、紂則天下亂，在於湯、武則天下治，豈可謂有命哉。」⓬是說「世」還是這個「世」，「民」還是這些「民」，都沒有變化，但是，在桀、紂，天下就「亂」，湯、武就「治」，可見，「治」「亂」不是「天命」，而在人爲。「若以此觀之，夫安危治亂。存乎上之爲政也。則夫豈可謂有命哉？」⓭在這裏，墨子把國家「治亂」的根源，僅僅歸結爲某個統治者的「爲政」，雖有片面性，但亦有一定的道理。他通過歷史實際，否定「天命」的存在，並指出：「命者，暴王所作，窮人所術，非仁者之言也。」⓮揭露命的社會根源，卻是可貴的。

墨子根據歷史事實，進一步詰難「以命爲有」的理論。他說：「蓋嘗尙（上）觀於先王之書：……先王之憲，……先王之刑，……先王之誓，亦嘗有曰：福不可請，禍不可諱。敬無益，暴

⓫《墨子・非命上》。
⓬《墨子・非命上》。「渝」，《爾雅・釋言》：「變也」。
⓭⓮《墨子・非命下》。

無傷者乎？……是故子墨子言曰：吾當（尚）未鹽（盡）數，天下之良書，不可盡計數。……求執命者之言，不必得。」⑮批駁天命論，強調了主體人的能力和能動作用。

第二，關於「實」。墨子說：

「下原察百姓耳目之實」；⑯

「是與天下之所以察知有與無之道者，必以衆之耳目之實，知有與亡（無）爲儀者也。請惑聞之見之，則必以爲有，莫聞莫見，則必以爲無。」⑰

「實」就是人們通過耳目感官所獲得的直接經驗的實際。墨子認爲這個直接經驗的實際，不是個別人的耳目感官所獲得的，而是指「百姓」、「衆人」的直接經驗的實際。只有這樣才少有不正確的成份。他說：「一目之視也，不若二目之視也；一耳之聽也，不若二耳之聽也；一手之操也，不若二手之彊也。」⑱只有「衆人」直接經驗的實際，才能判斷眞假是非。譬如古代「聖王」

---

⑮《墨子．非命上》。「禍不可諱」的「諱」當讀爲「違」，同聲假借。「憲」：《爾雅．釋詁》：「憲，法也。」「吾當未鹽數」句，文義不通，孫詒讓說：「當疑尚之僞，畢(沅)云，鹽，盡字之僞。」今據改。

⑯《墨子．非命上》。

⑰《墨子．明鬼下》。「請」當讀爲「誠」。

⑱《墨子．尚同下》。

治理天下，千里之外有一個賢人，「聖王得而賞之」；千里之內有一個暴人，「聖王得而罰之」，是不是「聖王」的耳目特別聰明、神奇呢？不是，是不是「聖王」是「異物」呢？也不是。墨子說：「非神也，夫唯能使人之耳目，助己視聽；使人之吻，助己言談；使人之心，助已思慮；使人之股肱，助己動作。助之視聽者衆，則其所聞見者遠矣；助之言談者衆，則其德音之所撫循者博矣；助之思慮者衆，則其談謀度速得矣；助之動作者衆，即其舉事速成矣。」[19]天子之所以被稱譽爲神，是因爲他能集中「衆人」的視聽、言談、思慮、行爲，以幫助自己的視聽、言談、思慮、行爲，因而能達到眞、善、美的神的境界，這無疑是衡量眞假、是非、美醜的標準。

「實」就是客觀事實。墨子考察了社會生活中的各方面事實。他說：「今我曰：『何故爲室？』曰：『冬避寒焉，夏避暑焉，室以爲男女之別也。』則子告我之室之故矣。」[20]多能禦寒，夏能避暑，並能分別男女，這就是房子這個客觀事實。至於戰爭，「今大國之攻小國也，攻者，農夫不得耕，婦人不得織，以守爲事；攻人者，亦農夫不得耕，婦人不得織，以攻爲事，故大國之攻小國也，譬猶童子之爲馬也。」[21]不管攻者，還是被攻者，都不能很好從事生產。這就是墨子所謂「戰爭」這個客觀事實。顯然他只看到「戰爭」的一個方面，而沒有看到在一定條件

[19]《墨子・尚同中》。「吻」，《說文》：「口邊也」。「則其談謀度速得矣」，「談」爲衍字。
[20]《墨子・公孟》。
[21]《墨子・耕柱》。

下革命戰爭對社會的推動作用。

可見「實」，就是指客觀事實或人們通過耳目感官所獲得的直接經驗的實際。拿這個作爲衡量言論、理論的眞假是非標準，就是墨子所說的第二表。譬如拿「天命」來衡量，墨子說：「我所以知命之有與亡（無）者，以衆人耳目之情，知有與亡（無）。有聞之，有見之，謂之有。莫之聞，莫之見，謂之亡（無）。」[22]以「天命」的「有」、「無」，考察於「衆人耳目之實」，則自從「生民」以來，「亦嘗有見命之物，聞命之聲乎？則未嘗有也。」[23]人們的耳目感官所獲得的直接經驗的實際證明，「天命」是沒有的[24]。

墨子在重視客觀事實和直接經驗實際的基礎上，提出了「取實予名」的命題，即「名」（理論、觀念和概念）由什麼來「予」（推斷）的問題？他認爲不能依主觀的觀念、概念來「予」，必須「取」客觀事實來「予」（推斷）。從客觀事實來判斷「名」（理論、概念）的眞假是非，必須使「名」（理論、概念）符合客觀事「實」。例如：推斷「仁」、「不仁」這個概念和理論，公孟子說：「君子必古言、服，然後仁。」即講古代話，穿古代的衣服，然後就「仁」。墨子反駁說：「昔者商王紂、卿士費仲，爲天下之暴人；箕子微子，爲天下之聖人，此同言，而或

[22][23]《墨子．非命中》「亦嘗有見命之物」中「有」字原無，按孫詒讓說補。

[24]「命」不同於牛、馬等實物，而是一個抽象的概念，因此是看不見，聽不見的。如果以此來證明「命」的不存在，那麼，墨子所說的「義」也是不存在的。可是他以「義」是眞實存在的。這就陷入了邏輯上的自我矛盾。

仁不仁也。周公旦爲天下之聖人，關（管）叔爲天下之暴人，此同服，或仁或不仁。然則不在古服與古言矣。」㉕這就是說，不能「取」古言、古服作爲推斷「仁」與「不仁」這個概念（名）的標準，因爲「古言古服」只是一個表面現象，它沒有反映「仁」的實質。墨子認爲「仁」的實質是，「必務求興天下之利，除天下之害。」㉖因此，公孟子所說的「仁」，是名不符實的，名符其實，就是墨子「取實予名」的第一層意思。

另一層意思是，以人們耳目感官所獲得的直接經驗的實際來判斷「名」（理論、概念）的眞假是非。墨子說：「今瞽曰：「鉅者白也，黔者黑也』，雖明目者無以易之，兼白黑，使瞽取焉，不能知也。故我曰：『瞽不知白黑者，非以其名也，以其取也』。」㉗是說，盲人雖然具有黑白兩個不同概念，但把實際的黑、白兩個東西放在一起，他是會拿錯的。這就是說。他在實際中是不能分辨的，「名」與「實」是不一致的。因爲，盲人所具有的黑白概念（「名」）不是以耳目感官所獲得的實際爲基礎的。它不能眞正反映「實」。

只有依據「實」來判斷「名」，才算是對於「名」的眞正理解，否則，就不能說是對「黑」

---

㉕《墨子・公孟》。

㉖《墨子・兼愛下》。

㉗《墨子・貴義》。俞樾說：鉅無白義，字當作豈，豈者皚之叚字。《廣雅・釋器》：「皚，白也。」章太炎以「鉅」爲「金鋼石」，說「金鋼石」是白色的，可備一說。

「白」的眞正認識。「此譬猶盲者之與人同命黑白之名，而不能分其物也，則豈謂有別哉！」㉘盲人只具有黑白的概念，而沒有在耳目感官感覺基礎上的關於黑白的實際知識，這是盲人與正常人的區別。

墨子在名實相符的基礎上，認爲客觀事物的發展是可以預見的。他說：「謀而不得，則以往知來，以見知隱。謀若此，可得而知矣。」㉙名符其實地進行推理，是可以「以往知來」，「以見知隱」的，從而批駁了那種以「往者可知，來者不可知」的否定預見的謬論。墨子指出：「『籍(藉)設而(爾)親在百里之外，則遇難焉。期以一日也，及之則生，不及則死，今有固車良馬於此，又有奴馬四隅之輪於此，使子擇焉，子將何乘？』對曰：『乘良馬固車可以速至。』子墨子曰：『焉在矣來？』」㉚假設你的親人在百里之外遇難，如果在一日之內趕到就生，否則就死。現在既有良馬固車，又有劣馬的輪車任你挑選，你卻以良馬固車可以速至，這就說明未來的事是可知的。人們可以根據客觀實際，作出使主觀符合客觀實際的預見。

墨子「取實予名」是針對孔子「循名責實」提出來的。孔子面對「禮壞樂崩」、「禮樂征伐

---

㉘《墨子・非攻下》。

㉙《墨子・非攻中》。

㉚《墨子・魯問》。「奴」作「駑」，「駑」古作「奴」。「焉在矣來」，「矣」當作「不知」，意思是講怎麼說未來的事無法知道呢？

自諸侯出」㉛客觀社會實際，以名正實，即以概念、名稱來匡正已變革了的客觀社會實際，使客觀實際與「名」相符合，把「名」作為判斷客觀社會實際的標準。孔子說：「名不正則言不順，言不順則事不成，事不成則禮樂不興，禮樂不興則刑罰不中。」㉜墨子與孔子相反，「非以其名也，以其取也」㉝。以「取」來代替「名」，「以其取」實際來檢驗「名」的眞假是非。因「名」自身是主觀的，當然「名」自身不能作為衡量眞假是非的標準，檢驗「名」的眞假是非只能是「實」。

第三，關於「利」，墨子說：

「廢（發）以為刑政，觀其中國家百姓人民之利。」㉞

「利」就是指實際利益。而且是指「國家」、「人民」的客觀實際利益。他說：「凡足以奉給民用則止，諸加費不加於民利者，聖王弗為。」㉟是說增加費用如果對人民有「利」，是可以去實行的；如果對人民沒有「利」，那是不能實行的。這就是說，「民利」與否是檢驗用財的標

㉛《論語．季氏》。

㉜《論語．子路》。

㉝《墨子．貴義》。

㉞《墨子．非命上》。

㉟《墨子．節用中》。

準。因此，他認爲統治者「暴奪民衣食之財」，奢侈浪費，「其使民勞」，「其籍斂厚，民財不足，凍餓死者，不可勝數也。」[36]不「利」於人民，這就是「寡人之道」。這是從國家百姓的實際利益來檢驗言論、理論的眞假是非。這是「利」的第一層意思。

「利」的另一層意思是指客觀事物的功效。他說：「古者聖人爲猛禽狡獸，暴人害民，於是教民以兵行。日（曰）帶劍，爲刺則入，擊則斷，旁擊而不折，此劍之利也；甲爲衣則輕且利，動則兵且從，此甲之利也；車爲服重致遠，乘之則安，引之則利，安以不傷人，利以速至，此車之利也。」[37]是說，刺能入、擊能斷，是劍的「利」；輕而且能隨人身而轉動，是甲的「利」；能載重、速度快，是車的「利」。在這裏「劍之利」、「甲之利」、「車之利」就是檢驗「劍」「甲」、「車」之眞假好壞的標準。

可見「利」既是指「國家」「人民」的實際利益，也是指客觀事物的功效。拿這個作爲衡量、檢驗言論、理論的眞假是非標準，就是墨子所說的第三表。拿「天命」來衡量，墨子說：「今也王公大人之所以蚤（早）朝晏退，聽獄治政，終朝均分，而不敢怠倦者，何也？曰：彼

---

[36]《墨子·節用上》。「籍」，王引之說：「籍斂，稅斂也。」

[37]《墨子·節用中》。「狡」，《廣雅·釋詁》：「狡，健也」。「日」當疑爲「曰」字誤。「動則兵且從」，「兵」字無義，當作「弁」，形近而誤，「弁」卽變之假借。

以爲強必治，不強則亂，強必寧，不強必危，故不敢怠倦。」㊳如果相信「天命」，必然「怠乎聽獄治政」，聽天由命了；同樣，「農夫」之所以起早貪黑，辛勤耕稼，不敢怠倦，爲什麼呢？是因爲他們相信「強必飽，不強必飢」。如果「信有命爲改行之」，聽天由命，「農夫」必然會怠於耕稼，而帶來飢餓。「從國家百姓人民之利」來衡量，即從客觀實際利益來檢驗，天命論是有害的。

墨子以「國家百姓人民之利」來衡量「厚葬」和「久喪」。他說「厚葬」必然是「葬埋必厚，衣衾必多，文繡必繁，丘隴必巨」㊴。甚至「殺殉」，天子殺殉，「衆者數百，寡者數十，將軍大夫殺殉，衆者數十，寡者數人」㊵。「久喪」的結果不僅「久禁從事」，「財以（已）成者，扶（挾）而埋之，後得生者，而久禁之，以此求富，此譬猶禁耕而求穫也。」㊶而且，在居喪期間限制飲食，使人身體「毀瘠」。因此，墨子得出結論說：如果以「厚葬久喪者爲改，國家必貧，人民必寡，刑政必亂」。㊷於國家百姓人民不「利」。墨子以對於國家人民「利」與「不

---

㊳《墨子・非命下》

㊴㊵《墨子・節葬下》。

㊶《墨子・節葬下》。「久喪」古代規定，「君死，喪之三年。父母死，喪之三年。妻與後子（長子）死者，五皆喪之三年」。

㊷《墨子・節葬下》。

利」爲標準來衡量「爲政」的好壞，是很可貴的。因此。他認爲「仁人之事」，就是「興天下之利，除天下之害」，這個「利」，具體地說，就是「國家之富、人民之衆、刑政之治」㊸。卽國家富足、人民繁庶、政治清明。反映了墨子從小生產者的階級利益出發的社會理想。

墨子由於強調客觀實際效果，因此，他說：「言足以復行者常（尙）之，不足以舉行者勿常（尙）。不足以舉行而常（尙）之，是蕩口也」。㊹是說言論、理論能見之於「行」的才值得重視，不能實「行」的言論、理論是不值得重視的空談（「蕩口」）。「行」是檢驗言論、理論是否值得重視的標準。他說：「用而不可，雖我亦將非之，且焉有善而不可用者。」㊺是講「善」的言論、理論必然是能實「行」的。所以，墨子強調說，「言必信，行必果，使言行之合，猶合符節也。」㊻是說一個人「言」「行」必須一致。但墨子這裏所說的「行」，是指個人的生活實踐活動。

上述墨子所說的「事」、「實」、「利」三個方面，其實是統一的，這就是客觀事實和效

---

㊸《墨子．尙賢上》。

㊹《墨子．耕柱》又見《貴義篇》。

㊺《墨子．兼愛下》

㊻《墨子．兼愛下》。「符節」《周禮．地官、掌節》；「門關用符節」，注：「符節者，如今宮中諸官詔符也。」卽古代用爲憑信的工具，上刻文字，剖爲左右兩半，如朝廷與外官，雙方各執其半以爲信，如虎符。

果。不管是過去「聖王」所直接實行的歷史實際、歷史事實，還是「百姓耳目之實」的社會實際以及「國家百姓人民之利」的實際利益，都是以直接經驗爲基礎的，都是以客觀事實和客觀效果爲第一性的。他以此爲衡量、檢驗言論、理論眞假是非的標準，無疑是一種與客觀實際相符合的認識論。

墨子以「三表」爲核心的認識論，在以「事」、「實」、「利」爲檢驗言論、理論眞假是非標準上雖有一些不失爲正確而又精彩的論述，但由於其時代地位和歷史條件的局限，也不免爲其精彩的論述帶來缺陷和錯誤。他在以「百姓耳目之實」衡量言論、理論眞假是非標準的時候，重視了感性經驗，卻對理性認識有所忽視，因此，他根據鄉里人關於有鬼的傳說和見聞，而肯定了「鬼」的存在。他以《春秋》關於周宣王殺杜伯，杜伯鬼魂報仇之故事爲例說明「若以衆之所同見，與衆之所同聞，則若昔者杜伯是也。」在這裏，他既錯誤地把人們虛幻的感覺當成眞實的感覺，而更主要的是由於他不知道感覺材料固然是客觀外界某些眞實性的反映，但他們僅是片面和表面的東西，這種反映是不完全的，是沒有反映事物本質的。要完全地反映整個的事物，反映事物的本質及其事物內部規律性，就必須經過思考作用，將豐富的感覺材料加以去粗取精、去僞存眞、由此及彼、由表及裏的改造製作工夫，造成概念和理論的系統，就必須從感性認識躍進到理性認識。正因爲這樣，他卻被虛幻感覺所迷惑，而導致了有鬼論。

當墨子在講「觀其中國家百姓人民之利」的時候，他把國家利益和人民利益說成是共同的，並把這當成了普遍性的思想形式。用這個觀點去衡量言論、理論的眞假是非，在春秋戰國時期，諸侯異政，是得不出共同的、統一的論斷的。

墨子雖重視實際和客觀效果，但他的認識只具有相對的眞理性，即使是過去聖王所實行過的歷史實際和歷史經驗，由於歷史的變遷、社會的發展，過去的歷史經驗也只具有相對的眞理性，即不完全性。

# 《墨經》在矛盾觀上的貢獻

在我國古代辯證法思想發展史上，對於矛盾律的研究，見解深邃，內容豐富。成書於戰國後期的《墨經》，對矛盾律的探討，有許多新貢獻，它促進了先秦矛盾學說的發展，成爲先秦辯證法思想史中不可缺少的重要一環。現就《墨經》的矛盾觀，略述管見，就教於方家。

## 一、達類私的矛盾形式

《墨經》在矛盾學說上的新貢獻之一是，把普遍性與特殊性、共性與個性的矛盾統一關係，看作是客觀世界種種關係以及相互作用交織起來的最基本、最普遍的聯繫形式，從而抓住了矛盾問題的精髓。

後期墨家肯定世界是物質統一性與無限多樣性的矛盾統一體，而把這個無限多樣、極其複雜的世界聯結成爲一個有機整體的基本形式是一般性、特殊性和個別性的對立統一，《墨經》用

「達名」、「類名」、「私名」來表述這種形式。在這個既極複雜而又多層次的矛盾統一體中，一般性、特殊性和個別性的矛盾關係，是貫穿整個世界、聯繫各個事物的基本紐帶。

這種矛盾關係表現在客觀物質世界的區分上，《墨經》提出了「達、類、私」（《經上》）的範疇，並解釋說：「物，達也，……馬，類也，……臧，私也……。」（《經說上》）《墨經》以「名」爲「實」的反映，有「名」必有相應於「名」的「實」；「名」有「達、類、私」，是由於「物」是萬物的通稱和概括，即一般事物概念（「達」）；在事物的一般中，又分爲不同的「類」，即「馬」；在「類」中又分爲個別事物，即「私」，「臧」便是人類中的具體的人。這樣，便在「達」（「物」）、「類」（「馬」）、「私」（「臧」）之間便構成了一般性、特殊性和個別性的對立統一關係。此其一。

其二、在世界事物結構上，《墨經》把「物」劃分爲「體」與「端」，從事物內部結構揭示了整體、部分和不同側面的矛盾關係。「物」爲「兼」，「區物，一體也，說在俱一唯是。」（《經下》）「物」是「體」的綜合，「兼」異體而爲物。「體，分於兼也」（《經上》），「體，若二之一，尺之端也。」（《經說上》）「體」是「兼」的部分，象「二」中的「一」，線（「尺」）中的點（「端」）一樣。「端，體之無序而最前者也。」（《經上》）「端」，《說文》作「耑」，「物初生之是也。」《左傳》文公元年「履端於始。」「端」即發生之初始。在這裏，是指構成事物的最基本的側面。「物」、「體」、「端」，標誌着世界事物內部結構的不同層次，三者互相差別，既不能相互代替，又相互聯繫。「物」與「體」是「兼體」與「區物」，即整體與部分的關係，「體」與「端」，「端」是「體」的「最前者」，是部分與基本側面的關係。「端」包括在「體」中，「體」包括在「物」中，三者都不能單獨存在，而不可分割地聯繫在一起。可見「物」、「體」、「端」之間，也是一般性、特殊性和個別性的矛盾統一關係。

其三、在事物存在形式的空間和時間上，《墨經》提出了「宇」、「異所」、「有處」和「久」、「異時」、「有久」等範疇。關於空間，《墨經》說：「宇，彌異所也。」（《經上》）「宇，冢東西南北。」（《經說上》）「宇」是遍括一切空間（「異所」）的總稱，是無限空間概念；「異所」指的是東西南北這些相互差別的不同空間，是一個特定空間概念；「長徙而有處」（《經上》），「有處」是一個具體空間概念。總體空間是無限的，但就具體事物的存在來說，都是「有處」的，即有一定方位。「宇」、「異所」、「有處」，三者之間構成了無限與有限、一般與個別的對立統一關係。

關於事物存在的時間形式也是如此。「久，彌異時也。」（《經上》）「久，合古今旦莫。」（《經說上》）「久」是總括一切時間（「異時」）的無限時間概念；「異時」指「古今旦莫」這些特定時間；「時，或有久，或無久」（《經上》），總體時間是無限的，但就具體事物來說，都是在具體時間內發生的，或在過去的「古今旦莫」中發生，或在現在的某個「旦」或「莫」中發生，都是確定的，所以叫做「有久」，「有久」是個確定的具體時間概念。久、異時、有久，三者也是無限與有限、一般與個別的對立統一關係。

空間、時間的多層次矛盾關係與運動着的物質的多層次矛盾關係是一致的。整個事物世界劃分爲「物」、「類」、「私」，事物內部結構分爲「物」、「體」、「端」等層次，它的存在形式在空間上有「宇」、「異所」、「有處」，在時間上有「久」、「異時」、「有久」等層次。空間、時間、運動統一於物質，「域徙久」、「民行脩以久也」（《經說下》）。「物」的多層次矛盾關係與時間、空間形式的多層次矛盾關係都表現爲一般性、特殊性和個別性的對立統一關係。

從客觀世界某個部分中各個具體事物與某個部分的相互聯繫來看，《墨經》認爲貫穿其中的是一般和個別的矛盾關係。

《墨經》把這種一般和個別的聯繫歸納爲兩種基本形式：一是整體與部分的聯繫，提出了「體同」概念；二是類與具體事物的聯繫，提出了「類同」概念。

所謂「體同」，卽「不外於兼，體同也」（《經說上》），「兼」是整體，「體」是部分，「體分於兼也」，各部分（體）相兼而成一個整體。如「二」與「一」、「尺」（線）與「端」（點）之間是整體與部分的關係。另外，「特者，體也」（《經上》），事物各方面的特性，也構成事物的部分。如石頭，「兼」備「堅」和「白」兩種屬性，「堅」和「白」都是構成石頭這一整體的部分或方面、層次，只有「堅白不相外」（《經上》）而「相盈」（《經說下》）

才能成爲完整的石頭。無論是那種意義上的整體與部分，整體及各個部分都有其規定性，部分不等於整體。「堅」和「白」各自都不等於石頭。「區，宇不可偏舉，宇也」（《經說下》），「舉」一區域不能代替「宇」，「宇」是整體，「區」是部分，部分不等於整體。《墨經》舉「故」爲例說：「故，所得而後成也」（《經上》），「故，小故，有之不必然，無之必不然。大故，有之必然，無之必不然。」（《經說上》）結果必有原因，原因（「故」）有總體原因（「大故」）和局部原因（「小故」）之分，有總體原因才產生某種結果，沒有它某種結果一定不會產生；只有部分原因決不會出現這種結果，但沒有它也一定不會出現這種結果。整體與部分以及各個部分之間有質的區別。但是，整體離不開部分，沒有部分也就沒有整體；而部分是整體的部分，不能脫離整體而獨立存在。整體與部分是對立的統一，是一般與個別的矛盾統一關係。

所謂「類同」，卽「有以同，類同也」（《經說上》），就是不同的事物之間有共同的方面或本質。比如「馬」，「白馬，馬也」，「驪馬，馬也」（《小取》），白馬、黑馬都是馬，本質相同；馬和牛，都是「四足獸」有相同的方面。白馬不是黑馬，馬不是牛，不能混同，但它們之間卻有着共同的本質或方面，相互之間有着聯繫，這種聯繫是對立統一的聯繫，也是任何事物的類與個體之間普遍存在的一種關係，卽一般與個別的矛盾關係。

《墨經》提出「體同」、「類同」概念，顯然對於一般與個別的辯證關係有着深刻的理解，認識到了個別包括在一般之中，一般寓於個別之中。

從具體事物之間的關係來看，《墨經》認爲都是對立面的相互依存關係。它提出，事物「不可偏去二」（《經下》），「一偏棄之」（同上）。只有「一」沒有「二」就沒有矛盾，沒有事物。事物應是「兩而無偏」。比如「仗者兩而無偏」（《經說上》），戰爭（仗）是敵對雙方相互依存的統一體。「中央，旁也」，「兄弟，俱適也」，「相去相從」，「同異交得於有無」（《經說上》），這裏的中與旁、兄與弟、從與去、同與異、有與無，都是對立面的依存關係，沒有此方，彼方也就不存在。

《墨經》把客觀世界理解爲多層次的矛盾統一體，這就是說：⑴從每個具體事物到整個世界都充滿矛盾，極其複雜的世界是一個對立的統一體。這是矛盾的普遍性。⑵在多層次的矛盾聯繫中，各個不同層次、各類事物之間及每個具體事物的兩個對立面的情況又各自不同，具體的矛盾關係又具有特殊性。

## 二、獨指兼指的矛盾結構

《墨經》把客觀世界看作是充滿矛盾的統一體，但並不到此爲止，進而對矛盾的結構及其作用進行了研究。這是對矛盾學說的又一新貢獻。

辯證法是研究對立面怎樣才能夠同一，以及在什麼條件下對立面相互轉化而同一的。《墨經》在研究矛盾律中，已觸及矛盾結構、對立面怎樣統一以及對立面轉化的基本形式。

第一，矛盾結構的基本形式是對立面的統一。《墨經》認爲，矛盾是由兩個對立的方面構成的，故「不能獨指」，「兼指之以二也」（《經說下》），「兩而無偏」。矛盾必有兩方，只有一方，就沒有矛盾，沒有事物。但就矛盾雙方對立的性質而言，是不完全相同的，《墨經》認爲有兩種性質的對立統一：一是雙方差別性的對立統一，如「體，分於兼也」（《經上》），「特者，體也，二者盡也」（同上），「白馬，馬也」（《小取》）等，即是部分與整體、個別與一般以及不同屬性之間的對立統一；二是雙方相反性質的對立統一，如說「或一周而一不周，或一是而一不是」（《小取》），周與不周、是與不是、生與死、損與益、本與末、利與害等等，是相反相成，是對立面雙方性質相反的對立統一。

第二，對立面的統一是有條件的。性質相反的兩方面，在什麼條件下才能成爲統一？《墨經》在分析「名實」異同中提出了「四同」，即重同、體同、合同、類同。「二名一實，重同也」（《經說上》），如狗與犬，反映的是同一事物，概念相同，它們之間不存在對立統一關係。而其他「三同」，所講的都是對立面統一的條件。

「不外於兼，體同也」（同上），即整體與部分的對立統一，所謂「不外於兼」、「不相外」、「必相盈」（同上），就是整體（兼）與部分（體）能夠統一的條件。反之「相外」、「異處不相盈」，這樣的「體」（部分）就不是整體（兼）的部分，與整體之間就不存在統一的條件，不能構成對立的「同一」體。

「俱處於室，合同也」（同上）。這一命題是針對公孫龍的「二無一」觀點的，公孫龍從「獨指論」出發，認爲任何事物之間以及事物的各種屬性之間都不存在統一性，曾提出了「離堅白」、「白馬非馬」等命題。所謂「俱處於室」，指的是不同事物、不同屬性之間的共居性，共居性就是不同事物或不同屬性共處於一個統一體中的條件，「不同所，不合也」（《經說上》）。《墨經》認爲，有共居性的事物可以「合同」，而「合同」的事物是相異事物的統一體，而並不是變成了一個單純的事物，像牛馬同室不會變成鷄一樣。

「有以同，類同也」（《經說上》）。「有以同」卽是說不同事物之間有相同的方面或共同的本質。「有以同」就是個別和一般對立面統一的條件。如牛、馬、羊，就其都爲「四足獸」，有共同方面，在「四足獸」這個條件下，它們是統一的。又如白馬與黑馬，本質相同，都是「馬」；「楊木之木與桃木之木同也」（《大取》），楊木與桃木有共同的「木材」本質；「小圓之圓與大圓之圓同」（同上），小圓與大圓都有着「一中同長」的共同本質。可見不同事物之間才能統一。

《墨經》把對立面的統一看作是有條件的，說明它已經認識到了統一性的相對性和差別、對立排斥的絕對性，任何事物都是這種絕對性和相對性的統一，較之老子無條件的統一要深刻。

第三，統一體中對立的兩個方面，其地位和作用不是均等的，有主次之分。《墨經》說：

「有其異也，爲其同也，爲其同也，異。」（《小取》）卽是說，以異爲主，其中有同；以同爲主，其中有異。如說「兩絕（色）勝，黑白也」（《經說上》），黑白兩色對立，白處於主導方面，這個東西就是白的；黑勝成爲主導方面，這個東西就是黑的。「火鑠金，火多也；金靡（䃺）炭，金多也」（《經說下》），火與金的對立，「火多」是主要方面，就能熔金；「金多」是主要方面，就把炭火研碎息滅。「俱無勝，是不辯也。辯也者，或謂之是，或謂之非，當者勝也」（《經說下》），辯者雙方必有勝負，「俱勝」或「俱負」就沒有辯。卽是說，對立面處於同等地位就沒有矛盾，沒有事物。

第四，矛盾雙方所處的地位和作用不是固定不變的，而是在一定條件下相互轉化的。所謂「巧轉」，卽是轉化。轉化的形式又是多樣的，《墨經》具體研究了各種不同條件下的轉化形式。

⑴矛盾雙方地位和作用的相互轉化。如說：「五行無常勝」（《經下》），「死生利若，非無擇也」（《大取》），捨死求生，死就轉化爲生；「所未有而取焉，是利之中取大也；於所旣有而棄焉，是害之中取小也。」（《大取》）對「利」而言是「取大」，對「害」而言就變成了「取小」。又如「一少於二，而多於五，說在進」（《經下》），「一」作爲個位數，它少於「二」，進一位成爲十位數的「一」，卽「一十」的「一」，就轉化爲多於「五」的「一」了，其關節點在於「進」。

⑵個別與一般的相互轉化。如說「乘馬，不待周而乘馬，然後爲乘馬也，有乘於馬，因爲乘

馬矣；逮至不乘馬，待周不乘馬，而後爲不乘馬。」（《小取》）乘一馬就是乘馬，而不是乘了所有的馬才算乘馬，不乘所有的馬，就是不乘馬。個別的馬代表了「馬」，個別轉化成了一般。「名：達、類、私」，「類名」對「私名」是一般，而對「達名」，就轉化成了個別。

⑶可能性向現實性的轉化。「且入井，非入井，止且入井，止入井也；且出門，非出門，止且出門，止出門也。」（《小取》）要入井還不等於入井，只是可能性，入了井才算入井，才轉化爲現實性。同樣，要出門還不是出門，出了門才是出門。「假者，今不然也」（《小取》），僅是可能性，但「故中效，則是也」（同上），可能性就轉化爲現實性。

⑷由量向質的轉化。「處室子，子母，長少也。」（《經說上》）少女對母親來說是「少」，隨年齡的增長，生了女兒，就從少女變成了母親，由「少」變成了「長」。《墨經》認爲，事物的變化都有其的量界限，「損而不害，說在餘」（《經下》），即是說事物的變化都有其量的規定，在一定限度內，量的增加或減少不會改變事物的質。而質變是量變的結果，如說「有久之不止，若人過梁」（《經說上》），其中包含着由量變到質變的思想，人在橋上行走的過程是量變的過程，當走完最後一步，量變的積累引起了質變。

《墨經》關於矛盾的具體結構，特別是關於對立面統一的條件性、矛盾雙方地位和作用的不平衡性以及轉化形式的多樣性等問題的研究，都是相當深刻的。

《墨經》從對矛盾結構的分析中，引申出了它的運動變化觀，認爲萬物運動變化的根本原因在於事物內部的矛盾性，從矛盾的普遍性、絕對性，證明了運動變化的絕對性。

首先，在動靜觀上，它認爲運動是絕對的，靜止是相對的。「動，域徙也；止，因以別道。」(《經上》)關於運動的原因，它說：「力，形之所以奮也。」(同上)力量是運動的內在原因，運動是力量的外部表現。「力」在這裏可以理解爲廣義上的「動力」，這種動力的形成是由於「必」，「必，不已也」(同上)，「必，一然者，一不然者；必，不必也；是非，必也」(《經說上》)。所謂「必」，是一然者與一不然者，一必與一不必，一是與一非，就是矛盾對立面的相互作用。由於「必」(矛盾)的存在，運動故「不已也」。只要有矛盾，就會有運動。「偏，俱一無變」(《經說下》)，沒有矛盾，運動就不可理解，也就沒有運動。而「止，因以別道」，區別於運動的原因。但是，「止，已久也」(《經上》)，「盡，但止動」(《經說上》)，這僅僅是說，把時間作爲運動的量度，從時間來看，它的結束就是運動轉化爲靜止，這是指某一具體事物的一個具體過程來說的，有其開端和結束，「始，當時也」，「止，已久也」(《經上》)，「盡，但止動」(《經說上》)。靜止在這裏所標誌的只是一個具體運動過程的結束。另一方面，「止，無久之不止，若矢過楹；有久之不止，若人過梁。」(《經說上》)以時間來量度運動，把連續的時間加以分割，如箭穿過柱子(楹)時那一瞬間，就是一種靜止，如《莊子．天下》所說：「鏃矢之疾，而有不行不止之時」，卽爲此意；倘從時間的連續上看，如人過橋(梁)，人在橋上行走過程對「過」來說就是靜止。這兩種形態的靜止是運動中的靜止。無論是某一具體運動過程結束的靜止，還是運動中的靜止，都不過是運動的一種特殊形式，都帶有相對性。整個世界就是運動的絕對性和靜止的相對性的統一。

其次，對於運動形式和運動變化的趨向，《墨經》認爲不同的矛盾造成了不同的運動形式，把運動變化的結果歸結爲「成、亡」過程。它說：「化，徵易也；損，偏去也；益，大也；儇，稇秪也；庫（庚，即更），易也；動，域徙也。」（《經上》）「化，若鼃爲鶉」（《經說上》），「化」即變化、轉化，如蝦蟆變爲鶉（一種鳥）。「損，偏去也，兼之體也。其體或去或存」（《經說上》），「損已而益所爲」（《經上》），損即減少，益即增加，減少或增加的過程是「爲」。稇秪即循環；庚（更）即變更；域徙即遷徙。轉化、損益、循環、遷徙這些不同的運動形式都是由不同的矛盾情況形成的。這裏所說的幾種運動形式的劃分雖然並不一定科學，但在探索運動形式方面是前進了一步。運動變化雖然形式多樣，但總的趨向都是「成、亡」。「已，成亡」（《經上》），「已，爲衣，成也；治病，亡也。」（《經說上》）「已」是結果的意思。就是說，運動變化的結果是產生（成）與滅亡（亡）的不斷交替。事實上整個自然界，都處於永恆的產生和消滅中，處於不斷的流動中，處於無休止的運動和變化中。《墨經》把事物的運動變化歸結爲「成、亡」過程，表明它對客觀世界的運動規律有較深刻的認識。

## 三、以實正名的矛盾內容

以「實」爲基礎，把辯證法與客觀事實結合起來，這是《墨經》對矛盾學說發展的另一個重要貢獻。

我們頭腦中的辯證法只是在自然界和人類社會中進行的、並服從於辯證形式的現實發展的反映。《墨經》的矛盾觀的前提是承認「名（概念）」是對「實（客觀存在）」的反映。「舉，擬實也」（《經上》），「舉，告以文名舉彼實故也」（《經說上》），「所以謂，名也；所謂，實也。」（同上）在這裏客觀上是三項：⑴自然界；⑵人的認識＝人腦（就是那同一個自然界的最高產物）；⑶自然界在人的認識中的反映形式，這種形式就是概念、規律、範疇等等。人的認識中的概念、規律、範疇都是客觀存在的反映，概念的差異和矛盾只不過是客觀事物差異和矛盾的反映。《墨經》從這樣一個基本觀念出發，把主觀概念中的矛盾看作是客觀矛盾的反映，主張要「名」符其「實」，概念要眞實準確地反映客觀矛盾及其運動形態，並且提出了要做到名實相符的原則。

其一，「不可偏觀」、「不可常用」。《墨經》認爲，客觀世界的矛盾是極其複雜的，因此說：「故言多方，殊類異故，則不可偏觀也。夫物或乃是而然，或是而不然，或一周而一不周，或一是而一不是，不可常用也。」（《小取》）就是說，事物是複雜的，反映在人們的言論思想中也是多方面的，不同種類的事物各有其不同的原因和結果，因而看待事物不可片面。就是相同的事物在不同情況下表現也不同，從這方面看是這樣，從另一方面看又不是這樣，周與不周、然與不然、是與不是，雖然都是對立的統一，但不能用對於某一事物或這一事物某一方面的認識，去「常用」於其它一切事物。客觀事物是多方面的，反映在認識中也應是多方面的，各類事物的矛盾情況不同，反映在認識中也應是相互區別的。如名實同異關係，《墨經》說：「謂，所謂，非同也，則異也。同則或謂之狗，其或謂之犬也；異則或謂之牛，其或謂之馬也。俱無勝，是不辯也。辯也者，或謂之是，或謂之非，當者勝也。」（《經說上》）「謂」，「名也」，「所謂，實也」（《經說下》）。「實」同則「名」同，如狗與犬，指的是同一事物，概念相同；「實異」則「名異」，牛與馬不同，牛馬是兩個概念。客觀事物有「同、異」，反映在概念中也有「同、異」。客觀事物是「同異交得」（《經上》），「同」與「異」是對立的統一，即「同異而俱於之一也」（同上），反映在概念中也是對立統一的。狗、馬、牛「同」爲「四足獸」，但「同」中有「異」，狗、馬、牛各相區別，可是「異」中又有「同」。辯論不可各執一端，否則就是不辯。辯論的結果或是或非，符合客觀實際者勝。

其二，「以實正名」。客觀事物是「正名」的標準，《墨經》說：「正名者彼此，彼此可。彼彼止於彼，此此止於此，彼此不可。彼且此也，彼此亦可；彼此止於彼此，若是而彼此也，則彼亦且此此（亦且彼）也。」（《經說下》）客觀事物各有其質的規定性，反映客觀事物的「名」，只能是此一名反映此一事物，彼一名反映彼一事物，不能彼此不分；另一方面，事物是運動發展的，它們彼此區別又相互聯繫，「彼亦且此，此亦且彼」，是對立的統一，反應在概念中也應是對立統一的。反映此一事物與彼一事物的差別以及聯繫的概念是否正確，要看它是否符合客觀存在的「實」。「信，言合於意也」（《經上》）「信，不以其言之當也，使人視城得金。」（《經說上》）有人說城上有金，不以言爲準，而以是否有金這個「實」爲準。「以理之可誹，雖多誹，其誹是也；其理不可非，雖少誹，非也。」（《經說下》）一種道理的正確與否，不取決於非議的人多少，而取決於它是否符合客觀的「實」。

其三，「不能獨指」、「兼指之以二也」。「指」卽名或概念。客觀事物是對立面的統一，概念就不能只反映一面（獨指），而應全面地反映事物對立面的統一。因此，概念不能是「獨指」，而應是「兼指」，才符合客觀實際。「兼指之，以二也」（《經說下》），就是說概念本身就反映着客觀事物的區別和聯繫，「二」是區別對立，「二」是聯繫統一。「兼指」，一方面是指概念應全面地反映事物各方面的不同特性和不同部分的對立統一關係，如「石頭」這個概念，就「兼指」了石頭的堅和色這兩種屬性；另一方面是指概念應反映一般和個別兩方面的對立統一關係，如「方」這個概念，「一方盡類，俱有法而異，或木或石，不害其方之相合也」（《經說下》），「兼指」了木頭、石頭等一切方體之「方」、大方、小方一切不等面積之「方」。客觀事物本身是「相兼」的，反映客觀事物的概念也必須是「兼指」，不能偏指一面，或只指對立，或只指統一，從而否認聯繫，或否認差別對立。

## 四、《墨經》矛盾觀的特點

先秦時期，矛盾學說有了可喜的發展。人們不僅從總體上把握了客觀世界的矛盾現象，而且對矛盾的結構有了初步認識，提出了一些精湛的命題。特別是對立統一規律在許多領域得到了運用。《墨經》較之同時代思想家的矛盾學說，略高一籌。這便是開始觸及總畫面的各個方面，它吸收古代豐富的自然科學知識，剖析了自然現象中的矛盾；研究了社會生活中的矛盾現象；在批判非辯證觀點中分析了思維中的矛盾運動。涉及範圍之廣，是前所未有的。並在此基礎上概括出了一系列深刻的概念和命題，對客觀世界中矛盾的基本聯繫形式、矛盾的結構、對立面雙方的地位和轉化形式以及思維中的矛盾運動與客觀矛盾的關係等問題，都提出了自己的見解，對辯證法的發展作出了重要貢獻。概括起來，《墨經》的矛盾觀具有這樣突出特點：

第一，《墨經》的矛盾觀以承認世界的客觀性爲基礎，因此，它的矛盾學說不是抽象、空泛地議論矛盾，而是從具體地分析客觀事物的具體矛盾中闡述矛盾規律的。《墨經》從世界的物質統一性和多樣性的矛盾關係出發，通過對總體的「物」、具體表現形態的「類」，以及個體事物之間對立統一關係的分析，對物質內部結構的「物」、「體」、「端」之間對立統一關係的分析、對物質存在形式的時間和空間的有限與無限對立統一關係的分析，概括出了一般性、特殊性和個別性的矛盾統一關係，把它看作是貫穿事物內部，並把形形色色、千變萬化的世界聯繫成爲一個有機整體的基本形式；通過對各種事物之間兩個對立方面的具體分析，抽象出了「兩而無偏」、「不可偏去二」、「兼指之以二」等矛盾概念；通過對具體事物內部矛盾結構的分析，研究了對立面統一的條件、矛盾雙方的地位和作用以及轉化形式，論證了對立面排斥的絕對性和統一的相對性、矛盾雙方的不平衡性以及轉化形式的多樣性，把事物運動變化的原因歸結爲事物內部的矛盾性；通過對「名實」同異的分析，肯定了思維中的矛盾運動是客觀矛盾規律的反映，等等。這些關於矛盾規律的深刻思想，都是通過對事物矛盾的具體分析提出來的，充分體現了辯證法與客觀事實的結合。

第二，在廣闊的領域內運用對立統一規律，力圖對客觀世界作辯證的說明。《墨經》的矛盾學說，涉及的領域大至宇宙萬物的運動變化、時間和空間的有限與無限，小至一個具體事物乃至一「端」，從自然科學知識的許多學科，至社會現象的許多方面，以至於思維中的矛盾規律以及某一具體概念。並且對所涉及到的問題都有明確、深刻、合理地辯證法的解釋，這在先秦時期是罕見的。

第三，吸收古代自然科學知識，揭示了自然科學中的辯證法。在《墨經》看來，自然科學中的每個原理、命題、概念都包含着矛盾。比如「一，五有一焉，一有五焉，十，二五焉」（《經說下》），「一」和「五」就是對立的統一。「一」包含在「五」中，如一、二、三、四、五，「五」中有「一」；「一」中有「五」，一十的「一」中就包含着兩個「五」。又如「挈與收，反」（《經下》），一物懸持，上提下收，是相反方向的力的對立統一。「景（影），木柂（斜），景短大；木正，景長小。」（《經說下》）在木的影像與木的關係中，有斜正、長短、大小的對立統一。「圜，一中同長也。」（《經下》）圓的定義就是個別與一般的對立統一。《墨經》中所涉及到的自然科學知識，對其中的矛盾都作了分析。

第四，《墨經》的矛盾學說具有鮮明的批判性，在批判非辯證觀點中揭示矛盾規律。《墨經》中的許多命題是在批判惠施、公孫龍、莊子中提出來的，如批判「指物論」，提出了「則固不能獨指」，「兼指之以二也」；批判「離堅白」，提出了「於在一也，堅白二也，而在石。」（《經上》）、「堅白不相外」等等，具有哲學的批判精神。

# 《墨經》中同與異辨析

「同」與「異」是《墨經》中的一對重要範疇，它是我國古代對矛盾範疇的一種特殊表述形式。在以往諸家的文章中，有一種較爲普遍的看法，認爲《墨經》中的「同」與「異」就是形式邏輯中的「同一律」和「概念的相異關係」的理論；有認爲，在「別同異」的問題上，後期墨家和公孫龍「差不多」，所謂「龍墨同立足於『別』」，而在「合同異」問題上，後期墨家又是「取施舍龍」；還有的認爲，後期墨家的「同異」觀是，「別同異」與「合同異」兩派觀點的「折衷」等等。都是從形式邏輯的層面上加以論述，而沒有從辯證思維的層面上加以說明，其結果，不可避免地忽視了一個根本問題，即《墨經》所討論「同異」問題的實質是什麼？這不僅涉及對《墨經》中「同」與「異」這一範疇性質的認識，也關係對《墨經》的辯證法思想的評價問題。本文僅就此問題作些分析，以就正於方家。

## 一、「合同異」和「別同異」

「同異」曾是戰國時期百家爭鳴中的一個重要範疇。所謂「同」，是指事物的同一性，「異」是指事物的差異或對立。經惠施和公孫龍，把「辨同異」推向高潮。在「辨同異」中，先是惠施和公孫龍，繼而後期墨家，形成了三個主要派別。其間爭論的焦點是，關於「同」與「異」的關係問題。惠施是「合同異」派的主要代表。他把「同」與「異」分爲「小同」、「小異」的「小同異」和「畢同」、「畢異」的「大同異」。認爲「同」與「異」的區別是相對的。就這點而言，蘊涵着某些辯證法因素。但是，縱觀《莊子．天下篇》所載「歷物十事」，則惠施顯然強調事物「畢同」的一面，而對事物的差異性有所忽視，如「至大無外，謂之大一；至小無內，謂之小一。」他從事物「大」與「小」的差別中看到同一，有其合理性，但把萬物都看作「一」，「天與地卑，山與澤平」，便否定了具體事物的質的差異性。因而，他得出了「汎愛萬物，天地一體」的結論。繼惠施而比惠施走得更遠的是莊周，他在「合同異」中，不講事物的差別。他這樣說：「天地與我並生，萬物與我爲一」（《莊子．齊物論》）認爲「萬物皆一」（《莊子．德充符》）。得出了「萬物一齊」的結論。從惠施和莊周的觀點可以看出，所謂「合同異」，是講異的合一，歸「異」爲「同」。

「別同異」派的主要代表是公孫龍。公孫龍見「異」而略「同」，主張「天下故獨而正」（《堅白論》）。以此出發，他提出了「白馬非馬」、「離堅白」等命題。在「白馬非馬」的論證中，公孫龍不注意一般與個別的關聯，把一般說成是脫離個別而自存的東西。在他看來「馬」的一般與「白馬」一樣，都是獨立自存的東西，所以「白馬」不是「馬」。與此相類，公孫龍還提出了「鷄足三」、「牛羊足五」的命題，他說：「謂鷄足一，數足二，二而一，故三。謂牛羊足一，數足四，四而一，故五。」（《通變論》）在「離堅白」的論證中，公孫龍說：「得其白，得其堅，見與不見離。一一不相盈，故離。離也者，藏也。」（《堅白論》）就是說，以目視石見「白」，以手撫石知堅，一見一不見是相離的，堅、白、石無聯繫，堅、白獨立自存，並不存在於石中。公孫龍的立足點是「離」，這在現存的公孫龍的著作中是十分清楚的，其主旨並不是說「從同中求異」。

「合同異」和「別同異」兩派，雖然各執一端，表現形式不同，但都是以「同」與「異」相分離爲其特徵。

後期墨家的「同異」觀，既不同於「合同異」派，也與「別同異」派有區別。他們認爲，「同」與「異」既相區別，又相聯結。「同」與「異」所標誌的是事物相互聯繫和相互區別的兩種性質，在這個意義上，後期墨家主張「非同也，則異也」（《經說下》）、「異類不比」（《經下》）」，作出了「二必異」的判斷。但是，「同」與「異」的區別又是相對的，在這個意義上，後期墨家說：「同，異而俱於之一也」（《經上》），認爲「同」是包含着差別的「同」，是「異」中之「同」；「異」是事物聯繫中的差別，是「同」中之「異」，因此說：「有其異也，爲其同也」（《大取》）。並且在此認識的基礎上，提出了「同異交得」的命題。顯然，後期墨家在肯定「同」的同時，並沒有否定「異」的存在，這與「合同異」派有別；在肯定「異」的同時，也不否認「同」的存在，這與「別同異」派也不相同。

在「同異」問題上，所謂「辨同異」的過程，其實質是特定歷史時期對立統一辯證思維的特殊表現形式。如果把《墨經》中的「同」、「異」兩個概念放在這個特殊形式中加以考察，那就不難看出：第一，《墨經》中的「同」、「異」兩個概念是在批判惠施、公孫龍「同異」觀中形成的一對辯證範疇。惠施、公孫龍的「同異」論，不僅違反了形式邏輯的思維規律，而且與事物的矛盾法則相離。後期墨家對惠施、公孫龍的批判，雖然不可避免地要從形式邏輯上揭露他們違反思維規則的錯誤，但是並沒有局限於形式邏輯，而是把這種批判提到了世界觀的高度，因此，《墨經》中「同」、「異」兩個概念無論是在內容上，還是後期墨家對這兩個概念的運用上，都已超出了形式邏輯的局限；第二，所謂「辨同異」，從形式上看，它是關於「同」、「異」兩個基本概念的爭論。而從內容上看，它卻是關於事物的區別和聯繫及其關係的論爭。這恰恰是關於對事物矛盾現象的認識問題。後期墨家正確地說明了「同」與「異」及其相互關係問題，特別是提出了「同異交得」的命題，實質上是對我國古代矛盾學說的發展。

## 二、同為異俱於一

「同」與「異」這對範疇，在《墨經》中有四條。通過對「同」、「異」兩個概念內涵的揭示，具體闡述了「同」、「異」兩個概念的辯證性質。

關於「同」，《經上》說：「同：重、體、合、類。」《經說上》解釋說：「同：二名一實，重同也。不外於兼，體同也。俱處於室，合同也。有以同，類同也。」就是說，「同」分四類，即重同、體同、合同、類同。兩名同指「一實」爲「重同」；容於整體（「兼」）中的部分（「體」）與整體是「體同」；不同事物共居於一處是「合同」；具有共同本質或共同方面的一類事物是「類同」。《大取》進而把「同」分爲「重同、俱同、連同、同類之同、同名之同、丘同、鮒同、是之同、然之同、同根之同」十種，力圖從更加廣泛的層次上揭示「同」的各種可能具有的內容。

在這裏，《經》和《說》試圖從事物的自身同一、整體與部分、不同事物的共居性以及類的共同屬性等方面，對「同」的內容進行概括；而《大取》則力圖從具體表現方面來說明「同」的內容。無論從那一方面對「同」的內容進行揭示，都體現着這樣一個深刻的認識：即「同」是在一定條件下事物之間或事物不同部分之間以及同一事物不同屬性之間的內在聯繫或關係，也就是

「同一性」；而這種「同一性」又不是絕對的「等同」，它是以「差異」爲基礎的，是相異雙方的聯繫或關係，「同」自身就包含着「差異」，卽「同」中有「異」。

後期墨家基於多方面揭示「同」的內涵的基礎上，給「同」下這樣一個定義：「同，異而俱於一也。」（《經上》）就是說，「同」是相互「差異」方面結合爲「一」的聯繫。《經說上》解釋說：「同，二人而俱見是楹也。若事君。」意思是說，「同」好比兩人能見到同一個圓柱，有如兩臣同事一君一樣。這個定義是正確的，而解釋卻是直觀的。《墨經》通過定義的形式揭示「同」這個概念的內涵，就把對「同」的認識提到了一個新的高度。

此外，後期墨家還在《大取》和《小取》中，對《經》和《說》中關於「同」的認識進行了具體發揮。《小取》說：「夫物有以同而不率遂同」，「其然也，有所以然也；其然也同，其所以然也不必同。其取之也，有所以取之；其取之也同，其所以取之不必同。」《大取》則以實例證之曰：「長人之與短人之同，其貌同者也，故同。」「楊木之木與桃木之木也同，諸非以舉量數命者，取之盡是也。」還有所謂「小圓之圓與大圓之圓同」、「尺之不至」與「不至鐘之不至」之「同」，等等，都進一步說明了「同」是相異雙方的聯繫，「同」中有「不同」，「同」存在於「不同」中。

通觀《墨經》全書就會發現，後期墨家對「同」的辯證理解，決不僅僅是概念的思辯，而且是分析問題的方法。所以，後期墨家對「同」的辯證理解，不僅表現在對「同」這個概念的解釋上，而且體現在對具體事物的生動分析中。如對「法」的解釋，《經上》說：「法，所若而然也」。《經說上》說：「法：意、規、圓，三也俱可以爲法。」「法」，就是法規。「若」，譚戒甫釋爲「順」。意思是說，「法」，是萬民所順而成，有如具體的畫圓之「法」，必須有圓的概念（「意」）、畫圓的器具（「規」）、畫圓的行動（「圓」），三者具備，才成畫圓之「法」。作爲「法」是「同」，而順法者卻是「異」；而「同」的「法」卻把萬民「異」聯繫在一起，包含着萬民的具體行爲。又如說：「一方類盡，俱有法而異，或木或石，不害其方之相合也。」（《經說下》）「方」都是「柱隅四讙」（《經上》），是相「同」的。雖然都是「方」，卻有木「方」、石「方」之「異」。諸如「久，彌異時也」（《經上》），「久，合古今旦莫」（《經說上》）；「宇，彌異所也」（《經上》），「宇，冡東南西北」（《經說上》），等等，都是以對「同」的辯證理解而對具體事物作出的精闢分析。「同」中有「異」的觀點作爲方法，也是後期墨家哲學批判的武器，例如對「離堅白」的批判，公孫龍從「離」的觀點出發，以「撫」石知「堅」而不見「白」、視石見「白」而不知「堅」爲根據，得出了堅、白、石爲「二」的「離堅白」的結論。針對公孫龍「離」的觀點，後期墨家指出：「堅白不相外也」（《經上》），「堅，於石，無所往而不得，得二。」（《經說上》）意思是說，堅、白都在石中，堅、白、石是緊密聯繫在一起的，是相互包容而不相外的，所以一石之中無處不有堅白，「苟是石也白，敗是石也，盡與白同。」（《大取》）堅、白作爲石的兩種屬性是不能獨立自存的，所謂「宇久不堅白」（《經下》），必須通過「石」這個實體而存在，即存在於「石」中。《墨經》說：「於一，有知焉，有不知焉。說在存。」（《經上》）「於石一也，堅白二也，而在石。」（《經說上》）就是說，堅白存在於一石中，有知於「白」而不知於「堅」，或是有知於「堅」而不知於「白」，但是堅、白卻是同時存在於石中的；石是一，堅、白是石的兩種屬性，兩種屬性都存在於一石中，相互含容。結論是「無（撫）堅得白，必相盈也。」（《經說下》）後期墨家在這個批判中，以「堅白不相外」、「必相盈」否定了公孫龍「離堅白」的觀點，又肯定「一」石中含容着「堅白」兩種屬性，是有差別的「同一」，這就與惠施的絕對同「一」的觀點大異其趣。

同一性——抽象的，a＝a；反過來說，a不能同時等於a又不等於a，顯然，《墨經》所說的「同」並不是那種抽象的「同一性」而是辯證的「同一性」，即以差異為前提並包含着差異的「同一性」。假如把《墨經》中的「同」，僅僅解釋為形式邏輯的「同一律」，或從詞義上將「同」解釋為「相同」、「共同」等，都是與《墨經》的本義相悖的。

## 三、異為同之異

「同」與「異」是相輔相成的兩個概念。《墨經》不僅對「同」的內容及其辯證性質作了深刻說明，而且對「異」的辯證性質進行了充分肯定。

關於「異」，《經上》說：「異：二，不體、不合、不類。」《經說上》解釋說：「異：二必異，二也。不連屬，不體也。不同所，不合也。不有同，不類也。」

對於《墨經》「異」的這種分類，歷來諸說歧義。有的僅就字面解釋，斷言《墨經》這裏所說的「異」就是「絕對相異」；有的說這種分類僅僅在於說明「概念之間的相異關係」，因而是「勉強」的、「沒有多大意義的」，等等。那就是說，《墨經》對「異」的這種分類和說明與對「同」的分類和說明沒有任何聯繫，或是說「異」與「同」是沒有聯繫的，「異」並不包含辯證內容。這顯然與《墨經》原義不符。

應當肯定，《墨經》對「異」的分類和解釋，是針對惠施、莊周一派歸萬物爲「一齊」的觀點提出的，指出事物差別的多樣性，僅就這一點，就具有哲學批判的重要意義。同時，《墨經》在這裏還肯定了差異對立的絕對性，作出了「二必異」的判斷。但是，《墨經》所說的「異」也決不是「絕對相異」，並非公孫龍所說的「離異」，即絕對排斥「同」的「異」。

首先，《墨經》作者將「異」條放在緊接「同」條之後，異與「同」條相對爲文，一一對舉，並非隨意而爲，其用意十分明顯：第一，說明「異」是相對於「同」、與「同」相依而存，是客觀事物一方面的性質。事物既有「重、體、合、類」之「同」，即多方面的聯繫或關係，亦有「二、不體、不合、不類」之「異」，即體與不體、合與不合、類與不類等多方面的區別或差異；第二，它還在於說明「異」與「同」是相輔相成的，離開「同」的「異」，或者是離開

「異」的「同」，都是不存在的。「同」與「異」互爲條件、相互依存，沒有「重、體、合、類」之「同」，也就無所謂「二、不體、不合、不類」之「異」。當然，《墨經》用「異」的分類去附會「同」的分類，是一種比附方法。但是，用「異」的分類對應「同」的分類，把「異」和「同」聯繫起來，都看作是客觀事物同時存在、不可分割的兩種性質，這無疑是有其積極意義的。

其次，在「異」條之後，緊接着兩條，都是闡述「同」與「異」的關係的。肯定「異」與「同」相互聯結、相互包涵。其一說：「同，異而俱於之一也。」這是說「同」中包含着「異」；反過來說，「異」包含在「同」之中，是「同中之異」。其二說：「同異交得，放有無」。(《經上》)就是說，「同」與「異」是相「交」、相「得」有機的聯繫在一起的，「同」從「異」方獲得自己存在的前提和條件，「異」亦從「同」方獲得自己存在的前提和條件，這樣就必然是「同」中有「異」，「異」在「同」中；「異」中有「同」，「同」在「異」中。「同」與「異」不可分離地聯繫在一起。

再次，從《大取》篇對「異」的說明，亦可證《經》和《說》對「異」的解釋並非絕對排斥「同」。它說：「有非之異，有不然之異。有其異也，爲其同，爲其同也異。」這裏的「有非之異，有不然之異，是相對於「是之同、然之同」而說的，這種「異」是「有其異也，爲其同也，爲其同也異」；與此相類，「二、不體、不合、不類」之「異」，是相對於「重、體、合、類」

之「同」而言的，也是「有其異也，爲其同也，爲其同也異」。《大取》另外一段話說：「長人之與短人之同，其貌同者也，故同。指之人也與首之人也異，人之體非一貌者也，故異。將劍與挺劍異，劍以形貌命者也，故異。」顯然，這裏所說的「異」是與「同」相聯繫的，「同」與「異」的區別是相對的。

《墨經》所說的「異」，其含義十分清楚：「異」是相對於「同」，並與「同」同時存在的關於事物的區別、差異的一種性質；「異」與「同」互爲條件、相互依存、不可分離，是緊密聯繫在一起的；「異」中包涵着「同」，又是「同中之異」。在後期墨家的「同異」觀中，既肯定「二必異」，同時又承認「有其異也，爲其同也」，「異」與「同」一樣，在《墨經》中也是被理解爲一個辯證法的概念而加以運用的。

上述剖析可見，《墨經》所賦予「同」與「異」這對範疇的辯證內容，是形式邏輯所不能包容的，它是以中國特有基本概念所構成的辯證法範疇，而決不僅僅是形式邏輯的學說。

## 四、同異交得

後期墨家在多層次地論述「同」、「異」這對範疇內涵的基礎上，提出了「同異交得」的命題。這一命題，不僅更深刻地揭示了「同」與「異」的內在聯繫，而且是對矛盾範疇一種特殊的表述形式。

《經說上》對「同異交得，放有無。」解釋說：「同異交得於福家皂，知有無也。比、度，多少也。免軔還圜，去就也。蔦折用桐，堅柔也。劍戈甲，死生也。處室子母，長少也。兩色交勝，白黑也。行行，中央旁也。論行學實，是非也。難宿，成未也。兄弟，俱適也。身處志往，存亡也。霍爲，性故也。賈宜，貴賤也。長短、前後、輕重援。」❶此條雖然訛奪甚多，各家校點、訓釋亦不盡相同，但對其要旨，認識基本一致。

「交」，《小爾雅》：「俱也。」互相結合的意思。「得」，「獲」也，引伸爲「貫通」、「滲透」的意思。「放」即「仿」。其意爲「同」與「異」是相互結合、相互貫通、相互滲透的，有如「有無」相互結合、相互貫通、滲透一樣。「有無」可說是絕「異」，雖然「無不必待有」（《經下》），但「有無」卻同時存在，相互勘驗。

《經說上》所說各例，均在證明「同異交得」。同一富家中有主人和皂隸，主人家資萬貫，皂隸一無所有，由此可知「有無」的結合；同是比較、度量，則分多與少；蚯蚓（「軔」即「蚓」，就是蚯蚓）挽轉而行，卻有背向（「去」者爲「背」，「就」者爲「向」）；同是植物，而有堅柔不同屬性的「蔦」（一種寄生草）和「桐」（一種冠木），同屬武器，而有致人於死的

❶ 按此條錯簡很多，各家校本各異，這裏根據我們的理解，採一家之說。

劍戈和使人得生的甲盾；同居一室，卻有子與母、長與少之別；同是顏色，而有白黑交勝；同屬動物，而有習性不同的鶴（「霍」與「鶴」古時通用）和母猴（《說文》：「爲，母猴也。」）同在空間行走，卻有中央和四旁的不同；……及至長短、前後、輕重等，均可援引這些道理去推知。

顯然，「同異交得」所說的就是「同一性」和「差異性」的有機結合或聯結。首先，它通過「交得」二字，深刻地揭示了「同」、「異」關係的本質。「同」作爲聯繫或關係，具有相異各方之間相互結合、貫通、滲透的性質，是相異各方本身所固有的一種相互吸引性。「同」與「異」之間的相「交」、相「得」，是說「同」中滲透着「異」，卽「同一」物內部存在着多方面的差異，「異」始終伴隨「同」；「同」貫通於相異各方之間，滲透於各方。其次，它通過「交得」二字表明，「同」與「異」在結合或聯結中相互規定、相互映照。以「獲」意釋「得」，那就是說「同」與「異」在結合或聯結中各從對方獲得規定和表現。差異各方的存在，才有各方的結合、貫通、滲透，才有所謂「同」，「同」由差異各方的存在來規定；同樣，「同」的存在才使相異各方有可能比較，顯示出其差異和區別。「同」與「異」在相互規定中通過對方表現自己，卽「同」通過「異」使自身得到表現，「異」通過「同」使自身獲得表現。

「同一性」和「差異性」是矛盾的兩種基本屬性，這兩種屬性的結合、聯結，構成矛盾範疇。今天用「對待統一」來表述矛盾範疇，所指的就是「同一性」和「差異性」的結合、聯結。

《墨經》中的「同異交得」，所指的也是「同一性」和「差異性」的結合、聯結。因此，「同異交得」是我國古代對矛盾範疇的一種特殊表述方式。雖然這兩種表述在實質上並沒有差別。前者是一種天才的猜測，而後者卻是科學的認識。儘管如此，「同異交得」的提出，仍不失為我國古代矛盾學說的一個重大發展。對矛盾範疇，在《墨經》之前就有過不同的表述，如春秋時期的史墨提出「物生有兩」（《左傳》昭公三十二年），老子提出「大成若缺」（《老子》第四十五章），《易傳》提出「一陰一陽之謂道」（《繫辭上》），等等，都可看作是對矛盾的表述。但是這些表述，既沒有對「同一」和「差異」或「對立」的內涵給以明確的規定，也還沒有用準確的哲學語言來闡明「同一」和「差異」的關係。「同異交得」，無論是對「同一」和「差異」兩個概念內涵的規定，還是對兩者內在聯繫的認識，都超過了前輩和同時的哲學家。這裏還應說明，雖然韓非提出了「矛盾」一詞，但它的實質只說明了「冰炭不可同器」的對立，還並沒有對「矛盾」範疇作出完整準確表述，他對「矛盾」範疇的理解也落後於後期墨家。

在這裏還應當指出的是，《墨經》雖然把「同一性」和「差異性」都看作是矛盾不可缺少的屬性，但是，它卻認為「差異性」是絕對的，無條件的，所以說「二必異」，任何事物內部都有「二」，都存在差異；而「同一性」則不同，《墨經》認為「同一性」是相對的，有條件的。《經說上》在解釋「同」的四種情況時，對每一種「同」的具體條件都作了說明：「二實」是「重同」的條件；「不外於兼」是「體同」的條件；「俱處於室」是「合同」的條件；「有以同」

是「類同」的條件。具體的「同一性」是隨着這些具體條件的變化而變化的。《墨經》關於「差異性」的絕對性和「同一性」的相對性的認識，在當時是十分深刻的。

《墨經》中的「同異」學說是我國古代的一種矛盾學說，它是人們對矛盾的認識發展長河中的一個重要階段。在這個階段上，後期墨家根據當時的生產和科學水平，對矛盾範疇的豐富和發展做出了自己應有的貢獻，這是應當給予充分肯定的。當然《墨經》的「同異」範疇仍然是直觀的，它不可能超出時代所能達到的水平。同時還應當看到，後期墨家的矛盾觀中仍然存在不完善的方面。對此，雖然我們不能提出超越時代的要求，但必須通過哲學的批判，吸收其教訓，以防後來者重蹈覆轍。

# 附錄

# 周人反殷建國的思想

耶冰先生在《略論周公的天命思想》（載《光明日報》一九六二年九月七日哲學專刊三五八期）一文中說：「周人對殷人的宗教觀念有重要的損益。這種損益主要表現在宇宙至上神和部落祖先神的二元化。」

又說：「至上神與祖先神的分化，是理解周人天命思想的關鍵，也是理解它爲什麼成爲周人的建國思想的關鍵。從周人推翻殷王朝建立周王朝的根據來看，在周人思想中至上神與祖先神的二元化是合乎邏輯的，因爲如果至上神與祖先神是統一的，那麼殷王朝便永遠是上帝在地上合理的代表，周王朝的興起便沒有了根據，而至上神與祖先神經過二元化以後，只有周人的祖先可以克配上帝了，所以以前是殷人代表上帝的意志統治天下，而現在則只有周人才能代表上帝意志統治天下了。」

這樣至上神與祖先神的分化就成了理解周人天命思想和建國思想的前提。對此，我認爲周人不僅沒有損益，恰是基本上因襲殷人的。

## 一、統一神上帝的出現

殷是統一奴隸制國家，隨着地上奴隸主王權的建立，也要求天上有一個與其相適應的統一神的出現。當然，沒有統一之君，就永遠不會有統一之神。

從原始社會的自然崇拜或祖先崇拜的多元神到統一國家一元神的產生，不能不說是一個進步。何況周繼殷制，宗教迷信思想也大致和殷相同，耶冰先生既認爲「殷人的宗教思想是在祖先崇拜的基礎上建立起來的對統一神的信仰」，那麼周人卻將其二元化，而比殷人後退，這實難理解。

從殷墟卜辭記載來看，殷人的宗教思想中已建立起「統一之神」，稱爲「帝」或「上帝」。它是宇宙的最高主宰，是有意志的人格化了的至上神。它有至高無上的權威，任何風雨變化，年成好壞，戰爭勝負，築城建都，官吏任免，降禍福，定吉凶，一切天時、人事都由上帝的意志決定：

乙己帝允令雨至於庚（《殷墟文字乙編》八五二片十一五八〇片）。

羽癸卯帝其令風（《殷墟文字乙編》三〇九二片）。

不雨，帝受（授）我年，二月（《殷契拾掇》四六四片）。

帝下雨足年，帝令雨弗其足年（《卜辭通纂》三六三片）。

伐𢀛方，帝受我又（佑）（《龜甲獸骨文字》卷一第十一頁）。

勿伐𢀛，帝不我其受又（《殷墟書契前編》卷五第五十八頁）。

王乍（作）邑，帝若（諾）——〔王乍〕邑，帝弗若（《殷墟文字乙編》五七〇十五九四片）。

我其已穷，乍〔則〕帝降若——我勿已穷，乍帝降不若。（《殷墟書契前編》卷七第三十八頁）。

帝其乍〔作〕王禍——帝弗乍王禍。（《殷墟文字乙編》一七〇一片）。

殷人在崇拜至上神的同時，也存在着對祖先神的崇拜，這種現象在祖先崇拜的多元神向一元神過度後，在一定時期是並存的，卜辭中記載：

貞，成保我田（成，殷先王名）（《殷墟文字乙編》六三九八片）。

乙保黍年（乙，殷先王名）（《殷墟文字乙編》七七八一片）。

河弗壱我年（河，殷祖宗名）（《庫方二氏藏甲骨卜辭》四〇七片）。

大甲其壱我（大甲，殷先王名）（《甲骨文錄》二七二片）。

乙巳貞𠦪（祈）禾於高且（祖）（高祖，殷先王）（《戰後南北所見甲骨錄》，《明義士舊藏》四五一片）。

且乙ナ（佐）王（祖乙，殷先王名）（《殷墟文字乙編》二八八片）。

貞，上甲帝（祟）王（上甲，殷先王名）（《龜甲獸骨文字》卷二第三頁）。

黃尹保我吏（黃尹，殷之舊臣）（《殷墟文字乙編》一一八九片）。

貞咸弗ナ王（咸，殷舊臣名）（《殷墟文字乙編》七二〇一片）。

可見，殷人從年歲豐歉，防災避禍等都要祈求祖先神的保佑，他們不僅崇拜自己的祖先，而且也崇拜舊臣。

上述可知，殷人既求上帝的保佑，又求祖先的保佑，既崇拜至上神，又崇拜祖先神。如果說，這是至上神和祖先神的二元化，那麼殷人的宗教思想中就存在着這種實際情況。所以，這恐怕不是周人對殷人宗教思想的「重要損益」，而恰是繼承。

再從《卜辭》中有關至上神與祖先神之間關係的記載來看：

下乙賓於帝——咸不賓於帝。（下乙殷先王名，咸殷舊臣名）（《殷墟文字乙編》七一九七片）。

大〔甲〕不賓於帝——賓於帝。（《殷墟文字乙編》七五四九片）。

王又歲於帝五臣正。（歲，祭名，臣正，殷代官名）（《殷契粹編》一三片）。

秋於帝五工臣。（秋，祭名，工臣，殷代官名）（《殷契粹編》一二片）。

王賓帝史。（史，殷代官名）（《卜辭通纂別錄》之二）。

旨千若於帝左——旨千若於帝右（旨千，殷舊臣名）（《殷墟文字乙編》三〇八五片十三一六〇片十五五八九片十六一八九片）。

這種關係是：至上神是宇宙的最高主宰，有至上的權威。商王的祖先死後是至上神統率下的天神，商王的祖先神輔佐至上神，擔任上帝的臣正、工臣、史等官職，儐敬於帝的左右，正符合如耶冰先生引以論證周人對殷人統一之神一元化後的情況：「文王在上，於昭於天……文王陟降，在帝左右」（《詩經・大雅・文王》），「思文後稷，克配彼天」（《詩經・周頌・思文》）的記載。

那麼殷人如何以此種宗教思想爲其統治服務呢？因爲人們總是以現實世界來描繪神的世界，把地上的王權看成是上帝意志的代表。詩經中記載：「帝立子生商……帝命不違，至於湯齊，湯降不遲，聖敬日躋，昭假遲遲，上帝是祇，帝命式於九圍」（《商頌・長發》）上帝既把統治四方的權力給予商王，世上的人就都是商王的臣屬與奴隸，都要受商王的統治，死後仍是商王祖先的奴隸，商王的臣屬與奴隸不服從商王的命令，先王就會降「罪疾」，並且連累他們死去的祖先在天上受責罰。《尚書・盤庚》中記載着殷王對反對遷都的臣民的訓話：「古我先后既勞乃祖乃父，汝共作我畜民，汝有戕則在乃心，我先后綏乃祖乃父，乃祖乃父乃斷棄汝，不救乃死！茲予有亂政同位，具乃貝玉，乃祖乃父，丕乃告我高后曰：『作丕刑於朕孫』！廸高后，丕乃崇降弗祥！」同時，殷王又把遷都說成是上帝或天的命令，而殷王只在執行天命，「今予命汝一，無起穢以自臭，恐人倚乃身，迂乃心。予迓續乃命於天。予豈汝威！用奉畜汝衆」。（《尚書・盤庚》中）這樣，地上的殷王就是代表着天的意志與殷先王的意志，來行使命令。所以殷人不僅祭祀上帝，「上帝是祇」，而且也祭祀他們的祖先：

「殷人尊神，率民以事神，先鬼而後禮。」（《禮記・表記》）

「父甲一牡，父庚一牡，父辛一牡。」（《殷墟書契後編》上卷第二十五頁）

「丁亥卜×貞，昔日乙酉，箙武御，〔於〕大丁、大甲，祖乙，百鬯，百羊，卯三百×。」（《殷墟書契後編》上卷第二十八頁）

這些記載和耶冰先生引以證明周人把至上神與祖先神二元化後，既祭祀上帝，又祭祀祖先神的材料相符！「郊社之禮，所以事上帝也，宗廟之禮，所以祀乎其先也。」（《中庸》）

總上，我們可以說，周人與殷人在對至上神與祖先神的關係上看法基本一致；並因襲殷人的宗教思想。所以把至上神與祖先神的二元化作爲理解周人天命思想與其建國思想的前提，是難能成立的。

## 二、敬德保民而受命於天

商王說自己代表上帝的意志，商是帝生，帝令不可違反，也是不可動搖。這樣，周人則應永遠遵帝命，永遠做殷王的屬國與臣僕。當然，就不能也不應該推翻殷王的統治而違反上帝的意志。因此，周人如要推翻殷王的統治，他就不能不解決面對着的這樣二個問題，其一是天命能不能轉移？其二是天命怎樣才能轉移？

天命能不能轉移？周人對這個問題的回答，首先是承認與肯定天命的存在，然後才提出天命可轉移的問題，我們從《尙書・周書》與《詩經》中可以看出這種思想：

「已，予惟小子，不敢替（僭字之誤，從顧頡剛說）上帝令，天休於寧王（文王），興我小邦周……肆予大化誘我友（有）邦君，天棐忱辭，……亦惟十人迪知上帝令，越天棐忱，爾時罔敢易法，矧今天降戾於周邦，惟大艱人，誕鄰胥伐於厥室，爾亦不知天命不易……肆朕誕以爾東征，天命不僭。」（《尚書．周書．大誥》）

「王曰：嗚呼！小子封，恫瘝乃身，敬哉！天畏棐忱，民情大可見，小人難保。」（《尚書．周書．康誥》）

「周公若曰：君奭，弗弔，天降喪於殷，殷既墜厥命，我有周既受。我不敢知曰，厥基永孚於休，若天棐忱；我亦不敢知曰，其終出於不祥。嗚呼！君已曰，『時我』，我亦不敢寧於上帝令，弗永遠念天威，越我民罔尤違。」（《尚書．周書．君奭》）

「惟人在我後嗣子孫，大弗克恭上下，遏佚前人光，在家不知，天命不易，天難諶，乃其墜命，弗克經歷，……又曰，天不可信，我道惟寧王德延。天不庸釋於文王受命。」（同上）

「穆穆文王，於緝熙敬止，假哉天命，有商孫子。商之孫子，其麗不億，上帝既命，侯於周服。侯服於周，天命靡常。」（《詩經．大雅．文王》）

「明明在下，赫赫在上，天難忱斯，不易維王。」（《詩經．大雅．大明》）

這裏可以得知：第一：周人提出的「天命靡常」「天不可信」的思想，不能認爲是對天命思想的動搖和否定。在《大誥》中，二處談到「天棐忱」，但卻有三處談到「天命不僭」的思想，在《君奭》中說「天不可信」，接着卻說：「我道惟寧王德延，天不庸釋於文王受命。」天是不可信賴的，只要我們繼續文王的德行來治理人民，天是不會捨棄受於文王（治理四方）的命令的。這裏並沒有否定天命的意思，而是說我們不能靠天吃飯，要「以德配天」，天才不會廢棄我們。「天不可信」只是作爲周公告誡召公（奭）要「敬德保民」的根據，以使周能「祈天永命」。

第二，周人既講「天命不僭」，又講「天命靡常」，是不是「凡是尊崇天的說話都是對着商人及其歸屬國說的，而懷疑天的說話是向周人自己說的」（《中國史稿》第一冊二二八頁），恐怕未必，因爲周人對自己人也講天命，卽令是對殷之遺民多士也強調：「爾殷遺多士，弗弔，旻天大降喪於殷。」（《尙書・周書・多士》）意思是說：由於你們不喜於侍奉上天，因此才降喪於殷。如果殷王很好的侍奉上天，上天就不會收回自己的命令。只因現在殷王「誕淫厥泆，罔顧於天顯民祇，惟時上帝不保，降若茲大喪」（同上）。所以上天把治理人民的命令給了周人：「我有周佑命」，正如殷人的先王湯革夏命一樣：「我聞曰：『上帝引逸』，有夏不適逸，則惟帝降格，嚮於時夏，弗克庸帝，大淫泆有辭。惟時天罔念聞，厥惟廢元命，降致罰，乃命爾先祖成湯革夏，俊民甸四方」（同上）。這就有「惟命不於常」（《尙書・周書・康誥》）和「天命靡常」的意思。

第三，由此，周人提出「天畏棐忱」，「天命靡常」的目的在於論證天命是可以轉移的。這對於殷人認爲殷是帝生，殷王永遠是上帝意志的代表，帝命永遠給予殷王的宗教思想，不能不說是一個很大的衝擊。這樣一來，天命就不是永久不變，可絕對依賴的了，人們可以使天命發生轉移，從「殷受天命」到「降喪於殷」，以至另受命於周「丕顯文王，受天有大命」（《大盂鼎》）都是可能的，也是合理的。這種思想，《詩經·文王》篇說得更清楚：「上帝既命，侯於周服，侯服於周，天命靡常。」意思是：上帝已經授給文王以大命，商王的子孫都要做周朝的順臣，你們作了周朝的順臣，可見天命原不是永久不變的。這一方面說明了「天命靡常」的意思只能理解爲從受命於殷到受命於周的轉移，而不能做別的理解。另方面，周人就可以宣布天命是可以轉移的，周人可藉自己的努力，推翻殷王建立周國，這並不是違反天的意志，而恰是代表了天的意志。

怎樣才能使天命由殷轉移於周呢？周公提出了「皇天無親，唯德是輔」的「敬德保民」的思想。因爲「天命靡常」，「天畏棐忱」，所以天命的獲得就不是無條件的了。按照周公的論證，天並沒有偏心，一定要把統治四方的權利給誰，就看誰「敬德保民」，天就可以把統治權賜給誰，如果他不「敬德保民」，天就可以收回他的成命。殷人之所以獲得天命，並不是天有心要廢棄夏，「非天庸釋有夏」（《尚書·周書·多方》），而把王權賜給殷人的。由於夏代帝王貪圖淫逸，暴虐臣民，而殷人有德，因此天就將治理人民的命令轉賜給殷人的祖先，殷人才獲得了地上的王權。《尚書》中說：

> 王若曰：爾殷遺多士，弗吊，旻天大降喪于殷。我有周佑命，將天明威，致王罰，勑殷命，終于帝。肆爾多士，非我小國敢弋殷命。惟天不畀允罔固亂弼我。我其敢求位，惟帝

不畀。惟我下民秉為，惟天明畏。……自成湯至于帝乙，罔不明德恤祀，亦惟天丕建，保乂有殷。殷王亦罔敢失常，罔不配天其澤。」（《尚書．周書．多士》）

「王曰：封！我聞惟曰：在昔殷先哲王，迪畏天，顯小民，經德秉哲，自成湯咸至于帝乙，成王畏相。惟御事厥棐有恭，不敢自暇自逸，矧曰其敢崇飲。」（《尚書．周書．酒誥》）

「乃惟成湯克以爾多方簡代夏，作民主，慎厥麗乃勸，厥民刑用勸。以至于帝乙，罔不明德慎罰，亦克用勸。」（《尚書．周書．多方》）

詩經中也有記載：

「殷之未喪師，克配上帝」（《詩經．大雅．文王》）

成湯以德政獲天命，革夏命而治天下，並能以他們的德行和天所賜的恩澤相配，說天並不是有心去殷，「非天庸釋有殷」（《尚書．多方》）。那麼，為什麼天現在又降喪於殷，收回帝給殷的命令呢？這是因為：

在今後嗣王，誕罔顯於天，矧曰其有德念於先王勤家，誕淫厥泆，罔顧天顯民祇。惟時上帝不保，降若茲大喪。惟天不畀，不明厥德。凡四方小大邦喪，罔非有辭於罰。」（《尚書．周書．多士》）

「有殷受天命，惟有歷年，我不敢知曰，不其延。惟不敬厥德，乃早墜厥命。」（《尚書．周書．召誥》）

「今商王受惟婦言是用，昏棄厥肆祀弗答，昏棄厥遺王父母弟不迪，乃惟四方之多罪逋逃，是崇是長，是信是使，是以為大夫卿士，俾暴虐于百姓，以姦宄于商邑。」（《尚書・周書・牧誓》）

「乃惟爾商後王逸厥逸，圖厥政，不蠲烝，天惟降時喪。」（《尚書・周書・多方》）

乃是由於後嗣的殷王只圖淫逸享樂，全不顧上天的旨意與人民的反抗，不事敬德，暴虐百姓，所以上天不保佑殷，收回了給予殷人的命令。這是天不讓殷統治四方的表示。周文王敬德保民，「小心翼翼，昭事上帝，聿懷多福，厥德不回。」（《詩經・大雅・大明》）所以天就受命於周，令周人伐殷，繼殷而治四方。《尚書》和《詩經》中都有記載：

「皇天上帝，改厥元子茲大國殷之命，惟王受命。」（《尚書・周書・召誥》）

「小子封，惟乃丕顯考文王，克明德慎罰，不敢侮鰥寡，庸庸，祇祇，威威，顯民。用肇造我區夏，越我一二邦以修。我西土惟時怙，冒聞於上帝，帝休，天乃大命文王殪戎殷，誕受厥命越厥邦厥民。」（《尚書・周書・康誥》）

「公曰：君奭，在昔上帝割申勸寧王之德，其集大命於厥躬？……亦惟純佑，秉德迪知天威。乃惟時昭文王，迪見冒聞於上帝，惟時受有殷命哉！」（《尚書・周書・君奭》）

「有命自天，命此文王。於周於京，纘女維莘。長子維行，篤生武王。保右命爾，燮伐大商。殷商之旅，其會如林，矢於牧野，維予侯興。上帝臨女，無貳爾心。」（《詩經・大雅

・大明》）

因此，周人伐殷，是完全遵照上帝的意志，而不出於周人的邪心。從夏、商、周不斷迭換的事實，動搖了殷人永受天命的宗教思想。說明了天命不僅可轉移，而且是隨「德」而轉移。夏敬德而受天命，無德而喪；殷敬德而伐夏，無德亦亡；今周敬德，代殷而治天下，那就是天經地義的了。這就是周人反殷建國思想重要依據。也是對殷人宗教思想的一個重要損益。

周公有鑒於殷的滅亡，便諄諄告誡周人要「敬德保民」，以便維護和鞏固周的統治，他說：「惟日其邁，王敬所作，不可不敬德。我不可不監於有夏，亦不可不監於有殷，……肆惟王其疾敬德，王其德之用，祈天永命。」（《尙書・周書・君誥》）又說：「封！爽惟民，廸吉康，我時其惟殷先哲王德，用康乂民作求；矧今民罔廸不適！不廸則罔政在厥邦。」（《尙書・周書・康誥》）只有知民「稼穡之艱難」，而「無康好逸豫」，並能「父慈子孝，兄友弟恭」，以周禮作爲自己行爲規範。就可「以德配天」而能「永保天命」了。

最後，我們可以說，周人「皇天無親，唯德是輔」的思想，在當時天命有至上權威和完全否定人的主觀能動性的情況下，無疑是十分可貴的，它論證了人的行爲可以影響天命的受與或收回，這就在一定程度上重視了人的作用，認爲事在人爲，國家成敗的關鍵在人而不在天，給人的活動開闢了一定的餘地。天命的絕對權威開始向人爲作了讓步。這不能不說是西周天命思想中的一個進步。

# 子產天人關係論

春秋時期，由於各國經濟發展不平衡，國有強弱、大小之別，因此，經常發生以強侵弱、以大食小的兼併戰爭。鄭爲小國，地處晉、楚兩大國之間，常受來自雙方的掠奪和壓迫。國內政治腐敗，貴族恃寵專橫，卽所謂「國小而偪，族大寵多」。

在這內外矛盾，國勢衰微，處境困難的情況下，子產爲了能與大國相抗衡，認爲必須富國強兵，因而，在國內進行了一系列的改革，客觀上有利於國家富強因素的增長。同時，他巧妙地周旋於兩大國之間，從而維護了鄭國的獨立。

正是在與國內舊貴族和晉楚兩大國鬪爭中，使子產的有神論思想體系內，出現了一線無神論思想的閃光。然而，由於他身居執政者的地位以及統治的需要，終於沒有擺脫天命論思想的藩籬。也不可能放棄作爲統治工具的宗教迷信思想，這是其思想主導方面。

子產說過：「天道遠，人道邇，非所及也」❶和「龍鬪不祭」❷，確表示了他對鬼神的懷疑。

❶《左傳》昭公十八年。
❷《左傳》昭公十九年。

但有人僅據此以子產是一個「徹底的無神論者」❸，這是不能苟同的。我認爲，他基本上是一個有神論者，本文試作一些剖析。

## 一、天人相應論

春秋時期，哲學論爭的一個重要問題是，天人關係問題。天、鬼神與自然、社會以及人事的關係，又是天人關係中的一個中心問題。子產對天、鬼神的態度究竟如何？

### ㈠關於「天道遠，人道邇」

《左傳》記載，昭公十七年的冬天，「有星孛於大辰，西及漢」，鄭國的占星家裨竈對子產說：「宋、衞、陳、鄭，將同日火。若我用瓘斝玉瓚，」鄭必不火。子產弗與。第二年的五月（昭公十八年），這四個國家果然發生火災。裨竈又對子產說：「不用我言，鄭又將火。」鄭人請求子產去禳祭，子產還是不肯。連子大叔也勸子產：「寶以保民也，若有火，國幾亡，可以救

---

❸ 關鋒：《再論子產》，《春秋哲學史論集》，人民出版社一九六三年版，第二六一頁。

亡，子何愛焉？」子產回答說：「天道遠，人道邇，非所及也，何以知之？竈焉知天道？是亦多言矣，豈不或信？」子產二次「弗與」，並認爲天道太遠了，人道是近的，我們是捉摸不到的。如果僅以此看，也許可以得出「子產反對禳祭是很堅決的，就是神學家們的話好像應驗了的時候，他還是毫不動搖」❹的結論。如果我們把事情原委考察一番，子產的實際行動，又使人們不得不對這個結論產生了懷疑。

就是這年的五月，鄭國發生了火災，《左傳》記載：「火作，子產辭晉公子、公孫於東門；使司寇出新客，禁舊客，勿出於宮。使子寬、子上巡羣屏攝，至於大宮。使公孫登徙大龜，使祝史徙主祏於周廟，告於先君。使府人、庫人各儆其事。商成公儆司宮，出舊宮人，寘諸火所不及。司馬、司寇列居火道，行火所焮，城下之人伍列登城。明日使野司寇各保其徵。郊人助祝史，除於國北，禳火於玄冥、回祿，祈於四鄘。」

「七月，鄭子產爲火故，大爲社，祓禳於四方，振除火災，禮也。」

這裏，我們可以看出以下幾點：⑴子產派公孫登把「大龜」（用以占卜的寶物）遷到安全地方，派祝史把神主（木主）遷到周廟，並禱告祖先，說明他並不是不重占卜，不事鬼神。⑵第二天，他派主管求神祭祀的祝史除地作壇場，禳祭於玄冥與回祿（杜預註：玄冥、水神；回祿、火

❹ 關鋒：《再論子產》，《教學與研究》一九六二年第一期。

神），即祭水火之神，當然不反對禳祭。⑶不僅如此，而且對四面的城牆也進行了禳祈。「鄘」，杜預註：「城也，城積土，陰氣所聚，故祈祭之，以禳火之餘災。」古人認爲，四面城牆，由於陰氣所聚，也有神在，所以禳祭，以祈求神的力量，熄滅火災，保衞城廓。⑷到了七月，子產爲火災的緣故，便大爲社。孔穎達《正義》說：「大爲社者，此非常祭之月，而爲火特祭，蓋君臣肅共，禮物備具大於常祭。」就是說：子產特地破例的進行祭祀，並且君臣肅共，而供敬神的祭品比平常更豐厚。用來祓禳（《說文》訓：祓，除惡祭也；禳，祀除癘殃也）四方之神，以滅除火災。並認爲這是合乎敬天恤民的「禮」的行爲的。

一個人的實際行動總比漂亮的言辭更能說明問題。在這裏，我們找不出任何理由說明子產對於神的禳祭不是出於眞心實意，還對神有絲毫輕慢的地方。他的行動表明，他思想上是把神與火災扭在一起的，兩者有着一種因果的關係。因此，當火災發生以後，他到處禳祭，水神、火神、四鄘、四方都進行了祭祀，祈求神的保祐，以滅除火災。假如說：「子產反對禳祭是很堅決的」，是「相當澈底的無神論者」❺，這裏的所作所爲又如何解釋呢？

從五月到七月，時只兩個月；從言論到行動，無神有神，卻判若兩人。這怎能統一到一個人身上呢？恐怕我們只能這樣說：子產的思想中雖有一些無神論思想的因素，但基本上沒有擺脫和

❺ 關鋒：《再論子產》，《教學與研究》一九六二年第一期。

跳出有神論的圈圈。

## ㈡關於「有事於山，蓺山林也」

《左傳》昭公十六年記載：「九月，大雩，旱也。鄭大旱，使屠擊、祝款、豎柎有事於桑山。斬其木，不雨。子產曰：『有事於山，蓺山林也；而斬其木，其罪大矣。』奪其官邑。」

把這段話解爲：「祈雨祭山神，這是迷信的故事，而子產卻認爲『有事於山，蓺山林也』，即養護，繁殖山林。屠擊等採取了相反的作法，子產就把他們撤了職。」認爲這「是對於傳統的『雩』這種迷信思想和神學祭典仍堅決否定」❻。又說：「造林防旱是後世的科學發明的，子產的愛護山林，卻與科學相合。」❼這種解釋恐怕是不妥的。

杜預註：「有事，祭也」。「有事於山，蓺山林也」，是說叫你們（指屠擊、祝款等人）去祭祀山神，是要養護山林。可是你們相反地砍伐樹木，觸犯了那裏的山神，故此不雨。

春秋時期，對某些自然神崇拜還較普遍，如認爲山有山神，山上的一切都由山神管理。所以後來的董仲舒還說：「春旱求雨，令縣邑以水日令民禱社家祀，戶無伐名木，無斬山林。」❽因

❻ 關鋒：《再論子產》，《春秋哲學史論集》，人民出版社一九六三年版，第二六一頁。

❼ 同上❶。

而養護山林，在這裏是作為一種對神的奉儆的行為。就是到今天有些少數民族地區也還有以養山來敬奉山神的迷信。這和「愛護山林」與「科學相合」，是毫不相干的。

子產認為「水旱癘疫之災」，是由於「山川之神」作祟的結果。那麼這段話就應該理解為：鄭國發生了大旱。子產就派屠擊，祝款、豎柎等三人到桑山去祭祀山神，祈求降雨。可是他們到了桑山後，不是奉儆山神，養護山林，反而砍伐山木，因此沒有下雨。子產責備他們說：叫你們去祭山神，養護山林，你們卻砍伐山木，這罪就大了。於是撤掉他們的職務。我們從這事的前因看：子產是從相信神對自然人事有着支配作用的宗教迷信思想出發，派他們去祈雨祭山神的，而不是叫他們去「造林防旱」的；從這事過程看，他們三人沒有按迷信的習俗辦事，養護山林，相反砍伐了山林；最後，子產把不下雨的原因歸咎於他們砍伐山林，觸怒了山神，因而撤掉了他們的職務。事情的前因後果，都不能證明子產是對於傳統的「雩」這種迷信思想和神學祭典的堅決否定，而恰恰證明了子產對於「神」的相信。只不過是採取了和魯國「雩」的這種不同的祭神的形式而已。

### (三)關於「晉侯有疾」

---

⑧《春秋繁露》卷十六，《求雨第七十四》。

《左傳》昭公元年記載：晉平公有病，卜人認爲是實沈、臺駘作祟，但不知是什麼神，於是叔向就問子產，子產說實沈是參神，臺駘是汾神。「抑此二者，不及君身」，平公的疾病是由於「出入、飲食、哀樂之事」造成的。僅此點，是說對了。

但由此是否就可以斷言子產是無神論，是否定鬼神作祟的呢？不能，以子產的整段話來看，他認爲參星之神和汾水之神是不管人的疾病的，所以沒有關係。至於「水旱癘疫之災」和「雪霜風雨之不時」那就同此二神有關了。他說：「山川之神，則水旱癘疫之災，於是乎禜之；日月星辰之神，則雪霜風雨之不時，於是乎禜之。」《說文》訓：「禜者，設綿蕝爲營，以禳風雨雪霜水旱癘疫於日月星辰山川也。」杜預註：「有水旱之災，則禜祭山川之神，若臺駘者。」可見，子產認爲，水旱癘疫之災是屬於山川之神管轄，雪霜風雨是否合於時令是由日月星辰之神管轄，所以我們要看遇到什麼災害，然後決定對什麼神進行禳祭，以祈求神的保祐。這裏旣沒有否定神的存在，也沒有否認神不會作祟，而是說應當祭祀應當祭的神。因此，當昭公十六年鄭國發生大旱的時候，他就派屠擊等去禳祭山神，祈求降雨。

### ㈣關於「黃熊之夢」的問題

《左傳》昭公七年，晉平公又生病，韓宣子（起）對子產說：晉侯已病三月，晉國所有的山川鬼神都祈禱、祭祀過了，可是病勢仍日益加重，今夢黃熊入於寢門，這是什麼厲鬼呢？子產回答說：「以君之明，子爲大政，其何厲之有？昔堯殛鯀於羽山，其神化爲黃熊，以入於羽淵，實爲夏郊，三代祀之。晉爲盟主，其或者未之祀也乎！」韓宣子居然進行「夏郊」，晉侯的病也有減輕，因此把莒國進貢來的二個方鼎賜給子產。

在這裏「以君之明，子爲大政，其何厲之有。」顯然是奉承之辭，子產覺得如果說是厲鬼在作祟，就有損於大國國君的高貴地位，故說晉君之病，不是什麼厲鬼，而是神在作祟，這裏並沒有否認神的存在：第一、鯀雖爲神話傳說，但在當時人的心目當中是作爲神來崇拜的，這是中國古代祖先神崇拜的思想，所以夏、商、周三代都對鯀進行祭祀。第二、夏郊，孔穎達《正義》說：「祭法曰：夏后氏禘黃帝而郊鯀，言郊祭天而以鯀配，是夏家郊祭之也」。以後商、周兩代都郊祭鯀以配天。第三、子產認爲，晉雖並走羣望，國內的山川鬼神都進行祭祀，但今周已衰，晉爲盟主，晉國應承周祭，郊祭鯀以配天。因「夏郊」原非晉之「羣望」，所以子產說：「其或者未之祀也乎？」其意實是叫韓宣子去夏郊。事後韓宣子也果然祀夏郊，晉君之病也確有好轉。這就有點神乎其神，類似於預言家了。第四、由此可知，子產是把神與疾病聯在一起，認爲二者之間有着某種因果的關係，這正是有神論的思想特徵。

## (五)關於「伯有鬧鬼」

就在昭公七年，還發生了「伯有鬧鬼」的事。有人夢見伯有披甲而行，而且說某某日要殺死駟帶及公孫段。果然駟帶與公孫段死去，國人都很害怕。子產就立伯有的兒子良止和子孔的兒子公孫洩爲大夫，使他們保有宗廟，以安撫伯有和子孔的神靈。於是，伯有也不再鬧鬼了。「子大叔問其故，子產曰：『鬼有所歸，乃不爲厲，吾爲之歸也。』大叔曰：『公孫洩何爲？』子產曰：『說也，爲身無義而圖說。從政有所反之，以取媚也。不媚，不信。不信，民不從也。』」如果解釋爲「『從政有所反之』」，意思是：伯有鬧鬼，立伯有之後這是『反』，那麼『正』呢？『正』就是無鬼；『從政』有時候需要『反』，即採取和無鬼論相反的措施。」❾我認爲此解不合子產的原意。

把前一個「說」字解爲「悅」，據晉杜預，唐孔穎達、陸德明都認爲兩「說」字均爲解說之「說」，《經典釋文》：「說，如字」。「反」爲「反正道」，《正義》曰：「從其政事，治國家者有所反於正道，以取民愛也。反正道者，子孔誅絕，於道理不合立公孫洩，今既立良止，恐民以鬼神爲惑，故反違正道，並立公孫洩。」此說較合於子產原意。因而這段話的意思是：子太叔問：爲什麼要立公孫洩呢？子產說：「爲好說話麼，爲了給那些本身無義者立其後的現象作解說。辦事有時免不了要和常情相反，這是爲了取媚人民，不適合民心，就不能獲得人民的信任。不信任，就不會聽話。」很顯然，「反」就是指不當立公孫洩而立來說的，以便給有鬧鬼就立，

❾ 關鋒：《再論子產》，《春秋哲學史論集》，人民出版社一九六三年版，第二七一頁。

不鬧鬼不立的錯覺作解說，並不是「採取和無鬼論相反的措施」。

再者，子產「立後」的目的，是爲了伯有等有宗廟承祀，使他們的神靈有所歸宿，不會遊散於外而鬧鬼。這正是迷信鬼神的措施，並不是良止和公孫洩應當立爲大夫。因此不能證明子產是無鬼論者。

## ㈥關於「伯有有無資格爲鬼」

正因如此，所以當他到晉國的時候，趙景子問「伯有怎麼還鬧鬼呢？」子產就認眞而嚴肅地證論起人死後怎麼爲鬼的事來了，而不是什麼「爭國格」的問題。

我們聽其言而觀其行。子產雖認爲「天道遠，人道邇」，但他對於祭祀和鬼神仍未否定，而且還把它同自然界的水旱之災、人們的疾病，因果地連繫起來，說明他還沒有從天人相應的宗教神學思想中脫胎出來。

# 二、有神論的束縛

天人關係中的另一個最重要問題，就是「天」是否有意志，能否主宰自然、人事。

《左傳》記載，子產直接論述到「天」的有八處，其中「天道遠，人道邇，非所及也」，和

「夫禮，天之經也，地之義也，民之行也。天地之經，而民實則之。則天之明，因地之性，生其六氣，用其五行。」這二處不是指有意志的「天」以外，其他六處，子產不僅承認存在着有意志的人格神的「天」，而且認爲能賞善罰惡。這是判斷子產基本上是有神論者的重要依據。爲了明白事情的原委和避免有斷章取義之嫌，現將有關資料按年代次序摘錄於後：

《左傳》襄公二十五年記載：「鄭子產獻捷於晉，戎服將事，晉人問陳之罪。對曰：……今陳忘周之大德，蔑我大惠，棄我姻親，介恃楚衆，以馮陵我敝邑，不可億逞。我是以有往年之告，未獲成命，則有我東門之役。當陳隧者，井堙木刊，敝邑大懼不競，而恥大姬，天誘其衷，啓敝邑心。陳知其罪，授手於我，用敢獻功。」

《左傳》襄公三十年：「〔伯有與子晳（公孫黑）相爭，伯有〕自墓門之瀆入，因馬師頡介於襄庫，以伐舊北門，駟帶率國人以伐之。皆召子產。子產曰：『兄弟而及此，吾從天所與。』」

《左傳》昭公二年：「秋，鄭公孫黑將作亂，……（子產）使吏數之，曰：『伯有之亂，以大國之事，而未爾討也。爾有亂心，無厭，國不女（汝）堪。專伐伯有，而罪一也；昆弟爭室，而罪二也；薰隧之盟，女（汝）矯君位，而罪三也。有死罪三，何以堪之，不速死，大刑將至。』再拜稽首，辭曰：『死在朝夕，無助天爲虐。』子產曰：『人誰不死。凶人不終，命也。作凶事，爲凶人，不助天，其助凶人乎！』」

昭公十一年記載：「楚師在蔡……秋，會於厥慭，謀救蔡也。鄭子皮將行，子產曰：『行不遠，不能救蔡也。蔡小而不順，楚大而不德，天將棄蔡以壅楚，盈而罰之，蔡必亡矣。且喪君而能守者鮮矣。三年，王其有咎乎！美惡周必復，王惡周矣。』」

昭公十八年記載：「火之作也，子產授兵登陴。……晉之邊吏讓鄭曰：『鄭國有災，晉君、大夫不敢寧居，卜筮走望，不愛牲玉。鄭之有災，寡君之憂也。今執事（指子產）撊然授兵登陴，將以誰罪？邊人恐懼，不敢不告。』子產曰：『若吾子之言，敝邑之災，君之憂也。敝邑失政，天降之災，又懼讒慝之間謀之，以啓貪人，荐爲敝邑不利，以重君之憂。』」

昭公十九年記載：「是歲也，鄭駟偃卒，子游娶於晉大夫，生絲，弱，其父兄立子瑕。……他日，絲以告其舅。冬，晉人使以幣如鄭，問駟乞之立故。駟氏懼，駟乞欲逃，子產弗遣；請龜以卜，亦弗予。大夫謀對。子產不待而對客曰：『鄭國不天，寡君之二三臣，札瘥夭昏，今又喪我先大夫偃，其子幼弱，其一二父兄懼隊宗主，私族於謀，而立長親，寡君與其二三老曰：『抑天實剝亂是，吾何知焉？』諺曰：『無過亂門。』民有兵亂，猶憚過之，而況敢知天之所亂？今大夫將問其故，抑寡君實不敢知，其誰實知之。……』」

以上六則，沒有被認爲子產是「相當徹底的無神論者」的人所重視和引用。這六條材料，正證明子產沒有否認有意志的人格神的「天」的存在。

第一、襄公二十五年六月，鄭子展、子產攻下了陳國的國都，臣服了陳國。當子產把此事告訴晉國，晉國由於鄭國不獻俘而責備鄭國伐陳。子產在數說了陳國的罪狀以後，說：「天誘其衷，啓敝邑心。」這樣就把戰爭的勝敗和「天」神秘地聯繫起來了。

第二、伯有和公孫黑是堂兄弟，他們相互攻伐，都請子產去幫忙，在這情況下，子產去幫助誰呢？確實很爲難，所以，子產說：「兄弟而及此，吾從天所與！」這是對天的感嘆，與孔子對天的感嘆相似。

第三、在此次鬪爭中，公孫黑殺死了伯有，又想作亂，企圖取替游氏的職位。子產在宣布了他的三條罪狀後說：「凶人不終，命也。作凶事，爲凶人，不助天，其助凶人乎？」子產認爲壞人不得好死，這是天在賞善罰惡，人們是不可抗拒的。

第四、楚師在蔡，蔡有被滅亡的危險，當時諸侯準備救蔡，鄭大夫子皮將去盟會諸侯，師救蔡國，可是子產對子皮說：「天將棄蔡以壅楚，盈而罰之，蔡必亡矣。」其意是：天要棄絕蔡國，所以蔡國一定要滅亡，救蔡那是徒勞，此其一；其二，天將棄蔡以壅楚，盈而罰之，是說天假手楚國去滅亡蔡國，在楚滅蔡的過程中，楚國的罪孽也因而盈滿，並預言三年以後天必降罪楚國。怎麼知道三年以後楚必受罰呢？其三、子產的根據是，「美惡周必復」。「周」是指歲星（木星）運行十二年爲一周。杜預註：「楚靈王弒立之歲，歲（歲星）在大梁，到昭（公）十三年，歲（歲星）復在大梁，美惡周必復，故知楚凶。」這樣一來，就把天象的運行和人事的變故神秘地聯繫起來，把前者看作後者的原因，這種天人相應的迷信思想，是古代宗教迷信觀念的軸心，它宣揚天象的運行，自然的變異是「天」賞善罰惡的徵兆，或者是人們違反社會倫理或政治倫理道德規範的必然結果，卽所謂：「蔡小而不順，楚大而不德」，是把人間、人事的一切都說成是有意志的天道的支配。

子產的這種天人相應的神秘主義思想，簡直和當時叔向和占星術士萇弘的見解一模一樣。爲了便於比較，我們將萇弘和叔向對於這個問題的言論摘錄於後：

昭公十一年，「（周）景王問於萇弘曰：『今玆諸侯何實吉？何實凶？』對曰：『蔡凶。此蔡侯般弑其君之歲也。歲（歲星）在豕韋（左襄三十年，蔡世子般弑其君，時歲星在豕韋至今十三年，歲星復在豕韋，故蔡凶）弗過此矣。楚將有之，然壅也。歲及大梁，蔡復楚凶，天之道也。』」

四月，楚公子棄疾帥師圍楚。「韓宣子問於叔向曰：楚其克乎？對曰：克哉！蔡侯獲罪於其君，而不能其民，天將假手於楚以斃之，何故不克……。（楚）今又誘蔡而殺其君，以圍其國，雖幸而克，必受其咎，弗能久矣。桀克有緡，以喪其國。紂克東夷，而隕其身。楚小位下，而亟暴於二王，能無咎乎？天之假助不善，非祚之也，厚其凶惡，而降之罰也。」

如果叔向和萇弘是有神論者，那麼看看這些話，就很難分出那是誰說的話，也找不出漏子，認爲子產這裏所說的「天」，不是叔向所指的「天」。

第五、正因爲子產存在着天人相應的宗教迷信觀念。所以當鄭國發生火災的時候，並走羣望，四處禳祭，並在回答晉國邊吏時說：「敝邑失政，天降之災。」把「失政」作爲天降災罰的根據。

第六、因此，當駟偃死，由於不立其子，而立子瑕，從而引起晉國干涉的時候，子產說：「鄭國不天，寡君之二三臣，札瘥夭昏。」杜預訓不天爲「不獲天福」，所以一些大臣，相繼死亡。子產又把人的衰亡同不獲天福聯繫起來。由此，他進而認爲有意志的「天」是神秘莫測的，世人是不能認識的，「天實剝亂，是吾何知焉，敢知天之所亂」。這樣「天」就更神乎其神了。

上述，很明顯地證明：子產雖曾有一點無神論思想的因素，但他基本上沒有擺脫和跳出有神論的範圍。

## 三、思想與言行的關係

最後，我們必須回來談談外交場合的特殊性問題。如把一些明顯表現子產有神論的言行，都解釋爲外交場合的「特殊性」問題。譬如，在「外交場合，不是爭論唯心和唯物，有神和無神之地、之時。」⑩因此在「晉侯有疾」時說了句水旱癘疫之災要禳祭山川之神，也是外交場合的權宜之辭；釋「黃熊之夢」是「巧妙的外交辭令」⑪不能「忽視了外交場合言語辭令的特殊性」；佰

⑩ 關鋒：《再論子產》，《春秋哲學史論集》，人民出版社一九六三年版，第二六八頁。

⑪ 同上書，第二六九頁。

有爲鬼也不能說是有神論者，因爲「伯有死後有資格爲鬼，是爲鄭國爭國格」問題等。因而得出「《左傳》所載似乎是反面的材料」。但是這種解釋是不能改變事實的本身的。

外交場合是一個矛盾和鬪爭非常複雜而尖銳的地方，有才能的外交家能夠很策略的應對一切，旣堅持了原則，維護了國家的獨立，而又搞好和大國的關係，確實大有講究。所以我們在評價子產的時候應該考慮他外交場合的因素，具體的進行分析。這就是說，我們在分析問題時，應該注意考察這個問題的具體時間、地點及與國家間鬪爭的關係，以便實事求是地對古人作出評價。但這決不意味着把問題提到一定的歷史範圍之內，強調注意考察其具體條件，就能變「反」爲「正」。相反，它要求我們對歷史人物或事件作歷史的分析，揭露其實質和規律，搞淸其面目。歷史是公正的，只要是人的行爲活動所寫的歷史，歷史總要把它公諸於世，以作歷史的評價。

外交場合，這是一個特殊的場合，在這個場合說話，是在特殊的環境中說話。但是，一個事件的矛盾的特殊性是與矛盾的共性相聯繫的。子產在外交這個特殊場合的言行是與他的思想所表現的整個言行相聯繫的。他的有神論思想正是通過他的每個個別的言行表現出來。因此，離開共性而片面的強調特殊性，就只能會把事情弄顚倒了。

思想指導言行。一個人的言行總是同他的思想有着不可分的聯繫。子產是一個外交家，他的每句話，不能不是他的利益需求和思想本質的反映；他的每一個行動，不能不代表他的集團和國家的利益。因此脫離他的利益與思想，抽象地考察他在外交場合的言語辭令，把它從他的思想體系中抽出來，孤立起來，都是不能正確地說明子產的思想實質的。

任何辯解，都不能改變問題的本質。就拿「晉侯有疾」來說吧，子產是否因爲他擔負着外交使命，而又以小事大，不敢和保守的叔向爭論有神無神問題，而不得不說水旱厲疫之災要禳祭山川之神呢？不是的。

根據《左傳》、《國語》記載，子產在所有的外交場合都是堅持他的原則，以理相析，而從不卑躬屈膝，委曲求全的。譬如子產執政後的第二年（《左傳》襄公三十一年），他和鄭簡公到晉國去，晉平公藉口魯襄公剛死，而不接見他們，子產爲了爭取國家的尊嚴，使人故意搗毀了賓館的圍牆，才把車馬推進去。當士文伯來責問子產的時候，子產言正辭厲的斥責晉君不應該不接見他們，大談晉文公爲盟主時的文德。結果執政的趙文子說「我實不德」而派士文伯謝罪；晉侯即刻接見鄭伯，並大加禮遇，厚其宴好而歸之，叔向也大加贊揚：「子產有辭，諸侯賴之，若之何其釋辭也。」

又譬如《左傳》昭公十三年，子產爲了爭取減輕對晉國的貢納，在諸侯同盟平丘的時候，堅決力爭，他說：「諸侯修盟，存小國也。貢獻無極，亡可待也。存亡之制，將在今矣」。從中午一直爭到晚上，毫不畏懼，寸步不讓，晉人只好答應減輕鄭國的貢納。會盟以後，大叔還怪罪子產，說：「諸侯若討，其可瀆乎？」可是子產卻回答說：「國不競亦陵，何國之爲！」，你看這是多麼堅決，多麼強硬。這實是爭國格，爭國家的獨立。這樣的人，難道會在叔向和韓宣子由於不懂實沈、臺駘和黃熊是何神而請教他的時候，反而會放棄他所謂「戰鬪的無神論思想」的立場，而大談起禳祭和鬼神來嗎？如果這不是他本身思想的反映，我們對此又如何解釋呢？再說子產對保守的叔向是否不敢和他論爭呢？事實未必盡然。叔向反對子產鑄刑書，子產復信說：「僑（子產）不才，不能及子孫，吾以救世也，既不承命，敢忘大惠。」（《左傳》昭公六年），雖未針鋒相對，但「吾以救世也，既不承命」一語，就已表現了他的堅定的立場。由此看來，如果子產眞是一個「徹底的無神論者」，賣論求生，我看不是子產所要幹的。事實上不論是國內國外，不論是言論行動，子產都是相信鬼神，主張進行禳祭的。

有人說，實沈、臺駘、黃熊等晉國的史官都不知道，「子產不正好顯示一下他的博學」，爲鄭國爭榮譽嗎？況且人家又「是在肯定有神的基礎上提出問題的。」[12]筆者認爲：提問題的基礎和回答問題的基礎可以完全兩樣，甚至相反，沒有規定在肯定有神的基礎上提出的問題一定以有神來回答，如果子產確實是一個有着「明顯的戰鬪的無神論思想」[13]的思想家，爲什麼他津津有味，嚴肅而認眞地論證起實沈、臺駘是什麼神呢？這難道能和他的徹底的無神論思想融合在一起嗎？這難道不是他的眞言實話嗎？如果說這是爲了顯示他的博學，我們又怎能設想一個「相當徹

[12] 關鋒：《再論子產》，《春秋哲學史論集》，人民出版社一九六三年版，第二六八頁。
[13] 關鋒：《再論子產》，《春秋哲學史論集》，人民出版社一九六三年版，第二六一頁。

底的無神論者」以出賣他的原則立場，論證有神來顯示他的博學和換取一時的稱讚呢？顯然這和「平丘爭承」的子產是不能同日而語的。

問題的關鍵是在於：我們不能離開他的思想本質和行動，抽象地來談他在外交場合言語辭令的特殊性，在評價一個人的時候，不是根據他自己的表白，而是根據他的行動。這樣才能不會被複雜的表面現象所迷惑，而能夠透過許多迷離而混沌的現象抓住思想的本質。

# 子產辨析

子產自本世紀六十年代以來，是一個有爭論的人物，茲作是篇，就正於方家。

## 一、關於「作封洫」和「作丘賦」

梁效說，子產使「田有封洫，廬井有伍」（《左傳》襄公三十年），是「重新匡正井田的疆界。」這是不對的。這段記載原文是：「子產使都鄙有章，上下有服，田有封洫，廬井有伍。」「封洫」，晉杜預注：「封，疆也；洫，溝也。」《呂氏春秋》漢高誘注：「封界，溝洫也」。「洫」，按《周禮．考工記．匠人》：「成間廣八尺，深八尺謂之洫」。就是在甸與甸之間挖一條寬八尺深八尺的溝渠；「廬井有伍」，杜預注：「廬，舍也。」卽住房。「伍」，就是「使五家相保」，「五家爲伍」的「伍」。

春秋時期，隨着生產力的提高，在原東西周時期整整齊齊的豆腐乾式的「公田」旁邊，大量不整齊的橫七豎八的私田被開墾出來了。原來「公田」是要上賦稅的，「私田」開初不交稅，但時間一久，私田慢慢超過「公田」，公家逐漸衰落下來。隨着土地私有和奴隸反抗鬪爭的發展，奴隸在「公田」上集體勞動的形式逐漸廢弛，奴隸制的土地占有形式——井田制開始瓦解。公元前五九四年魯國實行「初稅畝」，承認私田合法。過了五十一年，公元前五四三年子產作封洫，就是把橫七豎八的私田編制起來，劃定界限，承認私田合法性，爲地主階級實行封建制剝削提供了條件。這是因爲鄭國「國小而偪，族大寵多」，地處晉、楚兩大國之間而爲兩國所必爭，爲免滅亡，而求自立，必須限制貴族而行改革。

關於這一點，可從下一材料得到佐證：子產「從政一年，輿人誦之，曰：『取我衣冠而褚之，取我田疇而伍之。孰殺子產，吾其與之。』及三年，又誦之，曰：『我有子弟，子產誨之，我有田疇，子產殖之，子產而死，誰其嗣之！』」（《左傳》襄公三十年）引文中「輿人」是什麼人？《左傳》昭公七年記載，古制「人有十等」，「王臣公，公臣大夫，大夫臣士，士臣皁，皁臣輿，輿臣隸，隸臣僚，僚臣僕，僕臣臺。馬有圉，牛有牧，以待百事」。據考，「皁」以下屬於奴隸階級。同年二月，《左傳》記載：「晉悼夫人食輿人之城杞者」。杜預注：「輿，衆也」。《說文》：「輿，車輿也」。段玉裁注：「《考工記》輿人爲車，注曰：車，輿也，按不言爲輿，而言爲車者，輿爲人所居，可獨得車名也。」又《說文》：「眔，目相及也，從目隸省，讀若與隸同也。」段注：「隸，及也，此眔與隸音義俱同」。據此，「輿人」，大概是屬於管理車的奴隸。他們本沒有土地，這時有了土地，因此，「輿人」稱「我田」或「我有田疇」。「我田」，顯然是私田。「取我田疇而伍之」❶，就是劃定土地分界，把取得了私有土地的農戶按什伍編制起來，按畝取稅。並不是如梁效所說的「恢復和鞏固井田制」。

梁效引用東漢服虔《左傳》注：「丘賦者，復古法耳。」斷定子產「作丘賦」是「恢復以井田制爲基礎的古代軍賦制度。」這是怎麼一回事呢？

先看看原文。

《左傳》昭公四年（公元前五三八年）記載：「鄭子產作丘賦，國人謗之，曰：『其父死於路，己爲蠆尾，以令於國，國將若之何？』子寬（渾罕字）以告，子產曰：『何害？苟利社稷，死生以之，且吾聞爲善者，不改其度，故能有濟也。民不可逞，度不可改。……吾不遷矣』。渾罕曰：『國氏其先亡乎！君子作法於涼，其敝猶貪。作法於貪，敝將若之何？……偪而無禮，鄭先衞亡，偪而無法。政不率法，而制於心。民各有心，何上之有？』」「丘賦」，杜預《春秋經傳集解》說：「丘，十六井，當出馬一匹，牛三頭。今子產別賦其田，如魯之田賦。」魯季孫氏「以田賦」，在《左傳》哀公十一年，就是把家財和田地分開來交兵賦，因而叫「田賦」。「別其田賦」，即按田畝出兵賦。既按田畝出兵賦，就得承認私田的合法性。因此，它是緊接着「作

---

❶《呂氏春秋・審應覽・離謂篇》作「取我田疇而賦之」，賦字恐誤，作「伍之」爲妥。

封洫」而來的。孔子在反對季孫氏「以田賦」的時候，認爲它違背了奴隸制法典，是「貪冒無厭」，渾罕也罵子產「政不率法」（按指古法），而「作法於貪」。

春秋時期，諸侯分封給大夫的「封邑」，是土地和奴隸一起分給的。所謂「十室之邑」、「千室之邑」，就是十個「室」和一千個「室」的「邑」。「室」是計算奴隸和田地的單位。原來，兵賦是按大夫之家占有「室」的多寡來出的。後來，隨着土地私有，這個制度逐漸破壞，光按「室」已不能徵集足夠，因而不得不改爲按田畝計算了。子產「作丘賦」和魯國「以田賦」，就是屬於按一定田地爲計算單位而由土地私有主來出兵賦的改革措施。所以，杜預說它「如魯之田賦」。呂祖謙也說，子產作丘賦「是改三代井田之法。」（《左氏傳說》）這話是有道理的。

我們再來研究一下服虔的注：一、渾罕攻擊子產「作丘賦」是「政不率法」（此「法」指「古法」），而服虔卻說是「修復古法」，豈不與渾罕的攻擊相矛盾？二、渾罕明明指責子產「作丘賦」是「制於心」，是說子產不率「古法」而據自己私心出發制訂的，即是子產自己的創新，怎能說是「復古法」？三、宋林堯叟注《左傳》哀公十一年「用田賦」時說：「以丘賦，……魯亦行之也，是故作丘甲，用田賦，不書『初』」。按《春秋傳》例，凡言「初」、「作」者，均是以往沒有實行過的創新。子產「作丘賦」不書「以」、「用」而書「作」，豈能是「復古法耳」？可見，服虔的注同原文是有矛盾的，並不可靠。梁效從子產「作丘賦」本身抓不到「復修古法」的根據，卻從大量注解中找到了這條頗合自己需要的解釋，既不分辨史料的眞僞，也不管「作丘賦」的史實，便斷定爲「復舊」，是不妥的。

## 二、關於鑄刑鼎

梁效引用晉國舊貴族叔向反對子產「鑄刑書」信中的一段話：「今吾子相鄭國，……制參辟，鑄刑書，將以靖民，不亦難乎！」說「這封信是一個很好的旁證材料，其中，『制參辟』意思是：用三代之刑法」。他們以此來證明子產「鑄刑書」的內容，「完全是沿襲夏、商、周三代奴隸主所制定的刑律。」

這裏，爲了弄清眞相，筆者有必要對叔向的信進行一下分析，原信較長，僅錄其有關部分於後：

1.「昔先王議事以制，不爲刑辟。懼民之有爭心也。」（《左傳》昭公六年）杜預注：「臨事制刑，不豫設法也。」王引之《經義述聞》認爲：杜預把「議事」解爲「臨事」不對，「議讀爲儀，儀，度也；制，斷也，謂度事之輕重，以斷其罪。」筆者認爲杜注更符合叔向原意。春秋時奴隸主貴族處罰奴隸和人民，全由奴隸主貴族臨事定斷，任意摧殘屠殺，奴隸們處在「刑不可知，則威不可測」（《左傳》孔穎達疏）的極端恐怖之中，奴隸主貴族妄圖以此防止奴隸的反抗鬬爭，維護其統治。因此，「不爲刑辟」與「爲刑辟」，即要不要公布成文法的鬬爭，是當時「爲禮」與

「棄禮」鬪爭的一個重要內容。但由於社會經濟的發展，奴隸鬪爭越趨激烈，那種「刑不可知」的恐怖統治已經不足以防止奴隸的反抗。同時，私田的出現，公田的破壞，新興地主階級爲了保護自己私田的所有權，以擺脫奴隸主貴族的任意壓迫，要求公布成文法。在鄭國，子產適應了社會的這種需要，把「刑書」鑄在鼎上，公布出來。犯什麼罪，定什麼刑，都規定好了，這就限制了奴隸主貴族臨時定斷、任意殺戮奴隸的權力，破壞了「先王議事以制，不爲刑辟」的傳統制度（「禮」），這無疑是一個進步措施。

2.「民知有辟，則不忌於上，並有爭心，以徵於書，而徼幸以成之，弗可爲矣。」「民知爭端矣，將棄禮而徵於書，錐刀之末，將盡爭之，亂獄滋豐，賄賂並行。」（同上）這就是說，有了成文法，人們就不畏懼奴隸主貴族，可依據成文法而進行鬪爭，這樣一來，「民」就「棄禮」而根據「刑書」。所謂「棄禮」，當然是對奴隸制典章制度的否定，它打亂了貴賤上下的等級秩序，動搖了奴隸主貴族的權威。所以，叔向哀嘆「終子之世，鄭其敗乎」！這正是叔向爲維護奴隸制而發出的悲鳴。

3.「夏有亂政，而作禹刑；商有亂政，而作湯刑；周有亂政，而作九刑，三辟之興，皆叔世（末世）也。今吾子相鄭國，作封洫，立謗政，制參辟，鑄刑書，將以靖民，不亦難乎？……肸（按：叔向名羊舌肸。）聞之，國將亡，必多制，其此之謂乎！」這裏，叔向只是以夏、商、周三代末世而作三刑來詛咒子產。「制參辟」，也只是說與子產制的「刑」與「三刑」一樣，是在

「叔世」時制作出來的，得不出梁效所說的「子產刑書的內容完全沿襲夏、商、周三代奴隸主所制定的刑律」的結論。

大概梁效也覺得僅憑上邊的理由不足以證明自己的結論，便抓住孔子反對晉「鑄刑鼎」而沒有對子產「鑄刑書」作過評說大作文章，說什麼孔子對子產鑄刑書「從未表示過半點反對，這不是很奇怪嗎？」其實，歷史事實並不奇怪：子產「鑄刑書」時，孔子還是一個十五歲的孩子，而晉「鑄刑鼎」時，孔子已是三十八歲的中年了。我們能要求一個生在魯國的不太懂事的孩子對鄭國「鑄刑書」發表政治評論嗎？

## 三、關於「誅鄧析」

《左傳》、《國語・鄭語》沒有記載「子產誅鄧析」的事實。《論》、《孟》、《老》、《莊》、《墨》也無記載。《荀子》雖在《非十二子》、《不苟》中提到鄧析，也無關於他與子產鬪爭的記載，唯《宥坐》提到「子產誅鄧析史付」這樣簡單一句話，這大概是最早關於子產誅鄧析的記載。後來《呂氏春秋》、《列子》均據此而演繹，才有了關於鄧析難子產而被殺的情節。但是，漢高誘注《呂氏春秋》時已對此提出懷疑，晉張湛注《列子》時也提出過懷疑：「此傳云（指《列子》）子產誅鄧析，《左傳》云（定公九年）駟歂殺鄧析，而用其竹刑。子產卒後二十年而鄧析死也。」據《左傳》定公九年記載：「鄭駟歂殺鄧析，而用其竹刑」。《左傳》是根據春秋列國史編的，比較可信。漢劉歆說：「《春秋左氏傳》昭公二十年而子產卒，子大叔嗣爲政，定公八年大叔卒，駟歂嗣爲政，明年乃殺鄧析，而用其竹刑。」事實大概如此。

梁效既不說「子產誅鄧析」，也不說「駟歂誅鄧析」，卻在編造了鄧析與子產間所謂的「革新派與守舊派」的「尖銳鬪爭」後，說鄧析「創制了一部新的《竹刑》，以取代子產的舊制，最後終於被鄭國奴隸主貴族殺害。」那麼，先來看看梁效所謂的子產與鄧析間的「鬪爭」吧！

梁效先引了《列子．力命》篇，說鄧析「聚衆講學，倡導革新，『數難子產之治』」。接着又引《荀子．非十二子》說鄧析「數難子產之治」是「持之有故，言之成理」的。一查原文，不對了。原來，《荀子．非十二子》講「其持之有故，其言之成理，足以欺惑愚衆，是惠施、鄧析也。」是在說明惠施、鄧析「不法先王，不是禮義……」所以能惑衆，有他們自己的一套道理的。同樣評論，在《非十二子》中出現五次，如「然而其持之有故，其言之成理，足以欺惑愚衆，是墨翟、宋硏也」等等，它與《列子．力命》篇的「數難子產之治」是完全不相及的。

再看《列子．力命》篇的記載：「鄧析操兩可之說，設無窮之辭，當子產執政，作《竹刑》，鄭國用之，數難子產之治，子產屈之，子產執而戮之，俄而誅之。」張湛注已指出子產誅鄧析有誤，其實，這段話本身也自相矛盾：既然子產執政，鄧析「反子產之道而行之」，作《竹刑》以代替子產所鑄舊制（即「刑書」），那末，鄭子產就不可能用鄧析《竹刑》；既說「鄭國用之」，又是子產執政之時，那末《竹刑》與子產的「鑄刑書」就不可能表現爲封建制與奴隸制完全對立的刑法。如果《竹刑》與「刑書」是屬同類性質的「法」，則「數難子產之治」，豈能說是「革新與守舊的兩條路線的鬪爭」？可是，梁效就敢斷言這是「鄧析公開向這種反對的奴隸制刑律（指子產「刑書」）挑戰」，這是與事實不符的。

還需說明的是：荀子根本不把鄧析作爲「法家先驅者」看待，在《非十二子》批評惠施和鄧析「不法先王，不是禮義，而好治怪說，玩琦辭，甚察而不惠，辯而無用，多事而寡功，不可以爲治綱紀。」在《不苟》篇中說：「然而君子不貴者，非禮義之中也。山淵平，天地比，齊秦襲，入乎耳，出乎口❷，鉤有鬚，卵有毛，是說之難持者也，而惠施、鄧析能之。」在這裏，荀子是把鄧析作爲和惠施一樣的「辯者」，即名家來看的。而後《呂覽》和《列子》也持荀子的看法。可是，梁效說什麼「子產和孔老二是一家，都是頑固維護奴隸制的反動政治家、思想家；鄧析和少正卯是一派，都是代表新興地主階級勢力的革新派，是法家的先驅，他們之間的鬪爭是兩個階級、兩條路線的你死我活的鬪爭。」這是莫須有的杜撰。

---

❷「入乎耳，出乎口」句，意不相關，恐傳抄有誤。

## 四、所謂對子產的「吹捧」

梁效說子產推行「克己復禮」的「反動路線」，還因爲孔子「吹捧」過子產。

在《左傳》與《論語》中，孔子直接評論歷史人物（不包括其弟子）有五十二處，十七處評論以前人物，三十四處評同時代人，一處既評古人，又評今人。在評當時人的三十五處中，提到三十人，子產有六處。上自國君，執政大夫，下有家臣，除子產外，沒有一個人得到孔子完全肯定和贊揚。孔子對子產的評說，見之於《論語》的有三條（《公冶長》篇一條，《憲問》篇二條）。梁效以「或問子產。子曰：『惠人也』」和《左傳》昭公二十年：「及子產卒，仲尼聞之，出涕曰：『古之遺愛也』」這樣二條材料，大作孔子吹捧子產的文章。其實，同樣的評語也見於孔子對管仲的評價：「子路曰：『桓公殺公子糾，召忽死之，管仲不死。』曰：『未仁乎？』子曰：『桓公九合諸侯，不以兵車，管仲之力也。如其仁，如其仁。』」（《論語·憲問》）「子貢曰：『管仲非仁者與？桓公殺公子糾，不能死，又相之。』子曰：『管仲相桓公，霸諸侯，一匡天下，民到于今受其賜。微管仲，吾其被髮左衽矣。豈若匹夫匹婦之爲諒也，自經於溝瀆而莫之知也。』」（同上）就是說管仲也是被孔子吹捧過的。那麼，被「四人幫」冠以法家頭銜的管仲豈不反動？同是被孔子「吹捧」的子產和管仲，何以一個儒家一個法家，一個反動一個進步呢？

梁效豈不是舉起自己的左手打自己的右臉，舉起自己的右手打自己的左臉嗎？

其實，在先秦和秦漢時期，何止孔子「吹捧」子產，進步思想家對子產也是贊不絕口的。試舉幾例：

「成侯嗣公聚斂計數之君也，未及取（治的意思）民也。子產取民者也，未及爲政也。管仲爲政者也，未及修禮也。故修禮者王，爲政者彊，取民者安，聚斂者亡。」（《荀子．王制》）稱贊子產能治理人民，而使國家安定。

「子產退而爲政五年，國無盜賊，道不拾遺，桃棗之蔭於街者莫援也，錐刀遺道三日可反，三年不變，民無飢也。」（《韓非子．外儲說左上》）被「四人幫」譽爲法家的荀子、韓非子和儒家孔子一樣「吹捧」子產。請問梁效，那又該作何解釋？子產進步焉？反動焉？

王充是被「四人幫」追謚爲大法家的，他在《論衡》中，對子產毀譽都有。《非韓》篇王充同意韓非對子產的批評，非子產「不亦無術乎」。可是，《別通》、《死僞》、《知實》、《書解》等篇都是贊揚子產的，如贊美「子產，智人也」（《死僞》），「子產博物」（《別通》），法家吹捧子產，子產則該進步了？因此，以儒法劃線，實乃與歷史事實相背離。

# 滄海叢刊書目

**國學類**

| 書名 | 作者 |
| --- | --- |
| 中國學術思想史論叢(一)～(八) | 錢穆 著 |
| 現代中國學術論衡 | 錢穆 著 |
| 兩漢經學今古文平議 | 錢穆 著 |
| 宋代理學三書隨劄 | 錢穆 著 |
| 先秦諸子繫年 | 錢穆 著 |
| 朱子學提綱 | 錢穆 著 |
| 莊子纂箋 | 錢穆 著 |
| 論語新解 | 錢穆 著 |

**哲學類**

| 書名 | 作者 |
| --- | --- |
| 文化哲學講錄(一)～(五) | 鄔昆如 著 |
| 哲學十大問題 | 鄔昆如 著 |
| 哲學的智慧與歷史的聰明 | 何秀煌 著 |
| 文化、哲學與方法 | 何秀煌 著 |
| 哲學與思想 | 王曉波 著 |
| 內心悅樂之源泉 | 吳經熊 著 |
| 知識、理性與生命 | 孫寶琛 著 |
| 語言哲學 | 劉福增 著 |
| 哲學演講錄 | 吳怡 著 |
| 後設倫理學之基本問題 | 黃慧英 著 |
| 日本近代哲學思想史 | 江日新 譯 |
| 比較哲學與文化(一)(二) | 吳森 著 |
| 從西方哲學到禪佛教——哲學與宗教一集 | 傅偉勳 著 |
| 批判的繼承與創造的發展——哲學與宗教二集 | 傅偉勳 著 |
| 「文化中國」與中國文化——哲學與宗教三集 | 傅偉勳 著 |
| 從創造的詮釋學到大乘佛學——哲學與宗教四集 | 傅偉勳 著 |
| 中國哲學與懷德海 | 東海大學哲學研究所主編 |
| 人生十論 | 錢穆 著 |
| 湖上閒思錄 | 錢穆 著 |
| 晚學盲言(上)(下) | 錢穆 著 |
| 愛的哲學 | 蘇昌美 著 |
| 是與非 | 張身華 譯 |
| 邁向未來的哲學思考 | 項退結 著 |

| | |
|---|---|
| 現代藝術哲學 | 孫　　旗　譯 |
| 現代美學及其他 | 趙天儀　著 |
| 中國現代化的哲學省思 | 成中英　著 |
| 不以規矩不能成方圓 | 劉君燦　著 |
| 恕道與大同 | 張起鈞　著 |
| 現代存在思想家 | 項退結　著 |
| 中國思想通俗講話 | 錢　　穆　著 |
| 中國哲學史話 | 吳怡、張起鈞　著 |
| 中國百位哲學家 | 黎建球　著 |
| 中國人的路 | 項退結　著 |
| 中國哲學之路 | 項退結　著 |
| 中國人性論 | 臺大哲學系主編 |
| 中國管理哲學 | 曾仕強　著 |
| 孔子學說探微 | 林義正　著 |
| 心學的現代詮釋 | 姜允明　著 |
| 中庸誠的哲學 | 吳　　怡　著 |
| 中庸形上思想 | 高柏園　著 |
| 儒學的常與變 | 蔡仁厚　著 |
| 智慧的老子 | 張起鈞　著 |
| 老子的哲學 | 王邦雄　著 |
| 逍遙的莊子 | 吳　　怡　著 |
| 莊子新注（內篇） | 陳冠學　著 |
| 莊子的生命哲學 | 葉海煙　著 |
| 墨家的哲學方法 | 鐘友聯　著 |
| 韓非子析論 | 謝雲飛　著 |
| 韓非子的哲學 | 王邦雄　著 |
| 法家哲學 | 姚蒸民　著 |
| 中國法家哲學 | 王讚源　著 |
| 二程學管見 | 張永儁　著 |
| 王陽明——中國十六世紀的唯心主義哲學家 | 張君勱原著、江日新中譯 |
| 王船山人性史哲學之研究 | 林安梧　著 |
| 西洋百位哲學家 | 鄔昆如　著 |
| 西洋哲學十二講 | 鄔昆如　著 |
| 希臘哲學趣談 | 鄔昆如　著 |
| 近代哲學趣談 | 鄔昆如　著 |
| 現代哲學述評㈠ | 傅佩榮編譯 |

當代西方哲學與方法論　臺大哲學系主編
人性尊嚴的存在背景　項退結編著
理解的命運　殷鼎著
馬克斯・謝勒三論　阿弗德・休慈原著、江日新譯
懷海德哲學　楊士毅著
洛克悟性哲學　蔡信安著
伽利略・波柏・科學說明　林正弘著

**宗教類**

天人之際　李杏邨著
佛學研究　周中一著
佛學思想新論　楊惠南著
現代佛學原理　鄭金德著
絕對與圓融——佛教思想論集　霍韜晦著
佛學研究指南　關世謙譯
當代學人談佛教　楊惠南編著
從傳統到現代——佛教倫理與現代社會　傅偉勳主編
簡明佛學概論　于凌波著
圓滿生命的實現（布施波羅密）　陳柏達著
薝蔔林・外集　陳慧劍著
維摩詰經今譯　陳慧劍譯註
龍樹與中觀哲學　楊惠南著
公案禪語　吳怡著
禪學講話　芝峯法師譯
禪骨詩心集　巴壺天著
中國禪宗史　關世謙著
魏晉南北朝時期的道教　湯一介著

**社會科學類**

憲法論叢　鄭彥棻著
憲法論衡　荆知仁著
國家論　薩孟武譯
中國歷代政治得失　錢穆著
先秦政治思想史　梁啟超原著、賈馥茗標點
當代中國與民主　周陽山著
釣魚政治學　鄭赤琰著
政治與文化　吳俊才著
中國現代軍事史　劉馥著、梅寅生譯
世界局勢與中國文化　錢穆著

中華文化十二講　錢穆　著
民族與文化　錢穆　著
楚文化研究　文崇一　著
中國古文化　文崇一　著
社會、文化和知識分子　葉啟政　著
儒學傳統與文化創新　黃俊傑　著
歷史轉捩點上的反思　韋政通　著
中國人的價值觀　文崇一　著
紅樓夢與中國舊家庭　薩孟武　著
社會學與中國研究　蔡文輝　著
比較社會學　蔡文輝　著
我國社會的變遷與發展　朱岑樓主編
三十年來我國人文社會科學之回顧與展望　賴澤涵　編
社會學的滋味　蕭新煌　著
臺灣的社區權力結構　文崇一　著
臺灣居民的休閒生活　文崇一　著
臺灣的工業化與社會變遷　文崇一　著
臺灣社會的變遷與秩序(政治篇)(社會文化篇)　文崇一　著
臺灣的社會發展　席汝楫　著
透視大陸　政治大學新聞研究所主編
海峽兩岸社會之比較　蔡文輝　著
印度文化十八篇　糜文開　著
美國的公民教育　陳光輝　譯
美國社會與美國華僑　蔡文輝　著
文化與教育　錢穆　著
開放社會的教育　葉學志　著
經營力的時代　青野豐作著、白龍芽　譯
大眾傳播的挑戰　石永貴　著
傳播研究補白　彭家發　著
「時代」的經驗　汪琪、彭家發　著
書法心理學　高尚仁　著

**史地類**

古史地理論叢　錢穆　著
歷史與文化論叢　錢穆　著
中國史學發微　錢穆　著
中國歷史研究法　錢穆　著
中國歷史精神　錢穆　著

國史新論　錢穆 著
秦漢史　錢穆 著
秦漢史論稿　邢義田 著
與西方史家論中國史學　杜維運 著
中西古代史學比較　杜維運 著
中國人的故事　夏雨人 著
明朝酒文化　王春瑜 著
共產國際與中國革命　郭恒鈺 著
抗日戰史論集　劉鳳翰 著
盧溝橋事變　李雲漢 著
老臺灣　陳冠學 著
臺灣史與臺灣人　王曉波 著
變調的馬賽曲　蔡百銓 譯
黃帝　錢穆 著
孔子傳　錢穆 著
唐玄奘三藏傳史彙編　釋光中 編
一顆永不殞落的巨星　釋光中 著
當代佛門人物　陳慧劍 編著
弘一大師傳　陳慧劍 著
杜魚庵學佛荒史　陳慧劍 著
蘇曼殊大師新傳　劉心皇 著
近代中國人物漫譚・續集　王覺源 著
魯迅這個人　劉心皇 著
三十年代作家論・續集　姜穆 著
沈從文傳　凌宇 著
當代臺灣作家論　何欣 著
師友風義　鄭彥棻 著
見賢集　鄭彥棻 著
懷聖集　鄭彥棻 著
我是依然苦鬥人　毛振翔 著
八十憶雙親、師友雜憶（合刊）　錢穆 著
新亞遺鐸　錢穆 著
困勉強狷八十年　陶百川 著
我的創造・倡建與服務　陳立夫 著
我生之旅　方治 著

**語文類**

中國文字學　潘重規 著

| | |
|---|---|
| 中國聲韻學 | 潘重規、陳紹棠 著 |
| 訓詁通論 | 吳孟復 著 |
| 翻譯新語 | 黃文範 著 |
| 詩經研讀指導 | 裴普賢 著 |
| 陶淵明評論 | 李辰冬 著 |
| 鍾嶸詩歌美學 | 羅立乾 著 |
| 杜甫作品繫年 | 李辰冬 著 |
| 杜詩品評 | 楊慧傑 著 |
| 詩中的李白 | 楊慧傑 著 |
| 司空圖新論 | 王潤華 著 |
| 詩情與幽境——唐代文人的園林生活 | 侯迺慧 著 |
| 唐宋詩詞選——詩選之部 | 巴壺天 編 |
| 唐宋詩詞選——詞選之部 | 巴壺天 編 |
| 四說論叢 | 羅盤 著 |
| 紅樓夢與中華文化 | 周汝昌 著 |
| 中國文學論叢 | 錢穆 著 |
| 品詩吟詩 | 邱燮友 著 |
| 談詩錄 | 方祖燊 著 |
| 情趣詩話 | 楊光治 著 |
| 歌鼓湘靈——楚詩詞藝術欣賞 | 李元洛 著 |
| 中國文學鑑賞舉隅 | 黃慶萱、許家鶯 著 |
| 中國文學縱橫論 | 黃維樑 著 |
| 蘇忍尼辛選集 | 劉安雲 譯 |
| 1984 | GEORGE ORWELL原著、劉紹銘 譯 |
| 文學原理 | 趙滋蕃 著 |
| 文學欣賞的靈魂 | 劉述先 著 |
| 小說創作論 | 羅盤 著 |
| 借鏡與類比 | 何冠驥 著 |
| 鏡花水月 | 陳國球 著 |
| 文學因緣 | 鄭樹森 著 |
| 中西文學關係研究 | 王潤華 著 |
| 從比較神話到文學 | 古添洪、陳慧樺主編 |
| 神話即文學 | 陳炳良等譯 |
| 現代散文新風貌 | 楊昌年 著 |
| 現代散文欣賞 | 鄭明娳 著 |
| 世界短篇文學名著欣賞 | 蕭傳文 著 |
| 細讀現代小說 | 張素貞 著 |

| | |
|---|---|
| 現代詩學 | 蕭　　蕭　著 |
| 詩美學 | 李　元　洛　著 |
| 詩學析論 | 張　春　榮　著 |
| 橫看成嶺側成峯 | 文　曉　村　著 |
| 大陸文藝論衡 | 周　玉　山　著 |
| 大陸當代文學掃瞄 | 葉　穉　英　著 |
| 走出傷痕——大陸新時期小說探論 | 張　子　樟　著 |
| 兒童文學 | 葉　詠　琍　著 |
| 兒童成長與文學 | 葉　詠　琍　著 |
| 增訂江皋集 | 吳　俊　升　著 |
| 野草詞總集 | 韋　瀚　章　著 |
| 李韶歌詞集 | 李　　韶　著 |
| 石頭的研究 | 戴　　天　著 |
| 留不住的航渡 | 葉　維　廉　著 |
| 三十年詩 | 葉　維　廉　著 |
| 讀書與生活 | 琦　　君　著 |
| 城市筆記 | 也　　斯　著 |
| 歐羅巴的蘆笛 | 葉　維　廉　著 |
| 一個中國的海 | 葉　維　廉　著 |
| 尋索：藝術與人生 | 葉　維　廉　著 |
| 山外有山 | 李　英　豪　著 |
| 葫蘆・再見 | 鄭　明　娳　著 |
| 一縷新綠 | 柴　　扉　著 |
| 吳煦斌小說集 | 吳　煦　斌　著 |
| 日本歷史之旅 | 李　希　聖　著 |
| 鼓瑟集 | 幼　　柏　著 |
| 耕心散文集 | 耕　　心　著 |
| 女兵自傳 | 謝　冰　瑩　著 |
| 抗戰日記 | 謝　冰　瑩　著 |
| 給青年朋友的信(上)(下) | 謝　冰　瑩　著 |
| 冰瑩書柬 | 謝　冰　瑩　著 |
| 我在日本 | 謝　冰　瑩　著 |
| 人生小語(一)～(四) | 何　秀　煌　著 |
| 記憶裏有一個小窗 | 何　秀　煌　著 |
| 文學之旅 | 蕭　傳　文　著 |
| 文學邊緣 | 周　玉　山　著 |
| 種子落地 | 葉　海　煙　著 |

向未來交卷　葉海煙 著
不拿耳朶當眼睛　王讚源 著
古厝懷思　張文貫 著
關心茶——中國哲學的心　吳怡 著
放眼天下　陳新雄 著
生活健康　卜鍾元 著

**美術類**

樂圃長春　黃友棣 著
樂苑春回　黃友棣 著
樂風泱泱　黃友棣 著
談音論樂　林聲翕 著
戲劇編寫法　方寸 著
戲劇藝術之發展及其原理　趙如琳譯著
與當代藝術家的對話　葉維廉 著
藝術的興味　吳道文 著
根源之美　莊申 著
中國扇史　莊申 著
立體造型基本設計　張長傑 著
工藝材料　李鈞棫 著
裝飾工藝　張長傑 著
人體工學與安全　劉其偉 著
現代工藝概論　張長傑 著
色彩基礎　何耀宗 著
都市計畫概論　王紀鯤 著
建築基本畫　陳榮美、楊麗黛 著
建築鋼屋架結構設計　王萬雄 著
室內環境設計　李琬琬 著
雕塑技法　何恆雄 著
生命的倒影　侯淑姿 著
文物之美——與專業攝影技術　林傑人 著